Maria Leitner
Reportagen aus Amerika

Maria Leitner

REPORTAGEN AUS AMERIKA

Eine Frauenreise durch die
Welt der Arbeit in den 1920er Jahren

Herausgegeben,
bearbeitet und Nachwort
von Gabriele Habinger

Die Deutsche Bibliothek – CIP-Einheitsaufnahme
Leitner, Maria:
Reportagen aus Amerika: Eine Frauenreise durch die Welt der Arbeit in den 1920er Jahren / Maria Leitner. Hrsg. Gabriele Habinger. – Wien: Promedia, 1999
  (Edition Frauenfahrten)
  ISBN 3–85371–150–2

© 1999 Promedia Druck- und Verlagsgesellschaft m.b.H., Wien
Alle Rechte vorbehalten
Titel der Originalausgabe: Eine Frau reist durch die Welt,
      Berlin, Wien 1932
Umschlagentwurf: Gisela Scheubmayr
Druck: Wiener Verlag, Himberg
Printed in Austria
ISBN 3–85371–150–2

Inhalt

Vorwort von Helga Schwarz:
Maria Leitner – eine Frau, die durch die Welt reiste ... 9

I. Als Arbeiterin im Schatten der Wolkenkratzer
Als Scheuerfrau im größten Hotel der Welt 13
    Der kleine Teppich und seine Berufung 15
    Perspektiven und Plakate 15
    Der Ballsaal auf dem Dach und die Marmorsäulen .. 17
    Wolkenkratzer ringsherum – und der Dichter
        im Lehnsessel 19
    Die Zufriedene und die anderen 20
    Die Hotelgalerie 23
    Vincent Lopez spielt Jazz 24
    Ein ganz kleiner Dialog zwischen zwei
        Stubenmädchen 24
    Wenn man ein Hotel, in dem man Angestellte war,
        für immer verläßt 25
Automat unter Automaten 25
    Die Zentrale für Angestellten-Beschaffung 26
    Goldene Sprüche an der Wand 26
    Die Roboter 28
    Automaten, Automaten 29
    Manchmal bekommen die Automaten so etwas wie
        ein Gesicht 30
    Neger und Negerinnen 32
    Die Organisation der Massenabfütterungsgesellschaft 34
    Die endlose Zeit 35
Candy-Girl im Schlaraffenland 37
Dienstmädchen beim Alkoholschmuggler 42
Kampf um Kleider 48
Als Stubenmädchen bei Mrs. Snob 51
    Ich lerne die Familie kennen 51
    Servieren 52

Reinemachen 53
Ludmilla und die Doppelmonarchie 54
Fensterputzen 56
Ludmilla und Bogumil 58
Die Abendgesellschaft 60

II. Amerikanische Provinz
Kellnerin in der „Soda-Quelle" 63
Als Arbeiterin in einer Zigarrenfabrik 67
  Tabakluft....................................... 67
  Die zwingende Maschine 70
  Schicksale 72
  Die amerikanische Carmen 73
  Maschinenstürmer auch heute 74
  Wie eine Zigarre den letzten Schliff erhält 74
  Der Aufbau eines Zigarrenkonzerns 75
  Lächle und sei glücklich 77
Kleine Aufzeichnungen unterwegs 77

III. Was ich an Amerikas Milliardärsküste sah
Tampa, die Stadt der Havanna-Zigarren 85
Hinter den Kulissen von Palm Beach 87
  Abenteurerinnen und „Snobs" 88
  Auf Damast und Blechgeschirr 89
  Berta und der tote Gast.......................... 90
Die Stadt der künstlichen Monde 92
  Die Neger beten 94
  Im Stellenvermittlungsbüro 94
  Wovon das Kreuz leuchtet....................... 97

IV. Fahrt ohne Geld in den Südstaaten
Richmond, Stadt im Süden 99
  Das Haus des Senators und die lebenden Hühnchen .101
  Gähnen und Schnäpschen 102
  Sonntag in Richmond 104
Die Universität als modernes Kloster 105
Südliche Pinien und der mondäne Klub 106
  Der mondäne Klub 107
  Eine Laien-Aufführung und das Leben 108
König Baumwolles Reich 109

Ein Landstreichergesetz, die Heilsarmee und Ratten ...111
Leben in einem Fabrikdorf 113
Fahrten in Dixieland 116
Die Stadt, in der gelyncht wurde 117
Charleston 119

V. Im Lande des Schreckens
Cayenne, ein unerwünschtes Reiseziel 123
Wildnis und Kultur 127
Ankunft im Verbrecherland 129
Das Meldeamt von Saint-Laurent und einige merkwürdige Existenzen 133
Camp de Transportation oder: hier werden Sträflinge sortiert 145
Saint-Jean, das Reich der Diebe 150
Bei der Teufelsinsel um Mitternacht 155
Cayenne 156
Teufelsinsel bei Tageslicht 162
Noch einmal Saint-Laurent 166
Erfinder und Gräber 166

VI. Entdeckungsreise in Britisch-Guayana, dem Diamantenland
Demerara, eine orientalische Stadt in Südamerika 169
Import indischer Kulis 170
Wie werde ich reich und glücklich? 172
Fahrt nach dem Diamantenhafen 174
Der Mann, der wegen ungebührlichen Benehmens im Urwald Strafe zahlen mußte 176
Tagelohn, Tribut, Claim 178
Die Geschichte von dem Mann, der auszog, das Gruseln zu lernen 181
Die Geschichte von dem Mann, der im Glück Unglück hatte 183
Der Totengräber des Urwalds 185
Prostitution im Urwald 186
Diamantenaufkäufer.............................189
Kapitäne und Correalmannschaft 191
Fahrt in den Urwald 193

Leben auf einem Claim 194

VII. Haiti, die Insel der Negerrepubliken
Neger gegen Napoleone 195
US-Marine und Wuduzauber 198
Ukulele, Tomtom und Arbeit 200
Port-au-Prince, die Hauptstadt 203
Proletarier am Grabe Kolumbus' 205

VIII. Erdölland
Curaçao, die Insel der einstigen Sklavenhändler 209
Besuch auf der Isla 210
Abenteuer und Abenteurer auf Curaçao 212
Sankt Bürokratius in Venezuela 215
Zwischen Curaçao und Venezuela 217
Maracaibo, eine neue Hauptstadt im Erdölreich 219
Gespräch mit einem amerikanischen
Erdölsachverständigen 221
Indianer, o wie romantisch! 223
Sankt Gómez 225
Polizei, Kasematten und Rekrutenfang 228
Cumaná, ein Kriegsschauplatz aus der
neueren Geschichte 230
Trinidad, die Insel des Asphalts und des Erdöls 232

Nachwort der Herausgeberin 235

Literatur 248

Editorische Notiz 250

Maria Leitner – eine Frau, die durch die Welt reiste

„Das ging eigentlich ganz gut – dachte ich, während ich das Formular mit den vielen neugierigen Fragen der Hotelleitung ausfüllte ... Ich hätte zwar nicht verraten sollen, daß ich erst seit einigen Tagen in Amerika bin ... Nun werde ich wenigstens leichte Arbeit haben, nur die Ordinationsräume des Zahnarztes zu reinigen ... Viel verdiene ich gerade nicht ..." So beginnen Maria Leitners Erkundungen „Als Arbeiterin im Schatten der Wolkenkratzer" zunächst im damals größten Hotel der Welt als Scheuerfrau, danach als Abräumerin in einem Automatenrestaurant und als Dienstmädchen beim Alkoholschmuggler. Sie reiste durch die amerikanische Provinz, erkundete die „Teufelsinseln" und Cayenne, fuhr ohne Geld durch die Südstaaten, schaute hinter die Kulissen nicht nur in Palm Beach „an Amerikas Milliardärsküste", machte Entdeckungen im Diamantenland von Britisch-Guayana und im „Erdölland" – Venezuela, Curaçao, Trinidad waren weitere Stationen.

Reportagen über das Leben einfacher Menschen vor allem in Nord- und Südamerika begründeten ab Mitte der 20er Jahre Maria Leitners Ruf als sozialkritische Schriftstellerin. Die gesammelten Berichte von ihren Eindrücken und Erlebnissen unter dem Titel „Eine Frau reist durch die Welt", die erstmals 1932 im Agis-Verlag Berlin/Wien erschienen, fanden eine unerwartet starke Resonanz und wurden – in mehrere Sprachen übersetzt sowie immer wieder – teils auszugsweise – nachgedruckt.

Dabei handelte es sich nicht um ein Reisetagebuch gewohnter Art. Maria Leitner preist nicht einfach die Sehenswürdigkeiten und Besonderheiten der von ihr bereisten Länder und deren Bewohner, sondern gibt einen authentischen Bericht von ihren zumeist mittels persönlicher Arbeit über Jahre hinweg gesammelten Erfahrungen. Dabei ist ihre Sprache frisch und direkt, manchmal spöttisch; sparsam eingesetzte Ironie erhöht den Lesegenuß. Das Leben Maria Leitners jedoch war keineswegs heiter.

Die Wirren eines wiederholten Exils und Lebensabschnitte illegaler antifaschistischer Arbeit machen allerdings die Privatsphäre Maria Leitners schwer zugänglich. Aber ihre seit den achtziger Jahren neu erschlossenen Arbeiten offenbaren Lebensspuren, Bekenntnisse und Standpunkte, die sich besonders in den autobiographischen Reiseberichten mosaikartig zum Bild einer bemerkenswerten Frau fügen.

Die Schaffensbilanz der am 19. Januar 1882 im damals österreichisch-ungarischen Varaždin geborenen, im Budapest der k.u.k. Monarchie aufgewachsenen und ab den 20er Jahren in Berlin lebenden Autorin ist vielseitig und stets sozial engagiert, besonders im Hinblick auf die Lebens- und Arbeitsbedingungen der Frauen. Und immer sind die Veröffentlichungen Maria Leitners verbunden mit den Erfahrungen ihres Lebens.

Als Korrespondentin der großen Budapester Boulevardzeitung „Az Est" (Der Abend) hatte sie bereits während des Ersten Weltkrieges journalistische Erfahrungen erworben. Weil sie aber in den stürmischen Monaten der ungarischen Revolution 1919 mit den Kommunisten sympathisierte, mußte sie nach dem Sieg Horthys und der Konterrevolution emigrieren. Sie ging über Wien nach Berlin und arbeitete zunächst im Verlag der Jugendinternationale vor allem als Übersetzerin, später für verschiedene Zeitungen des sogenannten Münzenberg-Konzerns, aber auch 1925 bis 1928 für den Ullstein-Verlag als Reporterin in Amerika.

Da Maria Leitner nur beschrieb, was sie selbst erlebt oder zumindest genau recherchiert hatte, und ihre keineswegs alltägliche analytische Sicht einen breiten Leserkreis ansprach, kam ihre Arbeitsweise den neuen, an amerikanischen Trends orientierten Ansprüchen der Zeitschriften Mitte der 20er Jahre entgegen. Der bürgerliche Medienkonzern Ullstein war kapitalkräftig genug, flexible und fähige Berichterstatter in alle Länder zu schicken, um ständig Neues dem unterschiedlichen Lesepublikum bieten zu können. Maria Leitner nutzte die Möglichkeit, sich beruflich zu entwickeln und ihren Lebensunterhalt zu sichern. So kommentierte der Ullstein-Verlag im September 1925 den in seinem Magazin „Uhu" erschienenen Bericht über „Das Mekka der Europamüden": „Wir haben unsere Mitarbeiterin Fräulein Maria

Leitner mit der schwierigen und mutigen Aufgabe nach Amerika geschickt, die dortigen Erwerbsmöglichkeiten, die sich den Europamüden in erster Linie bieten, durch das Opfer persönlicher Dienststellungen zu studieren ..." Ihre „persönliche Dienststellung" beschrieb sie in diesem Artikel als „Scheuerfrau im größten Hotel der Welt". Während der nächsten Jahre publizierte sie in verschiedenen Monats- und Tageszeitungen dieses großen Berliner Verlagshauses Berichte über ihre Erlebnisse in Amerika, wo sie bis mindestens 1928 blieb. Im Augustheft 1928 summierte der „Uhu", Maria Leitner habe in den drei Jahren „in etwa achtzig verschiedenen Stellungen ... Einblicke in das häusliche Leben des amerikanischen Mittelstandes gewonnen ..." Die erst um 1930/31 veröffentlichten Reportagen über Venezuela, Britisch-Guayana, Französisch-Guayana und die karibischen Inseln lassen den Schluß zu, daß Maria Leitner wiederholt auf dem amerikanischen Kontinent weilte. Ihre Berichte über die südamerikanischen Erdölfelder veröffentlichte die „Welt am Abend"/Berlin erst im Oktober 1932.

Als die Nazis Andersdenkende bereits mit Mord und Terror verfolgten, erschienen 1933 noch ihr antikolonialistischer Roman „Wehr dich, Akato" (AIZ) und die sozialkritische Serie „Frauen im Sturm der Zeit" (Welt am Abend). Ihr 1930 erschienener Roman „Hotel Amerika", der auf den in den Amerikareportagen geschilderten Erlebnissen basiert, kam dann allerdings gleich auf die „Liste 1 des schädlichen und unerwünschten Schrifttums" der Reichsschrifttumskammer.

Maria Leitner war nicht nur in fremden Ländern eine aufmerksame Beobachterin gewesen, sondern hatte mit wachsender Besorgnis auch die politische Entwicklung in Deutschland verfolgt, zumal sie 1931/32 auf „Entdeckungsreise durch Deutschland" gegangen war und außerdem zu den Mitgliedern des Schutzverbandes Deutscher Schriftsteller gehört hatte, die gegen die Pressenotverordnungen rebellierten.

Nur durch eine „Auslandsreise" wider Willen konnte sich Maria Leitner vorübergehend retten: Prag, Paris, Forbach, Internierungslager Gurs, Toulouse und Marseille waren nachweisbar Stationen ihres Exils. Während dieser Jahre schrieb sie besonders für die „Pariser Tageszeitung" und „Das Wort" noch heute bemerkenswerte Reportagen über die Zustände in Hitlerdeutschland, unter anderem über die Entwicklung von Giftgas bei IG-Farben.

Ihr Roman „Elisabeth, ein Hitlermädchen" (erschienen in: „Pariser Tageszeitung", 1937, Nr. 315-367) war einer der ersten Versuche in der Exilliteratur überhaupt, die Situation der Jugend in Nazi-Deutschland von innen her aufzuschließen, die Wirkung der NS-Demagogie auf Gemeinschaftserlebnisse zu zeigen, in einer Geschichte vom Alltag junger Menschen, in die authentisches Material (Lieder, Verfügungen, Zeitungsartikel) eingearbeitet ist.

Trotz widrigster Lebensumstände versuchte sie zu arbeiten und zu veröffentlichen. Sie schrieb in Paris an einem Roman über ihre Kindheit und Jugend in der k.u.k. Monarchie und verfaßte beispielsweise ein Filmmanuskript über Bertha von Suttner, das zwar in den USA ein Copyright erhielt, jedoch noch immer verschollen ist. Auch während Maria Leitners Internierung im Camp de Gurs und der Flucht von dort nach Marseille gingen wichtige Manuskripte verloren, wie erhalten gebliebene Brief von ihr an Hubertus Prinz zu Löwenstein beziehungsweise die „American Guild" belegen.

Maria Leitner bemühte sich intensiv um ein Visum für die USA jedoch leider erfolglos, trotz nachweisbarer Unterstützung durch Hilfsorganisationen. Im Frühjahr 1942 wurde sie nochmals im Büro des Hilfskomitees von Varian Fray in Marseille gesehen; eine völlig verzweifelte Frau, die dringend ärztlicher Hilfe bedurfte. Danach verlieren sich ihre Spuren.

Die Nachforschungen zum Schicksal und Schaffen Maria Leitners aber gehen weiter ...

Bonn, im Juli 1999   Helga Schwarz

I. Als Arbeiterin im Schatten der Wolkenkratzer

Als Scheuerfrau im größten Hotel der Welt

Das ging eigentlich ganz gut – dachte ich, während ich das Formular mit den vielen neugierigen Fragen der Hotelleitung ausfüllte. Wo ich schon überall angestellt gewesen sei, ob ich die Absicht habe, falls ich nicht Amerikanerin sein sollte, eine zu werden. Und vor allem, wen man verständigen solle für den Fall, daß ich erkranke. Daß man gleich auf das Schlimmste gefaßt ist, klingt zwar nicht gerade ermutigend, aber sonst scheine ich es gar nicht so schlecht getroffen zu haben. Ich hätte zwar nicht verraten sollen, daß ich erst seit einigen Tagen in Amerika bin. Es wäre vielleicht doch besser gewesen, Stubenmädchen zu werden, obgleich zwanzig Zimmer und zwanzig Badezimmer in sieben Stunden zu reinigen keine Kleinigkeit ist. Ob ich das fertiggebracht hätte? Und die Be-

ruhigung, daß ich später fünfundzwanzig Zimmer und fünfundzwanzig Badezimmer in Ordnung zu bringen hätte? Nun werde ich wenigstens leichte Arbeit haben, nur die Ordinationszimmer des Zahnarztes zu reinigen, die Nickelinstrumente zu putzen. Was kann daran schon schwer sein? Viel verdiene ich gerade nicht. Täglich einen Dollar. – Aber ich hätte volle Verpflegung und „Zimmer mit Bad", sagt die freundliche alte Dame, die mich aufgenommen hat.

Auf dem Löschpapier, auf dem Formular, überhaupt wohin man nur blickt, steht zu lesen, daß man sich im größten Hotel der Welt befindet mit zweitausendundzweihundert Zimmern und zweitausendundzweihundert Bädern, und ich bin nicht wenig stolz, daß es mir gelungen ist, hier eine, wenn auch bescheidene Stellung zu finden. Ich erscheine deshalb sehr erwartungsvoll am nächsten Morgen um acht Uhr. Es dauert eine Weile, bis wieder alle Formalitäten erledigt sind und ich aufs Zimmer geführt werde.

Das „Zimmer mit Bad" ist ein langer, stockfinsterer Raum, in dem acht Betten stehen. Ich bekomme das Fach eines langen Blechkastens als Kleiderschrank zugewiesen. Dann gibt man mir eine Nummer, ich bin Nummer 952, eine Eßkarte, eine blauweiß gestreifte Uniform und eine Karte, die ich bei Beginn und am Ende meiner Arbeit abstempeln lassen muß. Endlich erhalte ich einen Eimer, Seife, Tücher, eine Scheuerbürste und einen kleinen Teppich (wozu dies alles?), während die freundliche

„Also seifen Sie doch endlich die Bürste ein ..."

alte Dame, die mir heute schon weniger freundlich erscheint, mich in einen geräumigen Vorraum führt und mir erklärt, daß ich diesen aufwischen muß. (Aber wie ist es mit dem Ordinationszimmer des Zahnarztes?)

Der kleine Teppich und seine Berufung

Wie wischt man eigentlich einen Fußboden auf? Ich frage jedenfalls vorsichtigerweise, wie man dies in Amerika beziehungsweise im Hotel „Pennsylvania" zu machen gewohnt ist. Aber ich merke, daß diese Frage keinen guten Eindruck hervorgerufen hat. „Also seifen Sie doch endlich die Bürste ein und fürchten Sie sich nicht so vor dem Wasser. – So, und dann mit dem nassen Tuch aufwischen. – Und knien Sie sich doch hin!"

Auch das noch. Adieu Schuhe und Strümpfe. Muß ich aber meine Knie auch noch kaputt machen? Ich dachte, die Amerikaner sind so praktisch und machen alles mit der Maschine. Zum Glück fällt mir der kleine Teppich ein. Bisher ist er in keiner Weise in Erscheinung getreten, aber da man ihn mir gegeben hat, muß er doch irgendeine Berufung haben. Ich nehme ihn also, und während ich aufwische, knie ich mich auf ihn. (Scheint so eine Art Gebetsteppich zu sein.) Wenn ich mit einem Stück fertig bin, ziehe ich mit ihm weiter. Es ist ein bißchen umständlich, aber es geht doch besser so als vorhin. Nur an dem Ausdruck der alten Dame merke ich, daß irgend etwas nicht ganz stimmt. Endlich erklärt sie mir mit einer Stimme, die zwar sanft ist, aber deren Sanftheit man anhört, daß sie keine geringe Selbstbeherrschung gekostet hat, daß der kleine Teppich keineswegs dazu da sei, meine Knie zu schützen, sondern die Umgebung, die im gegebenen Fall aus feinen Teppichen bestehen kann, vor den Spuren des Eimers.

Ich stand beschämt auf, während ich mir gestehen mußte, daß an dem Boden nach der Waschung nur geringe Veränderungen zu entdecken waren.

Perspektiven und Plakate

Zum Glück wurde es bald elf, was den Beginn des Lunches bedeutete. Im Speisesaal mußte ich meine Eßkarte, die gelocht wurde, vorweisen. Auf ihr stand zu lesen, daß es auch während der Nacht drei Mahlzeiten gebe für die Nachtschicht, daß sie unübertragbar sei und daß sie nur zu täglich drei Mahlzeiten berechtige.

Ich nahm wie die anderen vom Büfett der Reihe nach, was man mir reichte, Suppe, Fleisch, Speise, Kaffee und Milch. Das Essen war genießbar, wenn man auch anerkennen mußte, daß dem Koch ein überaus scharfes Messer zur Verfügung stehen mußte. Ich habe noch nie ein ähnlich dünnes Stück Fleisch gesehen. Aber schwere Arbeit trägt nicht zur Hebung des Appetites bei, und so ließen die meisten trotz der kleinen Portionen den größten Teil stehen. Die Frau, die mit mir am selben Tisch saß, war mit dem Essen sehr zufrieden. Sie erzählte, daß sie bisher im Hotel „Plaza" gearbeitet habe. „Oh", sagte ich, „das ist wirklich ein entzückendes Hotel." (Es ist wirklich eines der schönsten und vornehmsten Hotels der Welt, dicht am Central Park gelegen, mit allem erdenklichen Komfort und Luxus.)

Die Frau mir gegenüber sah mich mit kugelrunden Augen an, als wäre ich nicht ganz bei Verstand. „Das sagen Sie doch nicht im Ernst. Oder Sie haben wohl da nie gearbeitet. Entzückend mag es vielleicht für die Gäste sein, aber nicht für unsereinen, der dort arbeitet. Wir bekamen ganz ungenießbares Essen und mußten fast alles, was wir verdienten, für Lebensmittel ausgeben, und Arbeit gab es nicht zu knapp." (Es kommt eben auf die Perspektive an, ob man ein Hotel schön finden kann oder nicht.)

Hier in unserem Speisezimmer saßen die Stubenmädchen, die Reinemache- und Badefrauen, alle in verschiedenen Uniformen, man konnte ihre Beschäftigungen an ihren Kleidern erkennen. Die Angestellten, die schon eine höhere Stellung einnahmen, saßen im Nebenzimmer, von dieser niederen Stufe getrennt.

Während es um ihr leibliches Wohl besser bestellt war als um unseres, legte die Hotelleitung größeren Wert auf Hebung unserer moralischen Kräfte. In unserem Speisesaal befand sich ein großes Plakat, auf dem ein Orchester abgebildet war und ein eigenmächtiger Bläser, der den Dirigenten und die Zuhörerschaft zur Verzweiflung brachte. Darunter aber war zu lesen: „Ich, mir, mich, mein gibt keine Harmonie, nur wer sich dem Ganzen fügt, kann den Menschen Freude bringen." Wir können also die Genugtuung haben, die Menschen zu erfreuen, denn fügen tun wir uns ja, ob wir wollen oder nicht.

Die Plakate wechselten jeden zweiten, dritten Tag. Einmal war eins ausgestellt, das weniger die Interessen eines Hotelkonzerns seinen Angestellten gegenüber wahrzunehmen schien; ein Mann grub mit bloßer Hand die Erde. Die Aufschrift lautete: „Scheue keine Mühe, grabe nach der Wahrheit. Was du selbst erfahren hast, nur daran glaube." Eine gefährliche und seltsame Aufforderung in dieser Umgebung.

Während uns die Plakate versicherten, daß wir auch in niedriger Stellung nützliche Mitglieder der Gesellschaft sein können, zeigte uns eine Photographie, daß uns auch die Wege, die nach oben führen, offenstehen. Auf der Photographie waren Männer und Frauen in Overalls (das heißt in Arbeitskleidern) abgebildet. Darunter stand der vielversprechende Satz: „Diese Delegation hat in Overalls verschiedene Fabriken und Bergwerke im Auftrage der Regierung inspiziert. Mehrere Mitglieder der Delegation haben ihre Karriere selbst in Overalls begonnen."

Der Ballsaal auf dem Dach und die Marmorsäulen

Den Ballsaal lernte ich nach dem Lunch kennen. Es war ein Riesensaal, zweiundzwanzig Stockwerke hoch über New York, umgeben von Säulen, die mir sofort, bevor ich noch mein zukünftiges Verhältnis zu ihnen ahnte, unsympathisch waren. Sie sahen aus, als wären sie aus Papiermaché und imitierten Marmor, sie waren aber aus Marmor und imitierten nur Papiermaché. Diese Säulen also sollte ich reinigen. Nur die unteren Teile, beruhigte man mich, ich brauchte nicht hinaufzuklettern. „Und wenn Sie fertig sind, bekommen Sie neue Arbeit." Darauf verließ man mich, und ich blieb allein mit den Säulen, zur Säule erstarrt.

Wenn ich fertig bin! Ich versprach mir, nie fertig zu werden. Ich versuchte die Säulen abzustauben, aber es war vergeblich, ich rieb sie mit einem nassen Tuch, es half nichts. Und was ging mich überhaupt so eine blöde, überflüssige Arbeit an? Wenn die Leute zwischen reinen Säulen tanzen wollen, sollen sie sie gefälligst selbst putzen. Soll ich mich zu Tode arbeiten, damit einige gelangweilte Leute in ihnen entsprechender Umgebung irgendwie ihre Zeit totschlagen? Wäre ich zufällig Simson gewesen, so hätte jetzt leicht ein Unglück im Hotel „Pennsylvania" geschehen können.

Endlich kamen Leute, um die Marmorfliesen aufzuwischen. Sie begrüßten mich mit Hallos. Ich mußte gleich erzählen, seit wann ich in New York lebe, welcher Nationalität ich sei, wo ich früher gearbeitet habe und ob ich die Arbeit liebe. Diese Frage: „How do you like it?", die sich immer auf den „Job" bezieht, ist unter den Arbeitern genauso allgemein wie das „How do you do" in der Gesellschaft. Wird sie vom „Boß" gestellt –

Der Ballsaal auf dem Dach.

„Boß" bedeutet nicht nur den eigentlichen Arbeitgeber, sondern jeden, der über einen gestellt ist –, muß man sie mit einem fröhlichen „Yes, I like it" beantworten, andernfalls bedeutet es, daß man einen Bruch der Beziehungen wünscht.

Diesmal mußte ich bekennen, daß ich sie nur wenig liebe. Meine Arbeitskollegen zeigten mir dann, wie man die Säulen mit einer Bürste behandeln muß. Sie halfen mir redlich. Ich erfuhr auch, daß sich meine Vorgängerin acht bis zehn Tage für diese Arbeit genommen habe, nach einer anderen Version sogar zwei Wochen. „Nur immer langsam", klärten sie mich auf, „wenn Sie in dem Tempo arbeiten, wie man es von Ihnen verlangt, können Sie sich bald zu Tode arbeiten." Und es ist wirklich notwendig, das Tempo „nur immer langsam" dem „schnell, schnell" der Gegenseite entgegenzustellen.

Wolkenkratzer ringsherum – und der Dichter im Lehnsessel

Meine Hand schmerzte, ich war müde, am liebsten hätte ich geheult. Vielleicht habe ich auch wirklich geheult. Denn ein alter Ire, der auch oben arbeitete, kam auf mich zu und sagte zu mir: „Kommen Sie doch, schauen Sie." Er wies hinunter auf New York. Die Stadt zeigte sich uns ganz: dort, wo sie festlich gepflegt war, am oberen Hudson, und dort, wo dichte Fabrikschlote den Himmel verdunkelten. Und von allen Seiten sahen Wolkenkratzer zu uns herein. „Dear old New York", sagte der Ire, liebes altes New York. Das konnte ich nicht gerade finden.

Ja, es ist ungeheuer, dieses gigantische Durcheinander von Warenhäusern, Fabriken, Banken, Bürohäusern, alles voll Arbeit, Menschen, Hast. Und tief unten rasen die Autos, Menschen, Hochbahnen, rasen, halten, rasen, halten ohne Pause. Die Wolkenkratzer sind zum Teil so nahe, daß wir in sie hineinsehen können. Überall sitzen, stehen, gehen Menschen, ein wahrer Schwarm von Menschen. Sie hantieren alle sehr geschäftig. Vielleicht packen sie Kaugummi, oder sie machen Seidenkleider, jeder täglich ein Dutzend, oder Kunstblumen oder Fransen.

Ist hier nicht Leere, das Nichts in höchster Potenz, fieberhafte Zwecklosigkeit? Aber wie sie aufleuchten, die Wolkenkratzer, und unten welches Leben, welche Bewegung, welches Tempo.

Die Leere, das Nichts könnten nicht so groß sein. Und sicher bereitet sich doch hier die Zukunft vor.

Später kommen immer mehr Leute herauf. Sie bewundern, in Begleitung des Hotelführers, die Aussicht.

In der Mitte des Saales sitzt sehr bequem ein junger Mann. Vielleicht würde ich es nicht bemerken, wie bequem er sitzt, wenn ich nicht so müde wäre. Er sitzt in einem bequemen Lehnsessel, der jedenfalls sehr bequem aussieht. Vielleicht ist er ein Dichter, denn er hält eine Füllfeder in der Hand und schreibt in ein Büchlein. Es könnte natürlich auch sein, daß er seine Ausgaben zusammenrechnet. Aber wenn man das tut, blickt man nicht so versonnen, so gedankenvoll auf die Wolkenkratzer ringsherum. Auch schaut er sich angelegentlich immer nach uns um, die hier arbeiten. Ich weiß nicht, ich habe die feste Überzeugung: der junge Mann ist ein Dichter, und er schreibt jetzt ein Gedicht, eine Hymne auf die Arbeit.

Die Zufriedene und die anderen

Das Zimmer sah jetzt aus wie ein Hospitalsaal für Schwerkranke. Die Frauen lagen da wie Tote, vollkommen unbeweglich. Es waren außer dem meinen nur noch vier Betten besetzt. Mein Kommen erregte nicht die geringste Aufmerksamkeit.

Das Zimmer war denkbar einfach. Die Betten waren rein, aber wie schmal und leicht sie waren. Überdies gingen sie auf Rädern, so daß man, wenn man sich umdrehte, in die Mitte des Zimmers rollte. Außer dem Blechschrank waren nur zwei Kommoden im Zimmer; die eine war mit Heiligenbildern und dem Bildnis des Papstes geziert, außerdem gab es noch zwei winzige Schaukelstühle als Belohnung für diejenigen, die schon lange hier waren. Das „Bad" existierte zufällig wirklich, man konnte jederzeit baden, und die Badezimmer waren rein und modern.

Meine unmittelbare Nachbarin war die Zufriedene, am Anfang war sie mir unheimlich. Sie zog sich nie aus; sie lag mit Schuhen und Kleidern in ihrem Bett. Unter der Uniform trug sie noch ein schwarzes Kleid. Ihr Gesicht war erschreckend mager und gelb, und ihre Hände schienen nur aus Adern zu bestehen. Nachts schlief sie nicht, sie saß unbeweglich und starrte ins Dunkle, oder sie stand auf und ging zum Fenster und blickte hinaus, unbeweglich, stundenlang, aber draußen war nur der dunkle Schacht und nichts zu sehen.

Als ich sie fragte, warum sie nie schlafe, war sie überrascht. Wieso? Sie schliefe doch immer ausgezeichnet. Ich fragte sie, ob sie nicht sehr müde sei. Ein bißchen war sie schon müde, aber das wäre nicht der Rede wert. Sie hätte überhaupt immer Glück im Leben gehabt, immer wäre es ihr gut gegangen. Sie war vor einem Jahr aus Irland herübergekommen. Es gefiel ihr hier sehr gut, New York sei eine sehr schöne Stadt. Während ich dort war, ging sie nie aus. Wenn man aus unserem Zimmer blickte, sah man nur Wände. Sie war Badefrau und arbeitete im Dampfbad. Viel konnte sie von der Außenwelt auch hier nicht sehen. Ich erkundigte mich, ob sie sonst öfter ausginge. Ach nein, das nicht. Was sollte sie draußen in den Straßen umherlaufen. Nein, nicht wegen der Müdigkeit, aber hier war es doch nett. Anfangs mochte sie nicht so gern hier sein, aber jetzt gefiele es ihr. Später würde es mir auch sehr gefallen, versicherte sie. Sie hatte hier eine Schwester, aber die wohnte leider so weit. Aber sie besuche sie doch manchmal, das wäre dann immer sehr nett. Sie verdiene hier im Monat dreißig Dollar, das wäre doch schön. Mit den Trinkgeldern sei nicht viel los. Sie sei seit vier Monaten hier und

Die Zufriedene.

habe im ganzen nicht mehr bekommen als drei Dollar. Aber sie erinnert sich genau an das Datum, wann sie ein „tip" bekommen hat, wieviel und von wem. Besonders ausführlich beschreibt sie eine Frau, die ihr fünfzig Cent gegeben hat.

„Ja, die Reichen", sagt sie, „ich habe mein ganzes Leben lang für die Reichen gearbeitet, aber ich habe mich dabei immer gut gestanden." Und sie sieht auf sich herab, auf ihre Magerkeit, auf ihre abgearbeiteten Hände und lächelt zufrieden und heiter. Ist sie ironisch? Sie ist es in einer ganz ahnungslosen Weise. Oder ist auch diese Ahnungslosigkeit Ironie?

Das Gegenbeispiel der Irländerin ist die „Dame". Sie kleidet sich immerfort um. In der Arbeitspause von einer halben Stunde wechselt sie zweimal die Kleider. Wenn sie ihre Freundin besucht, die einige Zimmer weiter wohnt, zieht sie ihr Jackenkleid an, Hut, Handschuhe und Pelzboa. Sie sagt, wenn ich nicht arbeite, bin ich keine Badefrau, sondern eine „Lady".

Zum Abendessen, um fünf, kommen die meisten in Zivil, in Seidenkleidern, und vergessen nicht das Eitelkeitstäschchen, „the vanity case", mit Schminke und Puder. Sie gehen nicht jeden Tag aus, sie sind zu müde, und es kostet auch zu viel. Wenn sie eingeladen werden von dem „fellow", das ist was anderes. Sie gehen gern zum „dancing", doch das kann man nicht alle Tage. „Aber", sagt die eine, „wir sind keine Fabrikmädchen. Wir haben es nicht nötig, uns einladen zu lassen. Wir haben doch unser Essen!" Ob sie gern hier sei, frage ich eine Deutsche. Sie ist schon in Amerika geboren, war noch nie in Deutschland, sagt aber, sie sei eine Deutsche. Sie kam zu mir, weil sie gehört hatte, ich sei vor kurzem aus Deutschland gekommen. Sie arbeitet schon seit sechs Jahren in diesem Hotel. Nun, meint sie, man darf vom Leben nicht zuviel erwarten. Man hat jeden zweiten Sonntag frei, aber erst, wenn man einen vollen Monat hier gearbeitet hat, und nach einem Jahr bekommt man sogar eine Woche frei, und es gibt einen Arzt frei für die Angestellten, Trinkgeld bekommt sie auch hie und da. Sie hat schon viel Schlimmeres erlebt. Aber wie gesagt, man darf vom Leben nicht zuviel erwarten.

Wir sitzen jetzt im „Salon der Dienstmädchen", der genau, aber haarscharf genau so aussieht, wie man sich ein „drawing-room for maids" im „größten Hotel der Welt" vorstellt. Mit genau solchen abgenutzten, schiefen, zerdrückten, billigen Möbeln, mit so schmutzig farblosen Wänden, mit so grauer, abgestandener Luft! Die Mädchen kauern in ihren Seidenkleidern todmüde auf den Stühlen. „Keinen Schritt könnte ich mehr weitergehen", sagt eine, die Pantoffeln anhat. „Ich habe morgen frei", sagt ihre Freundin. „Ach, wie ich mich freue. Ich werde den ganzen Tag einkaufen. Die Schaufenster angucken."

Zwei Neue kommen herein. Sie sind sehr gut angezogen und sehr hübsch. Sie sind eingeladen. Müde? Das wird schon beim Tanzen vergehen. Man muß doch etwas vom Leben haben. Die mit den Pantoffeln schüttelt mißbilligend den Kopf: „Wenn das nur nicht schlecht endet." Und auch die anderen, die müde auf den Stühlen kauern, schütteln alle mißbilligend die Köpfe.

Die Irländerin sitzt angezogen im Bett. Auf der Kommode stehen die Heiligenbilder und das Bildnis des Papstes und sehen mich an. Die Weckuhren ticken sehr laut. Links von der Kommode schläft die Besitzerin der Heiligenbilder, rechts die des Papstes. Die Besitzerin der Heiligenbilder ist sehr gutmütig und still, aber sie schnarcht sehr laut. Wenn sie nachts erwacht, kniet sie sich hin vor ihrem Bett und betet flüsternd. Sie steht um halb sechs Uhr auf. Jeden Tag geht sie vor dem Frühstück in die Kirche. Die Besitzerin des Papstes ist weniger gutmütig, aber auch sie schnarcht. Die Luft ist sehr schlecht. Und es ist schwer einzuschlafen.

Die Hotelgalerie

Ich kann mir etwas Amüsanteres vorstellen, als künstliche Blumen abzuwaschen. Aber die Hotelgalerie, wo das geschieht, ist ganz amüsant. Man kann von ihr hinunterblicken auf die Hotelhalle. Unten kommen Reisende an, Telegraphenjungen schreien Namen, Koffer werden gebracht, Boys laufen mit Zeitungen umher. Die Hotelgalerie erinnert an die Galerie eines Konzertsaales, nur ist sie viel breiter, und Teppiche und künstliche Blumen „schmücken" sie. Von hier führen die Wege zur Kunstausstellung, zur Bibliothek, zu den Schreibzimmern, zur Hotelbank und zum Zahnarzt. (Es stellte sich übrigens heraus, daß die Ordinationszimmer des Zahnarztes existierten. Nur mußte ich die Arbeit, von der mir allein etwas erwähnt wurde, von acht bis neun Uhr in der Früh erledigen.)

In der Hotelgalerie ist ein ständiges Kommen und Gehen. Leider muß auch ich ständig kommen und gehen, mit einem Eimer Wasser, das abwechselnd rein oder schmutzig ist.

Die Leute sitzen ringsherum. Sie langweilen sich und rekeln sich in den Sesseln. Sie sehen zu, wie ich arbeite. Wahrscheinlich denken sie: Die strengt sich aber auch nicht sehr an. Und die Frauen: Die Perle möchte ich auch nicht zu Hause haben. Denn ich beeile mich nicht. Ich gebe mir das Tempo an: sehr langsam und befolge es auf das gewissenhafteste. Ich hätte nicht übel Lust, wenn ich mit dem Eimer voll schmutzigem Wasser vorbeigehe, „zufällig" einige Leute abzuschütten. Es gelang mir nur einmal, und da dachte ich gar nicht daran. Oh, die Lackschuhe, und die wütenden Augen, und obendrein mußte ich auch noch lachen.

Vincent Lopez spielt Jazz

Sie sitzen im Grillroom, gesittet, gelangweilt, gut angezogen, wie es sich ziemt. Vincent Lopez aber, der berühmteste Jazzbandspieler der Welt, läßt eine quiekende, heulende Meute von exotischen Tieren in den Saal springen, wilde Afrikaner zu Kriegstrommeln tanzen, eine besoffene Bauernhochzeitsgesellschaft vorbeigröhlen. Wenn ich im Grillroom säße, würde diese Musik wahrscheinlich auch meine Magennerven wohltuend beeinflussen, denn sie essen sehr ausgiebig, die Gesitteten. Ihr Gesicht bleibt zwar gelangweilt, aber die wilden Naturinstinkte zeigen sich im Vertilgen von lebendem und totem Getier.

Wenn man aber im Vorraum von ebendiesem Grillroom Nickel reinigt, befeuert die wilde Negerkriegsmusik nur wenig zur Tat, wenn diese Tat Nickelputzen sein soll. Man möchte schon eher eine richtige, quiekende, heulende Meute von exotischen Tieren in den Grillroom springen lassen und sehen, ob auch dann die Gesitteten so gelangweilt blieben.

Ein ganz kleiner Dialog zwischen zwei Stubenmädchen

Szene: Das Ordinationszimmer des Zahnarztes. Auf dem Schreibtisch stehen in einer Vase sehr zarte Teerosen.

Das eine Stubenmädchen: „Hast du die schönen Rosen gesehen, die der Doktor wieder bekommen hat?"

Das andere Stubenmädchen (es ist schon seit vier Jahren im Hotel „Pennsylvania"): „Hast du sie schon abgestaubt?"

Wenn man ein Hotel, in dem man Angestellte war, für immer verläßt, so ist das umständlich wie ein Grenzübertritt

Man wird von mehreren Damen einem wahren Kreuzverhör unterworfen. Wie? Warum? Wieso? Man bleibt doch nicht so kurze Zeit in einer „guten" Stellung.

Ich erkläre ihnen, daß mich die Dame, die mich aufgenommen hat, mißverstanden habe. Aber ich scheine doch etwas verdächtig zu sein. Ich muß meine Nummer, meine Eßkarte, meine Uniform, meine Arbeitskarte übergeben, dann meinen Koffer herunterholen, dann warten. Das alles nimmt fast einen ganzen Tag in Anspruch. Endlich kommt eine Dame, läßt mich den Koffer öffnen, schaut in ihn hinein. Ich schließe ihn, denke, die Sache ist erledigt. Eine andere Dame kommt aber, läßt mich den Koffer wieder öffnen, untersucht ihn. Erinnerungen an Reisen in der Nachkriegszeit erwachen. Endlich erscheint eine dritte Dame mit Bindfaden und Blei und plombiert den Koffer. Es ist Vorschrift, daß Angestellte nur mit plombierten Paketen oder Koffern das Hotel verlassen dürfen, obgleich man sich nicht recht vorstellen kann, daß jemand auf die Idee verfiele, einen Topf künstlicher Palmen in seinen Koffer einzupacken, die Juwelen, um die es sich schon eher lohnen würde, hätte man schon längst jederzeit in der Tasche wegtragen können.

Draußen sieht der Portier die Plombe an und schneidet den Bindfaden ab. Ich stehe draußen vor der Pennsylvania-Station. Ganz so, als hätte ich eben die Grenze eines fremden Landes überschritten.

Automat unter Automaten

Eine der größten über ganz New York verstreuten Massenabfütterungsanstalten ist das Automatenrestaurant „Horn & Hardart". Hier versuchte ich, Arbeit zu erhalten.

Die Zentrale für Angestellten-Beschaffung

Warteräume. Für Männer und Frauen. Der Warteraum für Männer erinnert an ein Schulzimmer. Die Stühle alle nach einer Richtung gestellt. Auf einer Erhöhung, wie der Herr Lehrer, sitzt der Mächtige, der den Angestelltenstab zusammenstellt. Die Männer sitzen da, lesen Zeitungen und warten anscheinend auf etwas. Man kann nicht gleich herausbekommen, worauf.

Der Mächtige hält einen Telephonhörer in der Hand und ruft zwischendurch etwas ins Zimmer hinein: „Ein Salatmann! Kein Sandwichmann hier?" Da sich niemand meldet, ärgert er sich. „Nie kommen solche, die man brauchen kann."

Nachdem ich vergeblich versuche, mich irgendwie bemerkbar zu machen, gehe ich in das Wartezimmer für Frauen. Hier ähnelt es mehr dem Warteraum eines Zahnarztes, mit dem Unterschied, daß die Wartenden zahlreicher sind und daß sich die Lektüre nicht auf den Tischen, sondern an den Wänden befindet.

Goldene Sprüche an der Wand

Wohin man blickt, überall Weisheit. Man kann sich die Zeit auf die nützlichste Art und Weise vertreiben. So kann man zum Beispiel lesen: „Eine Dummheit ist nur dann wirklich eine, wenn man sie zum zweitenmal begeht." (Dieser Spruch stammt, wie mitgeteilt wird, von Lincoln.) Nicht weniger beherzigenswert scheint ein anderer: „Wenn du erregt bist, zähle bis zehn und dann schweige."

Ich konnte aber nur wenig in dieser kleinen Weisheitsschule profitieren, ja nicht einmal recht meine mitwartenden Genossinnen betrachten, denn der Allmächtige stieg von seinem Thronsessel und begab sich in unser Zimmer. Diesmal bin ich es, die er aus der Menge herauspickt. Er fragt mich nur nach meiner Adresse, dann gibt er mir einen Zettel für die Filiale in der 14. Straße.

Erst in der 14. Straße, wo ich sofort eine Nummer – diesmal bin ich nur Nummer zwölf – und eine Uniform, die mir zweimal zu groß ist, erhalte, erfahre ich, daß ich angestellt wurde. Ein ganzer Schwarm von Mädchen umgibt mich, die mein Kleid mit Hilfe von Stecknadeln zurechtmachen, eine drückt mir eine weiße Haube auf den Kopf, eine andere zupft an meiner Schürze.

Dann werde ich in den Saal geschoben, und man drückt mir ein Tablett in die Hand. Ich weiß nun, daß ich ein „busgirl" bin, das heißt ein Omnibus, der mit Geschirr vollgepackt hin- und herrollt; ganz einfach ausgedrückt, ist meine Lebensaufgabe von nun an, Geschirr abzuräumen. Ich stehe da mit meinem Tablett, und draußen lärmt, schreit, rast die 14. Straße, mit ihrem Dutzend Kinos, mit ihren Vaudeville-Theatern, „Dancings" und Schießgalerien, mit Radios, Grammophonen, Pianolas, mit Dutzenden Lunchrooms, Coffee-Pots, mit Fünf- und Zehn-Cent-Geschäften* – und „noch nie dagewesenen Gelegenheitskäufen". Aber auch mit besonderen Überraschungen: einem laut spielenden Jazzbandorchester im Schaufenster eines Herrenbekleidungsgeschäftes oder einem anderen Schaufenster, in dem ein schwarz maskierter Mann erscheint und auf eine schwarze Tafel schreibt: „Wollen Sie Erfolg haben? Wollen Sie eine gut bezahlte Arbeit? Dann müssen Sie sich gut

Das Automatenrestaurant.

---

* *Fünf- und Zehn-Cent-Geschäfte* – Frank Woolworth baute eine zweihundert Geschäfte umfassende Ladenkette unter dem Namen „Great 5 cent store" auf. Am Broadway ließ er 1909 bis 1911 seine Unternehmenszentrale, das Woolworth-Building, errichten, damals das höchste Gebäude der Welt; auf dieser „Kathedrale des Kommerzes" ist Woolworth abgebildet, Nickel und Dime (Fünf- und Zehncentmünzen) zählend, den Grundstock seines ungeheuren Reichtums; heute ist Woolworth & Co. ein internationaler Warenhauskonzern.

kleiden. Gut kleiden können Sie sich nur bei uns. Kommen Sie herein. Überzeugen Sie sich."

Und die Menge der Straßenverkäufer. Der Muskelmensch mit dem leberkranken Gesicht, der auch im schlechtesten Wetter, nur mit einem Trikot angetan, seine einzig erfolgreiche Gesundheitsmethode demonstriert und gleichzeitig seine eigenen Werke über gesunde Lebensweise verkauft. Und der Mann mit über die Schultern wallenden Haaren, der unfehlbare Haarwuchsmittel feilbietet. Und da sind eine Unmenge Bettlerinnen, Blinde und Straßenredner. Die Menge, die hier auf und ab flutet, besteht aus allen Nationen der Welt. Sie alle aber jagen im gleichen Tempo den gleichen Vergnügungen, den gleichen Erfolgen nach.

Die Roboter

Die ganze Straße strömt in das Automatenrestaurant hinein, von früh morgens bis spät in die Nacht. Aber hier wird nicht zum Vergnügen gegessen. Hier essen die Roboter, Deutsche, Amerikaner, Ostjuden, Chinesen, Ungarn, Italiener, Neger. Jede Rasse ist vertreten. Man hört alle Sprachen der Welt, es bleiben Zeitungen liegen mit hebräischen und chinesischen, mit armenischen und griechischen Zeichen und in exotischen Sprachen, die man gar nicht erraten kann. Man wird durch unverfälschte sächsische und bayerische Dialekte überrascht, und man sieht Leute Tee schlürfen, wie nur russische Bauern ihren Tee trinken.

Und doch sind sie sich alle so ähnlich, wie zwei Brüder sich ähnlich sein können. Sie tragen alle die gleichen billigen Kleider, die gleichen Hemden, die gleichen Ausverkaufsschuhe, sie essen alle jeden Tag die gleiche Tomatensuppe, die gleichen Sandwiches: Schinken mit Salat, Ei mit Salat, Käse mit Salat, Sardinen mit Salat, sie verdienen den gleichen Wochenlohn, sie arbeiten alle gleich schwer, gleich lang.

Die Roboter essen meist stehend, oder sie sitzen nur gerade so lange, bis sie die nötigen Kalorien und Vitaminmengen zur Instandhaltung der Maschine zu sich genommen haben. Sie werden von klein auf zu dem Tempo erzogen, das sie, wenn sie in dieser Welt vorwärtskommen wollen, einhalten müssen. „Hurry up"

Im Automatenrestaurant: Man hört alle Sprachen der Welt.

– schnell, schnell – mahnen die umsichtigen Eltern ihre Kinder, die Kuchen essen und Milch trinken.

Die halberwachsenen Roboter sorgen schon selbst für sich. Sie tragen Western-Union-Uniformen oder die von Banken, Kaufhäusern, Hotels. Oft stehen sie lange schwankend vor den Automaten. Wozu sollen sie sich entschließen: Milchspeise oder Eiscreme. Meist siegt die Liebe über den Verstand. Sie essen Eiscreme.

Automaten, Automaten

Die Automaten sind kleine Glasschränkchen, die prahlerisch ihren Inhalt zeigen. Sie bleiben kühl verschlossen, auch vor dem hungrigsten Magen, lassen sich aber mit einem kleinen, leichten Griff öffnen, wenn man die ihrem Inhalt entsprechende Anzahl von Nickel entrichtet.

Aber auch hinter den Automaten stehen unsichtbar in dem schmalen heißen Gang Automaten. Sie legen Sandwiches auf Teller, immer wieder neue, sie verteilen Kuchen und Kompott. Sie füllen die Samoware mit Tee und Kaffee, sie verteilen Suppe,

Gemüse und Fleisch. Wir anderen Automaten tragen die schweren Tabletts, räumen immer wieder das schmutzige Geschirr ab, das sich alle fünf Minuten auf jedem Tisch von neuem auftürmt. Automaten stehen ganz unten in der Tiefe, Negerautomaten, und waschen Geschirr, den ganzen Tag, die ganze Nacht. Automaten sitzen an der Kasse und wechseln Fünfundzwanzig-, Fünfzigcentstücke, Dollars in Nickel um. Sie geben Nickel aus, den ganzen Tag, den ganzen Abend, immer Nickel, Nickel.

Und Automaten gehen auf und ab zwischen den Tischen und geben acht, den ganzen Tag, den ganzen Abend, ob die Eßautomaten auch ihre Pflicht erfüllen, den ganzen Tag, den ganzen Abend, und essen, schnell essen.

Manchmal bekommen die Automaten so etwas wie ein Gesicht

Ein besonders fleißiger Automat, er ist eine Frau, fiel mir auf, der immer mit hochgetürmtem Tablett hin- und hergeht. Nicht spricht. Immer nur Geschirr schleppt. Vollkommenster Automat.

Automaten waschen Geschirr, den ganzen Tag, die ganze Nacht.

Und plötzlich erblickt man hinter dem Automaten ein menschliches Gesicht. Ein ganz und gar nicht merkwürdiges, ganz gewöhnliches, sächsisches; das Gesicht einer deutschen Kleinbürgerin. Sie ist seit zwei Jahren in Amerika. Sie hat bisher als Dienstmädchen gearbeitet, wie vier Pferdeknechte, versichert sie. Und sie hat viel geweint in Amerika, wo man nur die Arbeit und den Dollar kennt. Aber hier, meint sie, sind wir im Paradies. Sie gibt natürlich zu, daß es ein verhältnismäßig schlichtes Paradies sei. Aber wir haben vierzehn Dollar Wochenlohn und können essen, soviel wir wollen und was wir uns aussuchen, meint sie. Und man sagt zu ihr „Lady". Und wenn die Uhr geschlagen hat, ist Schluß. Sie ist sehr fleißig, denn sie möchte nicht, daß man sie wegschickt.

Eine Russin ist da, die kein Wort Englisch kann. Sie nimmt immer, wenn sie eine Minute Pause macht, einen Zeitungsausschnitt hervor. Es ist die Photographie einer Frau. Sie besieht sie immer lange, dann arbeitet sie weiter.

Eine kleine Spanierin hat sich von ihrem Wochenlohn lange Ohrgehänge gekauft. Es war eine Sensation. Einmal kam sie fünf Minuten zu spät. Man hat sie mit einem Mann vor dem Geschäft gesehen. Das war eine noch größere Sensation.

Eine ganze Gesellschaft bei einer einzigen Tasse Kaffee.

Später bekommen auch manche Gäste ein Gesicht. Es gibt sogar einige, die sich nicht zu dem üblichen Tempo zwingen lassen. Sie sitzen ruhig zur größten Empörung des Managers stundenlang vor einer Tasse Kaffee, bringen Bücher mit und sprechen über die überflüssigsten Sachen. Nicht über den Wochenlohn und über den „Job", den sie haben, sondern über Politik und neue Literatur. Aber man sieht ihnen auch an, daß sie zu ihrem eigenen Schaden die amerikanische Lebensweisheit ignorieren. Einmal geschah es, daß die ganze Gesellschaft bei einer einzigen Tasse Kaffee saß.

Der Manager duldete eine Zeitlang, wenn auch mit sichtbar unzufriedener Miene, den Unfug. Endlich konnte er nicht länger an sich halten, er ging zu der Gesellschaft und hielt ihr folgende Rede: „Meine Herren, Sie scheinen den übrigens respektablen und ehrlichen Beruf der Hungerkünstler auszuüben. Es wundert uns nur, warum Sie dann unser Restaurant mit Ihrer werten Gegenwart beehren. Sollten Sie aber das Hungern nicht als Beruf, sondern aus Notwendigkeit ausüben, befolgen Sie meinen Rat, lassen Sie Ihre Bücher im Stich und suchen Sie sich eine bessere Arbeit."

Da ist noch ein junger Mann, der immer liest, während die Kaffeetasse halbvoll vor ihm steht. Bevor er das, was er bezahlte, nicht verzehrt hat, ist es sein gutes Recht, zu sitzen, und kein Manager kann ihn aus dem Paradies vertreiben. Einmal aber passierte es ihm, daß er aus Zerstreutheit den Kaffee austrank bis zum unwiederbringlich letzten Tropfen. Und er mußte nun gegen uns alle, die seine Tasse fortnehmen wollten, einen harten Kampf führen. Während er krampfhaft die leere Tasse festhielt, las er mit größtem Eifer den „Bürgerkrieg in Frankreich" von Karl Marx.

Manchmal saßen auch Liebespaare da. Sie saßen und sprachen und sprachen und saßen. Sie alle waren mir sympathisch. Ich mochte es gern, wenn sie sich an meine Tische setzten. Sie haben nicht viel Geschirr schmutzig gemacht.

Neger und Negerinnen

Man ist bei „Horn & Hardart" liberal den Negern gegenüber. Man sieht sich die Nickel, die die Automaten füllen, nicht danach an, ob sie von weißen oder schwarzen Händen entrichtet wurden. Auch arbeiten viele Neger hier. Sie sind gute Arbeiter. Es ist vorteilhaft, vorurteilslos zu sein.

Die Negerinnen beginnen überhaupt stark ihre Rassenmerkmale zu verlieren. Unter den Geschirrabwäscherinnen sah man noch eine echte Schwarze, richtig edelschwarz, mit von Zivilisations-Brillantine noch ungezähmten Negerhaaren. Manchmal sieht man reizende Negerinnen. Ich sah hier einmal eine in schreiend buntem Kleid mit einem in allen Farben schillernden Hut. In dieser für eine Europäerin unmöglichen Aufmachung sah sie wie eine richtige Urwaldschönheit aus. Zwischen einer Kreolin und einer schönen Negerin kann man kaum noch Unterschiede entdecken. Aber die Neger haben eine untrügliche Probe dafür, wer Negerblut in den Adern hat.

Da hat auch eine kleine Kreolin aus Westindien gearbeitet. Sie war sehr hübsch, aber so dunkel, daß man sie spaßeshalber verdächtigte, nicht rasserein zu sein. Man vollzog an ihr die Negerprobe. Die besteht darin, daß man die Halshaut zu ziehen versucht. Gibt sie nicht nach, ist die der Probe Unterworfene nicht rasserein. Die Negerinnen zeigten dann, wie es bei einer richtigen Negerin sein muß. Sie können die Halshaut wie Gummi ziehen. Die kleine Kreolin, deren Haut fest blieb, sah diesen Kunststücken mit aufrichtigem Neid zu.

Ein Neger, der viele Negerlieder sang, philosophierte auch gerne. Er sprach lange und oft darüber, daß den großen Unterschied zwischen Mensch und Mensch nicht die Hautfarbe, sondern nur das Geld ausmache. Und er konnte seine Behauptungen immer mit guten, dem Leben entnommenen Beispielen belegen. „Ein Neger kann nicht in jedes Restaurant essen gehen, das ist wahr", sagte er, „aber können Sie vielleicht essen, wo Sie wollen? Versuchen Sie es doch, gehen Sie zu Ritz; oder machen Sie eine Reise, oder setzen Sie sich in eine Theaterloge. Freiheit ist, wo Geld ist. Zwischen denjenigen, die einige Dollars haben, und zwischen mir, der keine hat, ist der Unterschied nur winzig", sagte er. „Ist vielleicht der Manager ein freier Mann, weil er mir befehlen kann? Er darf mir ja nur das befehlen, was man ihm befiehlt, mir zu befehlen. Ist es nicht so? Und wie klein ist der

Unterschied zwischen den Dollars, die er verdient, und denen, die ich verdiene, wenn man sie mit dem Dollargewinn der Gesellschaft vergleicht. Ist es nicht so?" Und wir alle mußten zugeben, daß an dem, was er sagte, etwas Wahres sei.

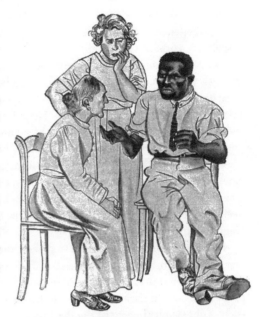

„Den großen Unterschied zwischen Menschen macht nicht die Hautfarbe ..."

Die Organisation der Massenabfütterungsgesellschaft

Man muß bekennen, sie ist bewunderungswert. Allein in der Filiale der 14. Straße speisen täglich Zehntausende. Man kann jederzeit warm essen. Alles funktioniert auf die Minute. Dabei ist der Raum, wo die Speisen verteilt werden, unglaublich klein. Eine Küche existiert in den Filialen überhaupt nicht. Es wird alles in einer Zentralküche hergestellt, dort werden die Suppen und das Gemüse gekocht, das Fleisch zerschnitten und bratfertig hergestellt. Dort werden die verschiedenen Brotsorten und Kuchen gebacken. Dort ist die Zentraleinkaufsstelle, von dort wird der Bedarf aller Filialen, es gibt ihrer in New York zweiundvierzig, gedeckt. Alles, was gebraucht wird, kommt in Kisten an, auch die Suppen in hermetisch verschlossenen Behältern. Die Speisen werden nur aufgewärmt.

Dabei ist der Betrieb denkbar wenig bürokratisch. Es wird nur wenig gezählt und aufgeschrieben. Es gibt nicht einmal Karten für Arbeitskontrolle, aber man wird „gewatscht", wie mir die eine deutsche Frau sagte. Eine philologische Erklärung ist hier nötig. „Watschen" stammt von „watch", beobachten. Und man wird sehr scharf beobachtet. Ein wahrer Ring von Aufsehern umgibt uns. Und es ist unmöglich, auch nur eine Minute die Arbeit stehenzulassen, und ich glaube kaum, daß es jemanden gelingen könnte, etwas wegzutragen.

Die Fünfcentstücke werden mit einer Zählmaschine gezählt, die mit einer Fleischhackmaschine Ähnlichkeit hat. Wenn die Automaten geleert werden, erfüllt der Klang der rieselnden Nickel den ganzen Raum. Hier wird erst recht „gewatscht".

Die endlose Zeit

Wenn man mit einem schweren Tablett auf und ab geht, immer auf und ab, wie endlos wird dann die Zeit. Die Minuten dehnen sich, das Ende der Stunden ist nicht abzusehen. Teller, Tassen, Schüsseln abräumen. Ich nehme mir vor, nicht eher auf die Uhr zu schauen, als bis ich das Tablett zehnmal zum Abwaschen befördert habe. Ich mache meine Arbeit absichtlich langsam, bleibe manchmal träumerisch stehen. Die Füße tun verdammt weh, und erst der linke Arm. Die zehnte Runde. Sicher ist mindestens schon eine halbe Stunde vergangen. Man blickt auf die Uhr und sieht, es sind erst fünf Minuten vorbei. Das ist hoffnungslos.

Manchmal hat man eine kleine Zerstreuung. Man zerbricht Geschirr. Tassen fliegen hin vor die Füße eines ohnehin schon feindlichen Managers, oder man läßt ein ganzes, mit Geschirr vollgepacktes Tablett fallen. Darüber wird aber nie eine Silbe verloren. Man darf nicht einmal stehenbleiben, um den Scherben nachzutrauern, ebensowenig darf die Schuldfrage erörtert werden.

Manchmal denkt man: Ich kann unmöglich weiter stehen. Ich werde einfach einen Nickel in den Automaten werfen, mir eine Tasse Kaffee holen und mich niedersetzen. Niedersetzen. Es ist gar nicht auszudenken, was dann geschehen würde. Was für vermessene Phantasien man nur hat, wenn man müde ist.

Nachts verfolgen mich die Teller und Tassen, und ich träume oft, ich räume immer nur Tische ab, ohne Unterlaß.

Erst dachte ich, daß nur ich das so empfinde, aber ich hörte auch von den anderen: „Heute will der Tag überhaupt nicht vergehen." Wenn Schichtwechsel war, zählten sie alle schon vorher die Minuten. Und wie glücklich sie das sagten: „Nur noch zehn Minuten, nur noch fünf Minuten." Wenn einer einen freien Tag hatte, wunderte er sich, wie schnell die Zeit verfliegt und wie furchtbar langsam die Arbeitstage weiterschleichen.

Einmal begann der eine Mann, der den Boden fegte, zu sprechen: „Hier ist es nicht schön. Ich kann's kaum noch weitermachen. Jeden Tag arbeite ich zwölf Stunden, dazu kommen anderthalb Stunden Arbeitspause, eine halbe Stunde zum Umkleiden, eine Stunde Hin- und Rückfahrt. Das sind fünfzehn Stunden täglich. Nie nehme ich mir Sonntage frei. Das geht so seit anderthalb Jahren, ohne Unterbrechung. Verdiene wöchentlich 31 Dollar und das Essen. Aber wenn ich mir einen Tag freinehme, verdiene

„Immer fegen, immer der Boden, immer der Schmutz."

Ich weniger. Und wenn man frei ist, gibt man doch nur Geld aus, und dann muß man sich auch noch das Essen kaufen. Warum ich so arbeite? Weil ich sparen will. Wie könnte ich das sonst. Und warum ich spare? Weil ich selbständig werden will. Aber es ist nicht schön hier. Immer fegen, immer der Boden, immer der Schmutz. Etwas anderes sieht man nicht mehr von der Welt. Ich weiß nicht, ob ich noch lange so weiter kann." Armer Automat, armer Roboter.

Es war ein schöner Augenblick, als ich nach heftigen Kämpfen meinen restlichen Lohn geholt habe. Man fand, es sei nicht „fair", eine Stellung von einem Tag zum andern ohne Grund aufzugeben, und man wollte auch mir gegenüber nicht „fair" sein.

Jetzt aber war ich frei. Jedenfalls für den Augenblick. Sonst pflegte ich zu dieser Zeit mit dem schmutzigen Geschirr herumzuspazieren. Nun aber ... Ich nahm einen Nickel und holte mir einen Kaffee und setzte mich. Und trank Kaffee und saß. So erfüllen sich Träume. Aber ich weiß nicht, ich habe es mir doch noch schöner vorgestellt.

Candy-Girl im Schlaraffenland

Dort, wo die Ananas-, Mandel- und Rosinenberge stehen, Schokoladeflüsse unversiegbar quellen, Honig und Sirup sich in Riesenfässern türmen, dort, sollte man meinen, müßte es schön sein zu leben, vielleicht sogar zu arbeiten.

Da sich das Schlaraffenland heutzutage nur in einer Schokoladefabrik befinden kann, scheint die Sache auch gar nicht aussichtslos. Man geht durch das Tor eines Wolkenkratzers, fragt den Portier nach der Arbeiterannahmestelle, steht bescheiden vor dem Personalverwalter und bekommt nach einigem Warten einen Zettel in die Hand gedrückt, auf welchem die künftige Arbeitsstelle verzeichnet ist. Kein Wort gefragt, man kann gleich anfangen zu arbeiten. Fein, daß man ins Schlaraffenland gelangen kann.

Ich bekomme von der „nurse", halb Aufseherin, halb Pflegerin, die Uniform und den Schrank zugewiesen. Sie sagt mir, es sei besser, die Uniform über die Kleider anzuziehen, dann friere man weniger. Aber heute ist doch ein furchtbar heißer Tag, denke ich, doch man ist eben im Schlaraffenland, man soll sich über nichts wundern. Ich gehe die Treppen hinauf zu meiner Arbeitsstelle. Ich betrete einen riesigen Arbeitssaal. Sofort bekomme ich kalte Füße. Eine ältere Dame, wie sich später herausstellt, die „forelady", flattert mir entgegen, in einem weißen Kleid und mit einem Spitzenhäubchen angetan. Sie hat eine rote, erfrorene Nase und frägt mich nach meinen Personalien. Auch teilt sie mir die Arbeitsbedingungen mit, 24 Cent die Stunde. In der Saison kann man Überstunden machen. Die Arbeiterinnen blicken gar nicht auf. Sie sind in Wolltücher, Wintermäntel, Sweaters gehüllt. Die Luft ist trotz der Kühle schlecht, die Fenster fest verschlossen.

Das kokette Spitzenhäubchen: „Wenn Sie eine Minute zu spät kommen, wird eine halbe Stunde abgezogen. Die Kontrollkarte muß viermal, immer im Arbeitssaal, abgestempelt werden. Morgens, bei Beginn und Ende der Mittagspause und abends, wenn man nach Hause geht."

Ich glaube, ich habe auch schon eine rote Nase. Freilich, es muß kalt sein, damit die Bonbons nicht zerschmelzen. Daran hätte ich gleich denken müssen.

Ich werde an einen Tisch gesetzt. Plötzlich bin ich umgeben von Kartons, Seidenpapier, Stanniol. Immer neue Platten voll Bonbons werden vor mich hingeschoben. Ich muß packen. Das Spitzenhäubchen erklärt: „Jedes Stück umdrehen und genau prüfen. Die schlecht gelungenen müssen beiseite gelegt werden mit der Nummer, die auf jede Platte aufgeklebt ist. Die soll man nicht essen. Die Arbeit der Hersteller muß geprüft werden." Ich fange an, gehorsam zu drehen, zu prüfen, zu packen. „Nur mit den Fingerspitzen, nur mit den Fingerspitzen", sagt noch das Spitzenhäubchen und entschwindet.

Hier mache ich die Bekanntschaft mit Nummer 68, die nicht etwa ich bin. Ich repräsentiere eine bedeutend höhere Nummer, bin viervierzwodrei. Bald stellte sich heraus, daß die Plattennummern immer besondere Individualitäten enthüllten. Da war zum Beispiel die tadellose Nr. 23, die korrekte Nr. 25, es war ein Vergnügen sie zu packen; da war die etwas zerfahrene Nummer 35 und dann also auch die Nummer 68.

Ich weiß nicht, ob ich deshalb Sympathien für sie empfand, weil ich fühlte, daß ich genauso schiefe, zerquollene Bonbons mit fleckigem Guß herstellen würde, wenn mich das Schicksal noch ausersehen sollte, Pralinen zu machen. Jedenfalls versuchte ich, soweit es in meiner Macht stand, Nummer 68 zu retten. Ich aß die verdorbenen Stücke, sie waren schlecht, dafür aber verboten, ich verlor die Zettelchen mit der Nummer, ich schmuggelte sogar einige Stücke der tadellosen Nummer 23 und der korrekten Nummer 25 zu, denen das doch nichts schaden konnte.

Am nächsten Tag, welches Wunder, übertraf Nummer 68 an Korrektheit sogar die Nummern 23 und 25. Ich ahnte gleich Böses. Und wirklich, als ich mich nach Nummer 68 erkundigte, mußte ich mich von der Zwecklosigkeit jeder individuellen Hilfsaktion überzeugen. Denn man sagte mir: „Meinen Sie die alte oder die neue. Denn seit heute ist eine andere da. Die alte ist gestern Knall und Fall entlassen worden."

Neben mir sitzt ein Mädchen, dem man anmerkt, daß es auch ein Neuling ist. In der ganzen Umgebung sind wir die einzigen, die sich für die Erzeugnisse Schlaraffenlands interessieren. Wir kosten alles, kritisieren, haben Vorlieben. Wenn das Spitzenhäubchen entschwindet, machen wir Rundgänge in unserem Arbeitssaal. Wir gehen an Frauen vorbei, die Datteln entkernen, Nüsse öffnen, Ananas zerschneiden. Jedesmal, wenn wir vorbeigehen, langen wir in die Körbe und essen. Erschrocken sehen wir uns um, aber nichts geschieht. Es ist erlaubt. Die Frauen sehen uns augenzwinkernd nach. Sie scheinen sich über uns zu amüsieren.

Während ich packe, fliegt mir ein Stück saure Gurke zu. Eine Arbeiterin aus der alten Garde frühstückt. Ich lache. Aber am dritten Tag bringe ich mir in Essig gesäuerte Zwiebeln zum Frühstück mit. Meine Nachbarin scheint sich zu freuen, als ich ihr auch welche anbiete.

Am dritten Tag muß ich meinen bequemen Platz, der mir allerdings erst später so bequem erschien, verlassen und werde vom Spitzenhäubchen zu den Maschinenpackern kommandiert.

Das System ist hier ganz ähnlich wie das berühmte laufende Band*. Quer durch den Saal laufen die Maschinen, vor denen die Arbeiterinnen packen. Eine Glaswand, mit je einer Öffnung vor jeder Maschine, trennt uns von den Pralinenherstellern. Hier gibt es kein gemütliches Schlendern mehr, die Maschinen schreiben die Bewegungen der Packerinnen wie der Bonbonhersteller vor.

Man steht hier in der eisigen Kälte acht oder manchmal auch neun Stunden lang, ohne sich einen Augenblick ausruhen oder sitzen zu können. Das Spitzenhäubchen erscheint immerfort, umkreist uns und schreit uns ständig wie ein Phonograph in die Ohren: „Mädels, lernt eure Hände schnell bewegen, Mädel, lerne deine Hände schnell bewegen" („Girlie, learn to turn your hands quickly, girlie, learn to turn your hands quickly"), immer ohne Unterlaß. So sieht es aus im Schlaraffenland.

Und trotzdem geht es vor unserer Maschine sehr lebhaft, ja lustig zu. Da ist zum Beispiel Giulietta, die schöne Italienerin. Sie kann nicht nur schnell packen, sondern gleichzeitig auch Charleston tanzen und singen: „Yes Sir, she is my baby." Dann sind die beiden Freundinnen da, die sich ständig zanken und sich gegenseitig, zur allgemeinen Freude, alte Sünden vorwerfen. Und dann haben wir Boccaccio hier, freilich einen weiblichen Boccaccio, und schon das allein muß die Arbeit unter den Maschinenpackern erträglicher machen. Denn Boccaccio ist eine Nummer ganz für sich. Von ungewöhnlicher Reizlosigkeit. Trägt eine Brille auf einer spitzen Nase, und hinter dieser Brille schielen farblose Augen. Die Haut ist fleckig, die Haare sind strähnig. Doch welche üppige, strotzende Phantasie verbirgt dieses trockene Äußere. Boccaccio ist natürlich italienischer Abstammung, wohnhaft und aufgewachsen in der Mulberry Street, dem schmutzigsten, dichtbewohntesten Teil des italienischen Viertels. Dort, wo die Nachbarn keine Geheimnisse voreinander haben können, wo die Wände

---

* *das laufende Band* – veraltete Bezeichnung für Fließband, damals eine relativ neue Einrichtung. In großem Maßstab wurde die Fließarbeit erstmals vom amerikanischen Unternehmer Henry Ford in den 1920er Jahren in der Automobilindustrie eingeführt; er verfolgte in seinen Fabriken das Ziel, mittels erhöhter Arbeitsteilung und Rationalisierung durch Fließarbeit das Produktionsvolumen zu erhöhen, um die Produktion zu verbilligen und nicht zuletzt um gute Erzeugnisse zu möglichst günstigen Preisen anzubieten.

überhaupt nur aus Ohren bestehen, wo mehrere Familien in einem Zimmer wohnen. Und Boccaccio hat immer alles gesehen und gehört. Und Boccaccio erzählt, fast ohne Unterlaß, ohne daß man darum bitten müßte. In einem trockenen, dozierenden Ton berichtet sie von unwahrscheinlichen Familienschicksalen, haarsträubenden Liebesgeschichten; Großmütter und Kinder, Chinesen und Neger kommen da vor, oft ist auch Boccaccio selbst die Heldin. Die Mädchen biegen sich vor Lachen.

Nur eine lacht nie, spricht wenig. Die Bleiche. Sie stöhnt ständig: „Ach, wie meine Hände frieren", „Oh, mein Rücken." Die Schokolade strömt aus der Maschine ohne Unterlaß. Immer die gleichen Bewegungen. Wen eine neue Art Schokolade aus der Maschine kommt, seufzt die Bleiche: „Ach, schrecklich, diese ewige Abwechslung."

„Will jemand ‚dipper' werden?"
„Wollen Sie, girl", fragt mich das Spitzenhäubchen, und ich nicke freudig. Die „dipper" arbeiten sitzend. Sie überziehen Pralinen mit Schokolade.

„Sie werden jetzt ein ‚trade' (Handwerk) lernen", sagt mir die Dicke, die mich unterweisen soll. „Yes, m'am", flüstere ich ehrfürchtig, denn ich weiß, daß ein „trade" Karriere bedeutet. Meine Nachbarin teilt mir mit, daß diese Woche achtundzwanzig Dollar in ihrem Lohnumschlag waren. „Das ist was anderes als die zehn Dollar der Packer." Als die Dicke weggeht, frage ich meine Nachbarin, seit wann sie „dipper" ist. „Seit acht Jahren. Ja, in der ersten Zeit kann man das auch nicht verdienen."

Ich sitze nun vor einem großen Kessel voll Schokolade, halte eine Holzkelle in der Hand und rühre fleißig. Wenn die Dicke nicht wäre, könnte ich mich jetzt Kindheitserinnerungen hingeben und denken: Schlaraffenland. Aber die Dicke erinnert mich mit allem Nachdruck an den Ernst des Lebens. „Immer aufpassen, daß die Schokolade schön flüssig bleibt, wenn sich kleine, harte Stücke bilden, müssen sie sofort herausgenommen werden." Aber wieso erfriert nicht die Schokolade sofort in dem kalten Raum? Wie wird sie überhaupt flüssig erhalten? Auf eine sehr einfache und sinnreiche Art. Unter jedem Schokoladekessel ist eine stark isolierte elektrische Leitung, die nach Bedarf eingeschaltet werden kann. Sobald die Schokolade ihren gleichmäßigen Glanz zu verlieren beginnt, wird die elektrische Heizung unter dem Kessel angeknipst, muß aber dann immer wieder ausgeschaltet werden, denn die Schokolade darf nicht heiß werden.

Die „dipper" sitzen mit aufgestülpten Ärmeln vor den Kesseln, die Arme mit einem Schokoladeguß überzogen, und tauchen Cremefüllungen, Datteln, Ananas in die Schokolade. Jede Sorte muß auf eine besondere Art gedreht werden, muß eine besondere Größe und Form haben.

Gerade um die Zeit, wenn wir die Fabrik verlassen, paradiert vor uns der Autobus einer anderen großen Schokoladefabrik, mit verlockendsten Aufschriften: „Wir machen die beste Schokolade der Welt", „Wir stellen Arbeiterinnen unter den besten Bedingungen ein", „Wir befördern unsere Arbeitnehmerinnen frei im Auto zur Arbeitsstelle" (merkwürdig nur, daß nie jemand in diesem Autobus sitzt).

Aber Giulietta weiß etwas Besseres. „Habt ihr denn nicht das Auto der Würfelzucker-Gesellschaft gesehen, mit dem Jazzband-Orchester. Das scheint ein lustiges Haus zu sein." Und schon tanzt sie wieder Charleston und singt: „No Sir, don't say may be." Die Bleiche aber sagt: „Ich hasse jede Abwechslung. Dann sieht man erst, wie schrecklich gleich alles ist."

Dienstmädchen beim Alkoholschmuggler

Es gibt Leute, bei denen man am ersten Tag weiß, welche Beschäftigung sie haben, wieviel sie verdienen und wie sie über Gott und die Prohibition* denken – so meint ein erfahrenes Dienstmäd-

---

* Die *Prohibition*, das Verbot von Herstellung, Einfuhr, Transport, Verkauf und natürlich auch von Genuß alkoholischer Getränke, war für die USA 1920 bis 1933 durch ein Bundesgesetz in Kraft. Sie ließ sich allerdings nur begrenzt durchsetzen, sie führte in großem Umfang zu Schwarzbrennerei, Schmuggel („Bootlegging") und illegalem Ausschank und förderte die organisierte Kriminalität und die Korruption in Politik und Polizei.

chen –, mit anderen wieder kann man wochenlang zusammenleben, und man erfährt nichts Näheres über sie.

Meine neue Stellung: Eine große Villa, nagelneu eingerichtet, mit Gesellschaftsräumen in Blau und Rot und viel Gold, mit einem Frühstückszimmer und Speisesaal, mit einem Boudoir, mit Büchern und Porzellan, das scheinbar nie benutzt wurde, mit Spiel- und Studierzimmer für die Kinder. Ich kann nicht unzufrieden sein, mein Zimmer ist nicht weniger neu als die anderen, mit Stehspiegeln und Klubsesseln, Ankleideraum und Badezimmer. Der Garten ist schön, mit einem Springbrunnen, eine Riesenveranda ist mit ganz neuartigen Korbmöbeln ausgestattet, in der Garage stehen zwei Autos. Außer mir besteht das Dienstpersonal noch aus einer Köchin und einem Chauffeur.

Aber sonst geht es hier gar nicht hochherrschaftlich zu. Die Dame des Hauses, eine blasse Frau, geht herum, als ob sie sagen wollte: „Gut, ich kann ja auch das über mich ergehen lassen." Sie kocht, während die Köchin wäscht und die Zimmer reinigt, und regt sich über einen Knochen auf, den ich weggeworfen habe, aber dann wieder schüttet sie mit größtem Gleichmut eine große Flasche Sahne fort.

Meine Aufgabe ist, die Kinder und die Küche in Ordnung zu halten. Diese Aufgabe ist gar nicht so einfach. Denn die Küche spielt in diesem Hause, mit Empfangsräumen und Boudoir und Spielzimmer, genau die Rolle wie bei allen amerikanischen Kleinbürgern, die neben der Küche noch zwei oder drei Zimmer haben. Hier spielen und „studieren" die Kinder, und hier essen wir alle, wenn auch nicht zur gleichen Zeit. Erst essen die Kinder, dann die Frau (der Mann ist vorläufig noch nicht auf der Bildfläche erschienen), zuletzt kommt das Dienstpersonal an die Reihe. Ich muß in der Zwischenzeit immer abwaschen, denn das Geschirr und die Bestecke, die uns zur Verfügung stehen, reichen nur für eine Serie.

Nun hat sich die Küche entvölkert, wir können essen, Linotschka, die Köchin, eine Weißrussin, der Chauffeur, ein Neger, und ich, die „Neue". Ich merke, man möchte mich gern über alles aufklären, aber die Türen sind offen, die Frau telephoniert in der Halle. Wir essen schweigsam, aber Linotschka tuschelt etwas hinter der hochgehobenen Hand und macht Zeichen, denen ich entnehmen kann, daß ich nur warten soll, bis die Frau außer Hörweite ist, dann werde ich schon Interessantes zu hören bekommen.

Der Chauffeur aber, der Alteingesessene hier, beginnt mir schon in einer eindrucksvollen Gebärdensprache die Karriere unseres gemeinsamen Brotherrn zum besten zu geben. Dem konnte ich folgendes entnehmen: Vor drei Jahren war er noch so klein, die Handfläche des Chauffeurs berührte fast den Boden, heute ist er so groß, seine Hand flog hoch, soweit sie nur konnte. Dann machte er mit beiden Händen einen Trichter und flüsterte andächtig: „Alkohol".

Es war Freitag in den Abendstunden, als die alte Frau kam, die Mutter des Mannes. In einem langen, mit braunem Pelz verbrämten schwarzen Mantel, den Kopf mit einem schwarzen Spitzentuch verbunden. Sie trug eine Anzahl Pakete. „Die Frau ist fort mit den Kindern? Ich werde warten." Sie setzte sich an den Rand eines Küchenstuhles, legte ihre Pakete auf den Tisch und sah zu, wie ich arbeitete. (Was nicht angenehm ist.)

Plötzlich sprang sie auf. Ich hatte angebrochene Brotstücke in den Mülleimer geworfen. „Wie", sagte sie, „ihr werft das Brot fort?" Sie nahm ein Stück Brot aus dem Unrat, betrachtete es mit andächtigem Ernst eine Weile, dann führte sie es an den Mund, küßte es wahrhaftig inbrünstig und flüsterte mit Tränen in den Augen: „Das heilige, geliebte Brot, ja, hierzulande wirft man es fort", dann legte sie es mit zitternden Händen wieder in den Mülleimer. Dann ging sie zu dem Tisch zurück, öffnete einige ihrer zahllosen Pakete, wärmte den mitgebrachten Kaffee in einem mitgebrachten Topf und wandte sich erklärend an mich: „Bei Euch kann man nicht mehr essen."

Einem anderen Paket entnahm sie einen Kerzenhalter und Kerzen, zündete die Kerzen an, legte die Hände über die Strin, verbeugte sich und begann leise ein Gebet zu murmeln. Das Kerzenlicht fiel über ihre Gestalt, sie war noch in Mantel und Spitzentuch, es begann schon zu dunkeln, so stand sie noch eine Weile.

Später begann sie mit mir eine Unterhaltung. Ob man sich an Amerika gewöhnen könnte? Sie nicht. Sie nie. Vom ersten Augenblick an war sie unglücklich. Sie kamen aus Südrußland, aus Bessarabien*, vor einem Menschenalter. Man war dort ein Hund, hier ist man ein Herr. Man war dort arm, hier ist man reich. Aber man soll dort sterben, wo man geboren wurde. Man sollte dort leben, wo die Vorfahren gelebt haben, die Eltern. Aber hier hat man gar keine Eltern, und hier hat man keine Kinder. Denn sie haben hier kein Gedächtnis, und sie haben keine Erinnerungen und keinen Glauben. Nichts ist ihnen heilig. Nicht einmal das Geld. Sie jagen ihm nach. Sie schinden sich und andere um das Geld, aber wenn sie es haben, dann ist es ihnen nicht heilig. Dann werfen sie es fort, wie sie das Brot, das tägliche Brot wegwerfen. Sie bauen sich Häuser und kaufen sich Autos, nur weil sie das Geld fortwerfen wollen.

Sie begann die anderen Pakete zu öffnen. Eine Schüssel mit Mohn- und Nußkuchen, ein Glas Honig, in dem Nüsse schwammen.

Anka, Rosalyn, Lillian, das sind die Kinder. Anka ist geboren noch in den schlechten Zeiten. Im Ghettoviertel, in einer Nebenstraße der Grand Street**. Wo der Vater eine Anzahl Trödelkarren teils in eigener Regie hatte, teils weitervermietete. Als Rosalyn geboren wurde, hatte man schon ein eigenes Geschäft für seidene Unterwäsche in der Grand Street, und als Lillian zur Welt kam, war die Villa, in der wir das Vergnügen haben, nun zu leben, schon im Bau.

Anka ist mager, blutarm und wird von einem unersättlichen Hunger geplagt. Wenn sie Schokolade ißt, meidet sie jede Gesellschaft. Sie teilt nicht gern ihr Hab und Gut, ist aber immer bereit,

---

* *Bessarabien* – historische Landschaft zwischen Pruth, Dnjestr, Schwarzem Meer und Donau, der Hauptteil gehört heute zu Moldawien, ein kleinerer Teil zur Ukraine.

** Die *Grand Street* liegt (zum Teil) in Little Italy, das zur Lower East Side gehört; diese war ein traditioneller Einwandererbezirk, wo sich Italiener, Chinesen, Deutsche, Iren, Juden und viele andere ansiedelten, jedoch lebten sie oft in ärmlichen, äußerst beengten Verhältnissen, hier befanden sich um die Jahrhundertwende auch Elendsviertel.

Ratschläge zu geben. Sie findet, daß ich gerade genug Geld verdiene, und rechnet aus, wieviel Geld ich in zwei Jahren haben könnte, wenn ich immer arbeiten würde und mir nur das Allernotwendigste kaufen würde. Bei diesem Allernotwendigsten ist sie riesig knauserig. Sie hat auch Phantasie. Wenn ich etwas falsch mache, dann schreit sie: „Ha, gib nur acht, ich werde es meinem Großvater, der jetzt in Persien zur Welt kommt, erzählen, was du angestellt hast."

Rosalyn ist dick, hat rote, feste Wangen, kugelrunde Schwarzaugen. Sie ißt mit Appetit und Genuß, aber bei ihr schlägt alles an, nicht wie bei Anka. Wenn sie lacht, zittert das Haus, wenn sie weint, dröhnen die Wände, sie weint nicht, sie heult. Wenn man sie hinlegt, schläft sie sofort ein. Sie ist wunderbar gesund, natürlich, echt. Uns so wird wohl jeder seine Freude an ihr haben. Rosalyn kommt eines Morgens zu mir und sagt: „Mary, ich habe einen Mann." Und da ich keine Einwendungen mache: „Er umarmt mich, er küßt mich, er nimmt mich in seine Arme, er küßt mich", lispelt sie und verdreht dazu so komisch die kugelrunden Schwarzaugen, daß ich mir die Seiten halte. Rosalyn sieht mich streng, abweisend, aber doch etwas verlegen an. Nach einer Weile sagt sie: „Was lachst du, ich spreche doch von meinem Vater."

Lillian hat ein blasses, zartes Gesicht, lange hellblonde Locken und verschlafene Augen. Sie lacht selten und dann ganz leise. Auch weinen tut sie leise. Wenn man ihr nicht den Willen läßt, schluchzt sie verzweifelt: „Arme kleine Lillian." Nur mit List kann man sie zum Essen bewegen, einschlafen will sie erst, wenn man ihr stundenlang Märchen erzählt. Den größten Eindruck ihres Lebens machte auf Lillian, als sie ihre Mutter einmal in einen Schönheitssalon begleitete. Puder, Schminke, Spiegel sind nie und nirgends vor ihr in Sicherheit. Größtes Vergnügen bereitet ihr, wenn man ihre Hände manikürt. Wenn man fertig ist, befiehlt sie mit blasierter Stimme (sie kann sonst erst wenig sprechen): „Und jetzt ordne meine Augenbrauen."

Es scheint nun an der Zeit, die eigentliche Hauptgestalt, den Herrn des Hauses, vorzuführen, mit dem einträglichen und interessanten Beruf. Sein Äußeres entspricht den Vorstellungen, die man sich wahrscheinlich schon von ihm gemacht hat. Er sieht immer schlecht rasiert und schlecht angezogen aus, aber er hat eine joviale Art, seine schwammige Gestalt durch die Küche zu schieben und wohlwollend und herablassend das Dienstpersonal zu begrüßen. Seine natürliche Zufriedenheit mit der Weltordnung gibt seinem Wesen eine fettige Gloriole von behaglicher Heiterkeit.

Von den Gründen seines Erfolges konnte ich Näheres an einem Sonntagnachmittag erfahren, als ein Familientee auf der Terrasse stattfand. In großer Zahl waren Tanten, Nichten und Neffen einer offenbar weitverzweigten Familie erschienen. Ich reichte Zitrone und Sahne zum Tee, wohlgemerkt nicht etwa Rum. Ja, es war der erste und bisher einzige Haushalt in Amerika, den ich kennenlernte, wo überhaupt kein Alkohol zu entdecken war. Während also die versammelte Familie Tee mit Milch trank, hielt Onkel „bootlegger" – der Alkoholschmuggler – einem auf Abwege geratenen Neffen, er hatte in einem Alkoholexzeß allerlei Ausschreitungen begangen, und er verdankte es nur seinem einflußreichen Onkel, daß er mit der Polizei nichts zu tun bekam, er hielt also diesem Neffen eine Strafpredigt, die gleichzeitig als Programmrede eines ehrlichen und ehrgeizigen „bootleggers" gelten konnte. Er war gegen Alkohol. Er haßte und verachtete Trinker.

Die Anfänge des Herrn waren jedoch weniger bürgerlich, als man nach seinen Reden annehmen könnte, wenn man dem Chauffeur auch nur zum Teil Glauben schenken will, und es liegt ja kein Grund vor, ihm nicht zu glauben. Oft erzählte er von diesem heroischen Zeitalter. Von wilden nächtlichen Fahrten zu Waggons, die auf entlegenen Schienen standen und mit Sprit[*] gefüllt waren, von einem Rumschiff mit total betrunkener Mannschaft, die nur mit vorgehaltenem Revolver zur Ruhe zu bringen war, von einer Flucht vor Prohibitionsbeamten, von Nachtklubs, kleinen Schenken, von angezündetem Sprit, ausgeschütteten Weinmassen. Ja, wenn einer es zu etwas bringen will, muß er manches wagen.

Heute freilich verläuft das Leben des amtlich approbierten Alkoholagenten anders. Er arbeitet nun mit Registratur, Formu-

---

[*] *Sprit* – umgangssprachlich für hochprozentigen Alkohol, Branntwein, Schnaps, engl. *spirit*.

laren, Bezugsscheinen. Ein Alkoholagent in Amerika kann dieselben Machtgefühle empfinden, wie seinerzeit der Leiter einer Rohstoffverteilungsstelle in Deutschland. Da gibt es „A"-, „O"-, „P"-, „Q"-Erlaubnisse, ungezählte Paragraphen und Vorschriften, man erfährt, wie der Briefkopf eines Alkoholagenten aussehen, auf welche Art er seine Geschäftskarte drucken lassen darf, wie die Vignette auf einer Weinflasche angebracht werden muß, wann ein Kranker Whisky verordnet erhalten kann. An einem Abend versuchte ein Geschäftsfreund, dem Hausherrn einen schweren Schlag zu versetzen. Im Laufe einer lauten Auseinandersetzung nannte er ihn vor den Ohren des Dienstpersonals einen Schädling des Landes. Ein unvergleichlicher Temperamentsausbruch, ein ungeheurer Redeschwall. Er ließ sofort alle seine Verdienste um das Staatswohl laut werden. Der einstige Geschäftsfreund war, erschrocken und eingeschüchtert, längst verschwunden, der Hausherr konnte seine Verdienste nur noch seiner Gattin und dem in der Küche aufmerksam lauschenden Dienstpersonal vortragen. Geschwellt vom Gefühl seiner unersetzlichen Wichtigkeit stand er da, aufrecht, eine Hauptstütze der bürgerlichen Ordnung, des Staates.

Kampf um Kleider

„Gut, wir werden Ihre Eignung als Verkäuferin prüfen. Passen Sie jetzt gut auf." Ich memorierte schnell gutklingende Sätze, die man von Verkäuferinnen zu hören pflegt: „Aber das Kleid sitzt ja wie angegossen", „Diese Farbe paßt wunderbar zu Ihren Augen" und ähnliches. Indessen sah ich mich in dem mit Kleidern vollgestopften Raum um. Einige Frauen, offenbar Angestellte, gingen auf und ab und benahmen sich sehr merkwürdig.

„Nun, was ist Ihnen aufgefallen?" frug mich die Prüfende. Ich wußte nicht, was sie eigentlich von mir erwartete. Aber sie half mir. „Was haben die Frauen vorhin gemacht?"

„Die eine hat über ihr Kleid noch ein anderes angezogen und die Blonde hat eine Bluse in ihre Handtasche gestopft", erinnerte ich mich zum Glück. Damit hatte ich schon meine

Eignung als Verkäuferin bewiesen, ich bekam eine Nummer, die ich an mein Kleid heftete, und wurde Verkäuferin. In dem großen Verkaufssaal konnte ich auch gleich meine Karriere beginnen. Ein Kleiderständer, mit Gewändern in allen Nuancen des Blau, wurde mein Revier. Niemanden brauche ich zu einem Kleid überreden, ich brauche keine schönen Phrasen zu machen. Sogar zur Kasse und zum Einpacken wird das Kleid von einer anderen Angestellten getragen. Ich muß nichts weiter tun als aufpassen.

Wenn der Betrieb noch nicht sehr groß ist, verbleibe ich auf ebener Erde, sobald aber die Käuferinnen zahlreicher werden, muß ich auf einen Stuhl steigen, um eine umfassendere Aussicht zu haben. Diese Aussicht ist überaus merkwürdig: nüchtern und doch phantastisch zugleich. Der Verkaufssaal aus Holz erinnert an einen Stall und hat die Dimensionen einer Kathedrale. Wie Blumen auf einer ungeheuren Wiese leuchten Kleider in allen erdenklichen Farben. Die Wände sind mit Ansichten von Gefängnissen, Zuchthauszellen geschmückt; man sieht Gitterstäbe, gefesselte Hände. Zur Abwechslung gibt es Zeitungsausschnitte, die sich mit der Strafe gefaßter Ladendiebe befassen, Mitteilungen, daß Ladendiebinnen deportiert wurden und ähnliches. Große Plakate raten außerdem in deutscher, englischer, italienischer und jiddischer Sprache von der widerrechtlichen Aneignung der zur Schau gestellten Kleider ab. Andere verherrlichen in poetischer Form die Tugend der Ehrlichkeit und verdammen die schlechte Angewohnheit des Stehlens.

Auf der Balustrade aber steht ein ganzes Heer von Polizisten, unbeweglich, wie Wachspuppen in einem Panoptikum. Sie warten nur auf ein Alarmzeichen, um zum Leben zu erwachen und die Sünder ihrer wohlverdienten Strafe zuzuführen.

Aber nach stundenlangem Stehen auf dem Stuhl beginnen alle diese Bilder wild durcheinander zu tanzen. Die Gewänder und die Frauen, die sich Kleider aussuchen, die Polizisten und die Gefängniszellen. Wenn ich nicht so müde wäre, daß ich fast vom Stuhl falle, könnte ich meinen, ein irrsinniger Traum quält mich.

Ich freue mich nicht wenig, als ich nach einigen Tagen versetzt werde. Ich werde nämlich nicht nur bildlich versetzt. Statt auf einem Stuhl zu stehen, kann ich jetzt den ganzen Tag sitzen. Freilich nicht auf einem Stuhl, so bequem geht es denn doch nicht zu, sondern auf einer Leiter. Das Schauspiel, das sich mir hier bietet, übertrifft sogar das vorhergehende. Mein Beobachtungsposten befindet sich über dem großen Anprobierraum. Hier kämpfen die Frauen in krankhafter, fiebriger Gier um einige billige Fetzen. Ohne Scheu enthüllen sich die Körper, schöne, noch junge, aber auch von Arbeit entstellte, durch das Leben schon deformierte, und stolzieren ohne Unterschied vor den Spiegeln. Frauen aus allen Ghettos der Stadt, Büromädchen, Arbeiterinnen, die jetzt den schwer verdienten Wochenlohn in Seide, in Hoffnung auf Schönheit, einlösen. Wir aber, die „Verkäuferinnen", sitzen auf Leitern mit stumpfen Gesichtern, ungeheuer gelangweilt, Gummi kauend, mit leeren Augen immer das Schauspiel anstarrend.

Wir verdienen wöchentlich zwölf Dollar und haben außerdem die Aussicht auf eine sagenhafte Prämie. Über diese erzählt einmal eine junge, aber schon erfahrene Verkäuferin, während sie Kaugummi unentwegt im Munde herumdreht, folgendes: „Einmal habe ich auch eine Prämie bekommen. Das war so. Ich hatte schon ein paar Fälle aufklären helfen, da sagte mir der Manager: ‚Wenn Sie nächstens eine richtige Diebin fassen, bekommen Sie eine Prämie von zehn Dollar.' Das war schon vor längerer Zeit. Etwas später hat mich ein Bekannter, ein sehr hübscher Junge, zum Tanzen eingeladen. Da stand ich auf meinem Stuhl und dachte darüber nach, was ich anziehen könnte. Vor mir, hinter mir, wohin ich nur geblickt habe, nichts sehe ich als Kleider. Aber ich selbst habe nichts Anständiges anzuziehen. So 'ne Schweinerei! Und Sie wissen, wie die Männer sind, wenn ein Mädchen nicht gut angezogen ist. Und da gerade, wie ich mich so umschaue, sehe ich eine fette Italienerin, in großem Umschlagetuch, gerade bei den teuersten Abendkleidern umherwatscheln. Die ist verdächtig, denk' ich mir, die wirst du nicht aus den Augen lassen, und morgen hast du dein Tanzkleid. Und wirklich sehe ich, wie sie sich erst vorsichtig umsieht, das Kleid zusammenknüllt und es unter ihrem Tuch verschwinden läßt. Geschnappt, denke ich und alarmiere schleunigst die Aufsicht. Wie sie gefaßt wird, weint sie nicht, die alte Italienerin, ihr Gesicht verzerrt sich nur so merkwürdig, und sie blinzelt ganz schnell mit den Augen. Ich bekam meine zehn Dollar, und noch vor Geschäftsschluß habe ich mir ein Kleid ausgewählt für neun Dollar fünfundneunzig Cent, ein wirklich schönes. Tief ausgeschnitten und ganz aus goldenen Spitzen. Man hätte schwören mögen, es wäre mindestens hundert Dollar wert und aus einem Fifth-Avenue-Geschäft."

„Nun, und haben Sie sich beim Tanzen gut unterhalten?"

„Ach, gar nicht. Das ist gerade mein Pech. Den ganzen Abend rumorte mir die alte Italienerin im Kopf herum. Wie sie so mit den Augen geblinzelt hat. Sicher wollte sie das Kleid ihrer Tochter geben. Aber es gehört sich doch nicht zu stehlen. Ich war trotzdem schlechter Laune. Und Sie wissen, wie die Männer sind, wenn ein Mädchen nicht lustig ist. Es wurde nichts aus der ganzen Sache."

„Sie hätten Ihr Glück in dem schönen Kleid noch einmal versuchen sollen."

„Aber hören Sie doch, was mit meinem schönen Kleid passiert ist. Ich kam ganz wütend nach Hause und wollte mich schnell ausziehen. Und da plötzlich reißt das Kleid entzwei, die goldenen Spitzen, wie Papier. Nur Fetzen hielt ich in der Hand ..."

„Ihr solltet lieber die Augen offen halten und nicht soviel tratschen", sagt uns die Vorsteherin, die gerade vorbeigeht.

Als Stubenmädchen bei Mrs. Snob

Ich lerne die Familie kennen

Er: Eine wahre Batterie von kosmetischen Artikeln, Puder, Entfettungstabletten, Haarwasser, Brillantine, parfümierte Pillen – „Ihr Atem wird wie eine Blume duften" –, verschiedene Cold Creams[*] – „Erfreuen Sie Ihr Sweetheart mit einer seidenweichen Haut".

Notizblätter, vollgeschrieben mit Zahlen. Hinter verschiedenen Zahlenreihen Temperamentsausbrüche: zwei bis drei Ausrufungszeichen. Kautabak. Golfausrüstung. Drei Magazine. Ein

---

[*] *Cold Cream* – kühlende Hautcreme.

großes Paket Photographien, Urwaldbilder, Orangenhaine an südlichen Gestaden, Palmenalleen, Rosendickicht, endlose Pampas. Die Rückseite der Photographien mit Zahlen vollgeschmiert. Zeitungsausschnitte über Grundstücksverkäufe.

Sie: Eine wahre Batterie von kosmetischen Artikeln (siehe oben), Schminke von Coty*, Lippenstift von Coty, L'Origan von Coty. Handtücher mit Lippen- und Wangenabdrücken. Die Tische ein Pudermeer (von Coty). Morgenröcke in allen Schattierungen des Grüns: apfelgrüne, meergrüne, giftgrüne, flaschengrüne, spinatgrüne, grasgrüne. Morgenschuhe in allen Schattierungen des Grüns (siehe oben), goldgeschmückt, silberverziert, rosabestickt. Abendschuhe, die Absätze mit Glassteinen besetzt. Eine Kristallvase, laubfarbene Orchideen zwischen grünen Straußenfedern. Einladungen zu einer Klubsitzung, zu einer Modeschau, zu einer Kunstausstellung. Rechnungen, Rechnungen, Rechnungen. Ein Autoprospekt, Warenhauskataloge aus Paris. Ein Buch: Bridgeregeln 1925.

Servieren

Er: Hätte keine gute Reklame für die von ihm benutzten Schönheitsmittel abgegeben (soweit ich feststellen konnte). Speckhals, Glatze.

Sie: Führte einen siegreicheren Kampf um Schönheit. War nicht in Grün, wie ich erwartet hatte.

Ich wollte nun Reporter sein, die amerikanische Familie in ihrer Intimität belauschen. Meine Ohren verwandelten sich zu einem Phonographentrichter. Aber die amerikanische Familie war sehr schweigsam, jedenfalls solange ich im Zimmer war. Ja, ich mußte zu meiner Beunruhigung bemerken, daß ich von der Beobachtenden zur Beobachteten wurde. Jede meiner Bewegungen wurde mit Interesse verfolgt, und dieses Interesse hob keineswegs deren Sicherheit.

---

* Coty – Das Parfümgeschäft des französischen Industriellen François Coty (1874 bis 1934) entwickelte sich ab 1900 zu einem äußerst erfolgreichen Unternehmen; er erwarb ein großes Vermögen, mit dem er unter anderem 1922 die konservative Tageszeitung „Le Figaro" kaufte und weitere Zeitungen zur politischen Einflußnahme gründete.

Ich habe ein schwarzes Kleid an, das mit Hilfe zahlreicher Sicherheitsnadeln ins Stubenmädchenhafte umgebogen wurde, und eine gepumpte, ziemlich ramponierte weiße Schürze. Ich fand noch vor einer halben Stunde, daß ich verhältnismäßig gar nicht so schlecht darin wirke. (Wenn man kein Geld hat, muß man optimistisch sein.) Die amerikanische Familie schien aber meine gute Meinung über meine Erscheinung nicht zu teilen.

Es wunderte mich also nicht, daß nach dem Essen sie, die „Missus", mich zu sprechen wünschte. (In Amerika bedeutet das nie etwas Gutes.) „Sie scheinen sich geirrt zu haben, als Sie mir sagten, Sie seien ein perfektes Stubenmädchen, ich werde Sie ja erst vollkommen abrichten müssen. Und ist das Ihre Uniform?" Sie zeigte auf mein Kleid, das mit Hilfe so vieler Sicherheitsnadeln ins Stubenmädchenhafte umgebogen wurde. Und welcher Hohn lag in ihrer Stimme. Sie erklärte mir nun den Kleiderritus eines perfekten Stubenmädchens. In der Frühe muß man ein blaues oder graues Waschkleid tragen, zum Lunch ein weißes, zum Dinner aber erscheint der dienende Geist in Schwarz mit weißem Kragen und Manschetten und einer tadellosen kleinen weißen Schürze.

Nun beginnt aber ein großes Feilschen, wer die Kosten meiner zeremoniellen Aufmachung tragen soll. Endlich einigen wir uns: Ich werde das graue Waschkleid stellen, während mir die Missus die schwarze und weiße Uniform leihweise überlassen wird, und ich werde aussehen wie das perfekteste amerikanische Stubenmädchen.

Reinemachen

Während ich die Zimmer in Ordnung bringe – nur keine Übereilung –, sehe ich mir näher die Einrichtung an. Die Wand ist unbekleidet. In Amerika „trägt" man jetzt keine Wandbilder, nur wenn man eigens eine Privatgalerie besitzt.

In einem Holzkasten steht die Graphik, für Mittelbürger, glatt, nichtssagend. Wieviel interessanter sind die Familienphotographien in Alben auf dem langen Tisch. Welch repräsentable Familie. Die Frauen alle tadellos gekleidet, juwelengeschmückt, die Männer ein wenig nachlässig, in Sportanzügen, muskulös, angenehme, von Geist ungetrübte Gesichter, die Kinder wunderbar gepflegt und schön. Alles Familie der Frau, man sieht es, der gleiche Schlag, alteingesessen, mit klarer Vergangenheit, was davor war, zählt nicht mit. Dann Daguerreotypien, die viel zu entzückend sind, um echt zu sein. Außerdem gibt es in den amerikanischen Familien viel zu viele Daguerreotypien. War Amerika vor siebzig Jahren stärker bevölkert als heute? Braun getönt, auf leicht vergilbtem Grund, stehen sie da, die Vorfahren, die Bahnbrecher. Die Männer verwegen, aber treuherzig, die Frauen mütterlich, gütig lächelnd. Die Möbel, die als Hintergrund dienen, sind Museumsstücke, die Kleider könnten nicht stilvoller sein, und wie wunderbar gibt die Photographie den schweren Glanz des Tafts wieder. Aha, hier scheint auch der Mann repräsentiert zu sein. Derselbe Speckhals, noch etwas unkultivierter. Besser, eine schlechte Familie zu haben als gar keine. Das breite Gesicht, die Leibesfülle, die dicken Hände, alles scheint zu sagen: Man hat geschuftet, aber man hat es auch zu etwas gebracht.

Doch Schritte. Die Missus. Los, arbeiten.

Sie kommt ganz leise.

Ich beginne mit größtem Eifer, Möbel hin und her zu rücken. Die amerikanischen Möbel sind nicht schön, aber praktisch, leicht beweglich. Sie gehen auf Rädern. Ich schleppe Reinigungswerkzeuge herbei, die ich sonst nie benütze, lege zur Verzierung Bürsten auf den Teppich. Ich schufte schrecklich. Sie sieht zu. Ob sie fühlt, welche Schande es ist, daß ich so schwer arbeite, während sie zusieht. Doch nein, sie ruft plötzlich im Ton tiefster Entrüstung: „Aber Mary, Sie arbeiten ja nicht, Sie spielen nur!"

Ludmilla und die Doppelmonarchie

Die Missus stellte mich Ludmilla als Landsmännin vor, weil wir einmal in alten Zeiten beide Angehörige der österreichisch-ungarischen Monarchie waren. Man konnte ihr das verzeihen. Sie war eben in europäischer Völkergeschichte nur wenig bewandert.

Ludmilla war Tschechin, und Ludmilla war die Köchin.

Ludmilla empfing mich ungnädig.

Ludmilla erklärte mir, daß meine Vorgängerin auswärts geschlafen habe, was ihr angenehmer war.

Ludmilla sagte mir, daß für meine übrigens auffallend wenig zahlreichen Kleider in den Schränken kein Platz vorhanden sei.

Ludmilla war der Augapfel der Familie.

Ludmilla hatte das leicht reizbare Temperament einer großen Künstlerin.

Man muß allerdings zugegeben, daß sich Ludmilla dieses leicht reizbare Temperament leisten konnte, denn sie war zweifellos eine Künstlerin in ihrem Fach. Sie verstand sich, man muß es ihr lassen, auf Soßen und Braten und Torten.

Ludmilla war mir gegenüber von größter Einsilbigkeit.

Es geschah in der Küche, daß Ludmilla zu sprechen anhub. Sie öffnete Hühnchen mit einem scharfen Messer, während ich verzweifelt Silber putzte. Es war ein richtiges Anheben, ein ständiges Crescendo. Sie

Ludmilla öffnete das Hühnchen mit einem scharfen Messer.

begann erst klagend: „Soll ich denn immer Sklavin fremder Menschen bleiben, fern von allen leben, die mir lieb sind, in dieser stinkenden Küche ersticken. (Das ist stark übertrieben. Die Fenster stehen weit offen, wir sind in White Plains, einem Villenvorort von New York, und die Luft ist für hiesige Verhältnisse ausgezeichnet.) Zerstört hat man meine Jugend, meine Zukunft, zum Krüppel haben sie meinen Liebsten geschossen."

Ich muß hier einschalten, daß Bogumil, Ludmillas Liebster, der im Krieg ein Bein verloren hatte, jetzt nur sehr wenig verdienen konnte, weshalb Ludmilla die Aufgabe übernahm, die Grundlagen eines Familienherdes, einige Dollars, in der Ferne zusammenzusparen.

Mein ganzes Mitgefühl hätte sich nun natürlicherweise Ludmilla zuwenden müssen, wenn mich nicht daran ein unbegreiflicher, ja besorgniserregender Umstand gehindert hätte. Denn Ludmilla schien, während sie mit dem blitzenden Messer herumhantierte, ihre Anklagerede direkt gegen mich zu richten. Was sollte das bedeuten?

Und während nun Ludmilla die Gedärme aus dem Hühnchen trennte, stellte sich heraus, daß Ludmilla für alle Unbill, welche die Tschechen während des Krieges erlitten hatten, mich persönlich verantwortlich machen wollte. „Ja", schrie Ludmilla, „wer ist an allem schuld, nur die Ungarn und die Österreicher."

„Oh, Ludmilla, ist es also ein Wunder, daß es Kriege gibt, da doch die Welt von Ludmillas wimmelt. Wie leicht haben es diejenigen, die Nutzen vom Krieg ziehen. Denn nichts ist einträglicher, als auf die Dummheit der Menschen zu spekulieren. Ludmilla also haßt mich wegen meiner Nationalität. Hier in der Ferne, wo wir gleiche Fremde, gleiche Arbeitssklaven sind. So leicht, so nachhaltig lassen sich also Menschen aufhetzen." Ludmilla schlug mit großem Lärm Eischaum. Sie sagte nichts. Ich wußte gar nicht, ob sie mich gehört hatte.

Nachmittags kam sie mit kleinen Päckchen in unser Zimmer und war sehr geschäftig. Sie legte Eiscreme in eine Kristallschüssel, zerschnitt Bananen, schob dazwischen Erdbeeren, dann krönte sie das Ganze sehr kunstvoll mit Schlagobers. Das prachtvolle Gebilde aber schob sie wortlos vor mich hin. – Es war klar, Ludmilla hatte mir die Doppelmonarchie verziehen.

Fensterputzen

„Heute werden Sie die Fenster putzen" – sagte mir die Missus in dem selbstverständlichsten Ton der Welt. (In Amerika gibt es überall Schiebefenster.)

Ich brachte Lappen, Wasser, schleppte eine Leiter heran. Rieb die Fenster. Und ging auf der Leiter ziemlich planlos auf und ab. Einmal wird sie doch gehen. Aber sie blieb und beobachtete ziemlich verwundert mein Treiben. „Was machen Sie denn eigentlich?

Sie müssen sich doch hinaussetzen", sagte sie in einem ebenso selbstverständlichen Ton. Wie, mich hinaussetzen, bin ich denn Harold Lloyd*? Ich wunderte mich schweigend.

„Sie haben die Nerven (das könnte man aber auch so übersetzen: die Frechheit), 70 Dollar Monatslohn zu verlangen und können nicht einmal ein Fenster putzen. Warum überlegen Sie so lange? Haben Sie etwa schon im zweiten Stock Angst? Andere Mädchen müssen dreißig Stockwerke hoch Fenster putzen." Ich überlegte still: wenn sie es mir vormacht, dann bin ich bereit, es ihr nachzumachen. Die Sache wird dann nicht so gefährlich sein. Ich sagte also mit der unschuldigsten Miene der Welt: „Würden Sie so gut sein und mir zeigen, wie man es macht?" Nach dem Blick zu urteilen, den sie mir jetzt zuwarf, mußte ich eine große Frechheit begangen haben. Sie ging wortlos zum Telephon und bestellte einen Fensterputzer. (Einen jener Künstler, die, ohne mit der Wimper zu

„Sie haben Nerven ..."
Fensterputzen bei Mrs. Snob.

---

* *Harold Lloyd* (1893 bis 1971), amerikanischer Schauspieler, der 1914 zum Film ging; durch Filme wie „Ausgerechnet Wolkenkratzer" (1923), „Harold Lloyd, der Sportstudent" (1925) und „Um Himmels willen, Harold Lloyd" (1926) wurde er einer der bekanntesten Komiker des amerikanischen Stummfilms.

zucken, in Wirklichkeit vollführen, was Filmschauspieler trickweise machen.)

Ich erwartete nun, daß ich fliegen würde. (Es muß nicht unbedingt durchs Fenster sein.) Aber die Missus sagte nichts. Es ist sicher leichter, sich zu beherrschen, als eventuell Unbequemlichkeiten zu haben. Und Ludmilla war gerade von sehr unberechenbarer Laune, außerdem sollte am nächsten Tag eine Abendgesellschaft stattfinden.

Ludmilla und Bogumil

Von Bogumil war schon einmal flüchtig die Rede. Aber man muß schon ausführlich über ihn sprechen, da er eine sehr wichtige Rolle in unserem Haushalt spielte.

Bogumil stand auf Ludmillas Kommode, in einem breiten Goldrahmen. Es wäre unmöglich, ihn zu übersehen. Obgleich er ein künstliches Bein hat, „sieht er doch sehr fesch aus", wie Ludmilla sagte. Dieser Bogumil verstand es, von Prag den ganzen Villenhaushalt in White Plains zu beherrschen. Schrieb nämlich Bogumil schöne Briefe an Ludmilla, war Ludmilla wie verwandelt. Die Arbeit flog nur so in ihren Händen, dann kochte sie unvergleichlich, schwärmte die Missus, leider habe ich diese Zeiten nicht erlebt. Damals, als ich kam, hatte Bogumil schon lange nichts von sich hören lassen. Ludmilla erwog des öfteren ihre Rückreise, begann sich für die Abfahrtszeiten der Dampfer zu interessieren, erkundigte sich beim Mister nach dem Stand der tschechischen Krone und stellte umfangreiche Berechnungen auf. Nachts weinte sie oft, schlug die Wände mit den Fäusten und schrie: „Goad oh Goad!"

Bogumil verursachte auch, daß die Missus ihr Herz entdeckte und richtiges menschliches Interesse für Ludmillas Schicksal zeigte. Denn diese Ungewißheit war nicht nach dem Geschmack der Missus. Wir erwogen sogar, ob man Bogumil, ohne Ludmillas Wissen, nicht schreiben sollte.

Am Tage vor der großen Abendgesellschaft erkundigte sie sich sogar, als ich die Morgenpost brachte, ob kein Brief für Ludmilla gekommen sei. Allerdings war mit Recht zu befürchten, daß Ludmillas seelische Schmerzen sie sogar hindern könnten, um das leibliche Wohl der Gäste in entsprechender Weise zu sorgen.

Manchmal aber schlug Ludmillas Laune um, und sie wurde von richtiger Lebensfreude gepackt. Bei einer solchen Gelegenheit zeigte sie mir auch eine Photographie, auf welcher sie neben einem Jüngling, mit frischem Gesicht und einer Sportmütze, am Steuerrad eines Autos abgebildet war. Ich fragte, um etwas zu sagen, ob das Auto dem Jüngling gehörte. Ludmilla wollte sich totlachen: „Das Auto ist doch eine Attrappe. Wir haben uns auf Coney Island aufnehmen lassen. Ich schicke die Karte noch heute nach Prag. An meine Freundin, die Bogumil öfter sieht. Ob ich ihr nicht noch extra schreiben soll, daß sie ihm das Bild zeigen soll?

Bogumil im breiten Goldrahmen und der Attrappen-Autofahrer.

Das würde ihn noch eifersüchtiger machen." Ludmilla wartete meine Ratschläge nicht ab, sondern holte ihre Füllfeder hervor und begann zu schreiben. Ich muß bemerken, daß sie, während sie schrieb, wiederholt die Photographie des jungen Attrappen-Autofahres angesehen hat.

Am Nachmittag nun, an dem ich Fenster putzen sollte und an dem Vorbereitungen zu der Abendgesellschaft getroffen wurden, bekam Ludmilla einen telephonischen Anruf. Mit größter Bereitwilligkeit gestattete ihr die Missus, auszugehen. „Sie brauchen nicht nach Hause eilen. Mary wird schon alles richten." Ich war starr und fand die Missus unmoralisch.

Ludmilla zog sich sehr sorgfältig an. Sie brannte sich mit der elektrischen Brennschere einige prachtvolle Wellen ins Haar. Sie probierte ihre gesamte Garderobe an, bis sie sich zu einem pompösen Abendkleid entschloß. Sie warf die Puderquaste mehrmals gegen ihre Nase und stieg auf die Kommode, um im Spiegel besser ihre Füße sehen zu können.

Ludmilla kam erst am nächsten Morgen nach Hause. Sie sprach keine Silbe. Als sie sich kämmte, fiel ihr Blick auf den einbeinigen Bogumil in dem breiten, goldenen Rahmen. Dieser Blick war von unvergleichlicher Ironie erfüllt. Am selben Abend aber stand in dem breiten, goldenen Rahmen nicht mehr der einbeinige Bogumil, sondern der junge, frische Attrappen-Autofahrer.

Die Abendgesellschaft

Es wäre amüsant, aber viel zu umfangreich, einmal genau eine Abendgesellschaft zu beschreiben. Jeden einzelnen Teilnehmer. Denn so uninteressant sie auch scheinen mögen, repräsentieren sie immer genau ihre Klasse, ihr ganzes Land – durch ihre Art, Schnäpschen zu trinken, Hummer zu öffnen, Austern zu schlürfen, den großen Schlemm im Bridge zu verkünden, Kleider zu bewundern und abzuschätzen oder einer Freundin einen ungewöhnlichen Fächer nachlässig zu zeigen, aus Paris.

Der Tisch könnte genau beschrieben werden, die lila Kerzen in gleichen Abständen, die winzigen Kristallvasen mit lila Orchideen, das silberbestickte lila Kleid der Hausfrau. Die verstehen-

Die Abendgesellschaft.

den Blicke, die plötzlich auftauchenden kleinen Feindseligkeiten. Das Halbdunkel, in das alle Räume getaucht sind, denn nur Kerzen brennen im Lande des Lichtes und der Elektrizität. Aber auch die Gediegene aus der Provinz dürfte nicht vergessen werden, mit dem großen, unmodernen Haarknoten, den sie aber im Ankleidezimmer einfach abnehmen kann; er ist falsch. Oder der Tugendhafte, mit der Brille und den unwahrscheinlichen Bartkoteletten, der hinter dem Rücken seiner Frau mit dem Dienstmädchen zu flirten versucht.

Natürlich müßte auch das Dienstpersonal eine entsprechende Rolle spielen. Der griechische Aushilfsdiener, der schon lange stellungslos ist, der mit unheimlicher Schnelligkeit Speisemassen in seinem Mund verschwinden läßt und der seinen von Haß, Staunen und Bewunderung gemischten Ausdruck zu einer leeren Maske zusammenreißt, sobald er die Zimmer betritt. Der Neger, der als Portier fungiert, mit unbeweglich ernstem Gesicht die Türen der Autos aufreißt und in der Küche, zur größten Freude des Dienstpersonals, die Gäste unvergleichlich kopiert. Die Köchin mit dem neuen Liebesglück, doch noch mit etwas Heimweh nach dem alten. Der zwölfjährige „messenger boy", der ein Telegramm bringt und nun dank diesem Liebesglück atemlos und stumm Kuchen verschlingen darf.

Den Hintergrund aber müßten ferne Urwälder und ihre Bewohner bilden. Sicher sehr malerisch. Als Gegengewicht könnte eine graphische Tabelle die in ihnen ruhenden Spekulationswerte anzeigen. Denn, obgleich nicht mit absoluter Bestimmtheit zu sagen ist, ob man an diesem Abend Urwälder verkaufte – ihre Photographien wurden jedenfalls herumgereicht – besteht kein Zweifel, daß sie in erster Linie den glänzenden Verlauf dieses Abends ermöglichten.

Vielleicht könnte man aber noch beiläufig erwähnen, daß das Dienstpersonal, halbtot vor Müdigkeit, überhaupt nicht für Abendgesellschaften war.

II. Amerikanische Provinz

Kellnerin in der „Soda-Quelle"

Da steht man nun, in einem nach Arzneien, Drogen und Sirup riechenden Raum, bewaffnet mit einem langstieligen Fliegentotschläger, und macht Jagd auf Fliegen, assistiert von dem Lehrjungen Bob, dem es entschieden mehr Spaß bereitet, alle Augenblicke Gläser zu treffen und Flaschen umzuwerfen. Eine Beschäftigung, die nützlich – denn die Fliegen vermehren sich hier unheimlich – und dabei in keiner Weise anstrengend ist.

Also ein Kleinstadtidyll? Oh, bitte, wir befinden uns in A...town in Pennsylvania, einer Stadt, deren Einwohnerzahl zwar die Hunderttausend noch nicht erreicht hat, aber schon weit über fünfzigtausend gediehen ist. Man braucht sich nur vor die Ladentür zu stellen, um Verkehrsstürme zu sehen, die zwar nicht so groß sind wie jene auf der Fifth Avenue, aber um so aufgeregter bald grün, bald rot blinzeln. Auf dem Hauptplatz mit den Banken, Hotels und der „Young Men's Christian Association" weisen Kreidestriche den Autos den Weg, außerdem ist eine Kette da, an die sich die Fußgänger klammern können, um sich aus der Gefahrenzone zu retten. Überall sieht man endlose Autoreihen, und wenn auf einem Fleck kein Auto steht, dann ist eben dort die Tafel „No parking" angebracht. Wir haben dutzendweise Fünf- und Zehn-Cent-Geschäfte und ein Warenhaus, mit Verkäuferinnen, jung und hübsch, uniform in weiße Seide gekleidet, das „eine Sehenswürdigkeit ist, wie sie kaum New York bietet". Wir sind in der schönsten und reichsten Stadt der Union, wie alle Aufschriften versichern. Ja, wir haben ein Missionshaus, auf welchem nachts mit transparenten Buchstaben die Aufschrift aufleuchtet: „Jesus rettet deine Seele, unentgeltlich."

Es geht natürlich auch in dem „Drugstore", wo ich angestellt bin, nicht immer so ruhig und still zu, wie man nach der Einleitung vielleicht annehmen könnte. Nein, manchmal muß sich eine Kellnerin (die bin ich) recht tummeln, um die ungeduldigen Gäste nach Wunsch zu bedienen. Denn wir führen nicht nur alle Arzneien, Schönheitsmittel, Galanteriewaren, Zigarren und Zigaretten, Uhren, Schreibpapier, Schokoladebonbons, Glückwunschkarten, man kann bei uns auch Sandwiches essen, Geselligkeit pflegen, vor allem aber haben wir die größte Auswahl an Eissodas und Eiscremes aller Art; in der Bar-Abteilung, die seit der Prohibition „Soda Fountain", Soda-Quelle, heißt.

Der Herrscher des Eiscremereichs aber ist der Sodamann. Da steht er vor einem Hintergrund von Gläsern, mit den verschiedensten eingemachten Früchten. Vor ihm befinden sich in eisgekühlten Metallgefäßen allerlei Sorten von Eiscremes, die sich nicht so sehr im Geschmack wie in der Farbe voneinander unterscheiden, einen besonderen Ehrenplatz aber nehmen die Schlagsahne und die heißen Vanille- und Schokoladesaucen ein. Die Aufgabe des Sodamannes ist nun, diese verschiedenen Elemente auf eine Art zu vermengen, daß die so entstandenen Einheiten, immer unter anderen wohlklingenden Namen, dem Publikum vorgesetzt werden können.

Darauf verstand er sich ausgezeichnet. Mit zusammengekniffenen Augen und größter Sorgfalt mischte, rührte und schmückte er, mit wahrer Liebe, wie es mir anfangs schien. Und doch stellte sich heraus, daß er mit seinem Beruf gar nicht zufrieden war, ja, er verachtete ihn sogar. „Dieses ekelhafte süße Zeug", sagte er, „es ist eine Schande, daß sich ein Mann mit so etwas abgeben muß." Der Sodamann war nämlich früher, freilich schon vor sehr langer Zeit, Mixer in einer Bar eines kleinen Fabrikstädtchens. Und das waren natürlich andere Zeiten. Wenn Bob, der Lehrjunge, und ich ihn in gute Laune versetzen wollten, baten wir ihn immer, uns etwas über diese schönen Zeiten zu erzählen.

Seine Augen leuchteten auf, wenn er begann: „Da gab es Betrieb. Und wenn einer voll war, hat er die Zeche nicht lange nachgerechnet. Wie oft ist so ein Kerl gekommen, mit seinem Wochenverdienst, und hat gesoffen, bis er steif umfiel. Man hat ihn liegenlassen. Wenn man dann allein mit ihm war, nahm man aus seiner Tasche, was noch übriggeblieben war, versetzte ihm einen Stoß, und schwupps war er draußen. Erledigt. Da konnte es ein tüchtiger Mann noch zu etwas bringen. Aber heute!" Die geringschätzige Handbewegung und der in Ekel verzogene Mund bezogen sich auf die so wenig erfreuliche Gegenwart.

Den Chef, der die „Apotheke" besorgte und den Kunden ärztliche Ratschläge gab, fand ich anfangs nicht wenig interessant, wenn auch freilich mit etwas komischem Beigeschmack. Er hinkte stark, trug einen langen schwarzen Bart und eine schwarzgeränderte Brille. Man sah in seiner Hand ständig geheimnisvolle Schriftstücke und Dokumente, und oft schrieb er versunken, allerlei Papier vor sich ausgebreitet.

Ich erfuhr auch bald, daß er die Geschichte seiner Familie schrieb. Und zwar bekam ich hiervon Kenntnis, als er mich in einer für Bayern etwas beschämenden Angelegenheit befragte. Es handelte sich darum, daß die Heißtopfs über ihren Stammvater, der Mitte des achtzehnten Jahrhunderts aus einem bayrischen Dorf nach Amerika ausgewandert war, genaue Daten einziehen wollten und zu diesem Zweck dem Gemeindevorstand besagten bayrischen Dorfes einen größeren Dollarbetrag zugesandt, aber seitdem weder etwas von dem Urahn noch von dem Gemeindevorstand, selbstverständlich auch nichts über den Dollarbetrag gehört hatten. Ich versuchte dem Historiker klarzumachen, daß im letzten Jahrzehnt die Sitten in Europa in Unordnung geraten seien und daß sich dort die Leute nicht einmal um ihre eigene lebende Familie kümmerten, geschweige denn um die Verstorbenen anderer Leute. Wahrscheinlich aber, meinte ich, hielt der bayrische Gemeindevorstand die Dollarsendung für ein Himmelsgeschenk, über das man sich kein weiteres Kopfzerbrechen machen müsse.

Nachher fragte mich Bob: „Was haschte mit dem Boß geschwätzt? Warum willscht denn wisse, wann alle Heißtopfs gebore und gestorbe sind?"

Von Bob sollte ich erfahren, daß Familienhistoriker hierzulande unter den Pennsylvania-„Dutchs"* etwas recht Gewöhnliches seien und daß jede Familie, die etwas auf sich halte – und jede Familie hält etwas auf sich –, einen Historiker besäße. Die Besse-

---

* *Dutchs* – amerikanischer Slang-Ausdruck für Deutsche.

ren dagegen, wie zum Beispiel der Klan der Blitz', verfügten über ein ganzes historisches Komitee, das mitunter aus sechs Mitgliedern bestünde. Die armen Heißtopfs müßten sich erst jetzt um einen Stammvater bemühen, was bei einer angesehenen Familie, wie – sagen wir – den Blitz', deren Abstammung von Anfang an dokumentarisch belegt sei, unmöglich wäre. Und dann werden die Blitz' in der nächsten Woche ihren zweiunddreißigsten Familientag abhalten, während sich die Heißtopfs erst zum vierzehnten Male versammeln.

Nachmittags beginnt bei uns der richtige Betrieb. Meist erscheinen als erste die Vorsteherin und der Seelsorger des Missionshauses. Während der Seelsorger sich mit einer einfachen Orangeade begnügt, bevorzugt die Missionshausvorsteherin die Kompositionen des Sodamannes mit den mannigfaltigen Bezeichnungen. Eigentlich verdienten die Benennungen der Eiscremes allein ein Kapitel für sich. Da heißt zum Beispiel eine „Birth of a Nation" (die Geburt einer Nation). Eine andere „Nordpol, eine Komposition in Weiß". Doch kann man auch einen „Charly Chaplin" bestellen, es überwiegen jedoch die süßlich erotischen Namen. Die Missionsvorsteherin bestellt bei mir zum Beispiel mit strengem Gesicht: „Lovers' Delight". Und ich brülle geschäftsmäßig dem Sodamann zu: „Entzücken der Liebenden".

Dann kommen die Schnecks, die Günthers, die Heißtopfs, die Blitz', alle sehr beschäftigt, denn es ist Hochsaison in Familientagen. Es kommen die Präsidenten und Vizepräsidenten, ein Familiendichter, ein Vorsitzender der Familientagsfinanzkommission, ein Nekrologist, der immer die Familiennekrologe, falls Bedarf an solchen besteht, hält. Aber man darf sich nichts Phantastisches, nichts von E. T. A. Hoffmann unter einem „Nekrologisten" vorstellen, er ist vielmehr ein sympathischer, noch junger Mann, im Nebenberuf Verkäufer in einem der größten Warenhäuser der Stadt, sicher ein ausgesprochener Optimist, der ständig nette Züge von verstorbenen Onkels und Tanten sammelt, der zum Beispiel rührende Geschichten über die im sechsundachtzigsten Lebensjahr entschlummerte Tante Ida schreibt.

Das Programm eines Familientages beginnt immer mit dem Absingen des Liedes „Amerika" und wird mit einer Ansprache des Familienpastors fortgesetzt. Ein wichtiges Gesprächsthema liefert auch der verflossene Familientag der Bonicks. Diese Familie, die überhaupt erst seit drei oder vier Jahren Familientage abhält und die höchstens seit vierzig Jahren hier ansässig ist, besaß die Frechheit, alle Familienrekorde des Jahres zu schlagen, und es bestand nur wenig Hoffnung, sie noch übertrumpfen zu können. Die Zahl der Anwesenden belief sich auf Zweihundertfünfunddreißig, und es waren ein vierundneunzigjähriges und ein acht Tage altes Mitglied der Familie zugegen. Und eine Rede wurde gehalten über die „Sechs Stufen zum Thron des Erfolges".

Ich genieße hier, hoffentlich klingt dieses Geständnis nicht großsprecherisch, ein gewisses Ansehen, das ich allerdings nicht meiner Person, vielmehr dem Umstand verdanke, daß ich aus New York komme. Alle fragen mich, wie mir „unsere" Stadt gefällt, und sie scheinen sich über mein Entzücken aufrichtig zu freuen. „Wirklich, Sie kommen aus New York? Na, Fräulein, dann bringen Sie mir eine ‚Brooklyn Bridge'", sagt mir der dritte Vizepräsident der Familie Krümmle. „Brooklyn Bridge" rufe ich dem Sodamann zu, und etwas sehr Kompliziertes, in allen Farben Schimmerndes, mit gelben und roten Früchten Geschmücktes beginnt sich vor mir aufzutürmen. Sehr behutsam, damit „Brooklyn Bridge" heil ankommt, schiebe ich mich mit dieser Farbensymphonie zwischen den Tischen vorwärts. Aber ich fühle, daß ich auf meinen Schultern nebenbei auch noch Wolkenkratzer trage und über meinem Kopf die Brooklyn Bridge, die ferne, echte, wie eine Erscheinung auftaucht.

Als Arbeiterin in einer Zigarrenfabrik

Tabakluft

Schon von einigen hundert Metern Entfernung spürt man sie. Sie ist bitter und ätzend. Je mehr man sich der Fabrik nähert, um so schärfer, dicker wird sie. Wenn man die Fabrik betritt, hat man das Gefühl: Hier kann man nicht atmen. Aber es ist doch angenehm zu wissen: Ich habe Arbeit gefunden.

Der Werkmeister führt mich in den unteren Arbeitssaal und erklärt mir, ich müsse erst „Stripperin" werden. Ich nicke verständnisvoll, um nicht zu verraten, daß ich keineswegs im Bilde bin. Doch scheint er das gar nicht von mir zu erwarten, denn er sagt: „Heute vormittag sollen Sie nur beobachten. Setzen Sie sich zu dieser Frau", er zeigt auf eine umfangreiche und gutmütig dreinblickende Arbeiterin, „und passen Sie gut auf, wie sie arbeitet." Ich setze mich auf eine Holzkiste, die als Sitzgelegenheit und gleichzeitig als Aufbewahrungsort für die aufzuarbeitenden Tabakblätter dient. Dann sehe ich mich um. Es ist ein langer, dunkler Raum mit niedrigem Balkengewölbe. Einige Fenster stehen offen, und die Natur, bestaubte Bäume, blickt zu uns herein, denn wir sind auf dem Lande.

Die Arbeiterinnen, man muß es gleich vorweg sagen, haben nicht die geringste Ähnlichkeit mit dem Statistinnenchor in „Carmen". Es sind Frauen jeglichen Alters, alte Bäuerinnen, Slowakinnen, Ungarinnen, burgenländische Österreicherinnen in ihrer heimatlichen Tracht, mit Kopftüchern und weiten, langen Röcken, und junge Mädchen in tief ausgeschnittenen Kleidern, sorgfältig geschminkt. Zum Teil sitzen sie vor Maschinen. Viele trennen mit der Hand den Stengel von den Tabakblättern, andere sortieren die schon zerschnittenen Blätter nach Größe, Farbe und Qualität.

Ich beginne nun vorschriftsmäßig die Frau neben mir zu beobachten. Sie arbeitet an einer Maschine. Sie faltet die Tabakblätter auseinander, hält den Stengel zwischen die Hauptschneidemesser, welche die Walze der Maschine zerteilen, und läßt die Blätter um die Walze laufen. Die Maschine verschlingt in rasender Schnelligkeit die Blätter. Wenn sie keine mehr fassen kann, werden die Blätter, die zerschnitten nun säuberlich übereinanderliegen, aus der Maschine genommen. Die Sache sieht riesig einfach aus. Ich glaube, ich könnte es der Frau gleich nachmachen.

Während sich ihre Hände unaufhörlich bewegen, spricht sie auch ebenso ausdauernd. Sie ist „erst" seit zwei Jahren in der Fabrik und ist nicht wenig stolz, daß sie trotzdem eine der besten Arbeiterinnen ist und zu denen gehört, die am meisten verdienen.

Aber viel ist es nicht. Die Zigarrenmacherinnen, das ist etwas anderes, spricht die Frau weiter, die können viel verdienen, aber das dauert jahrelang, bis man es in der schweren Kunst des Zigarrenmachens so weit gebracht hat. Dann beginnt sie ihr Leben vor mir auszubreiten von ihrer Geburt bis zu dem heutigen Tag. Manchmal unterbricht sie ihre Erzählung mit der teilnehmenden Frage: „Ist Ihnen noch nicht schlecht?" Sie erwartet nicht etwa, daß ihre Erinnerungen eine so starke Wirkung auf mich ausüben könnten, sondern sie denkt an die Luft. Sie fühlte sich am Anfang drei Tage lang so übel, daß sie zu sterben gedachte, aber dann hatte sie sich doch daran gewöhnt.

Bald kommt auch der Werkmeister wieder und sagt mir leise, wie man zu einer Kranken spricht: „Wenn Ihnen schlecht werden sollte, gehen Sie nur gleich an die frische Luft. Sie brauchen nicht zu erschrecken, das kommt nur anfangs vor, später werden Sie sich daran gewöhnen." Ich beginne mich ungemütlich zu fühlen, denn ich merke, wie die anderen zu mir herüberblinzeln und mit Spannung den Moment meiner Niederlage erwarten. Ich versuche mich abzulenken und gehe der Frau Tabakblätter holen. Sie liegen da in großen Körben. Aber als ich mich über sie beuge, nun, es war kein angenehmes Gefühl. Denn diese zusammengebundenen Blätter sind feuchtwarm, sie liegen zwischen nassen Tüchern, und sie atmen einen Geruch aus, der nur wenig Ähnlichkeit mit dem sogenannten aromatischen Duft einer Havanna hat. Ich halte den Atem an und gehe mit dem Tabak zurück zu der Frau. Eine Arbeiterin ruft mir zu: „Na, haben Sie sich noch nicht erbrochen?" Sehe ich denn so elend aus? Aber ich fühle mich gar nicht schlecht. Im Gegenteil, ich verspüre Hunger. Und unter allgemeiner Bewunderung esse ich Sandwiches und trinke Milch.

Am unangenehmsten aber empfindet man den Tabakgeruch, wenn man die Fabrik verläßt. Denn man nimmt ihn mit in den Kleidern und Haaren. Er dringt in die Poren ein. Man kann ihn nicht loswerden. Wir verbreiten Tabakgeruch. Die Menschen, die an uns vorbeigehen, wissen: Das sind die Zigarrenmädchen, die von der Arbeit kommen. Man hat ungefähr das Gefühl, eine wandelnde Zigarre zu sein. Eine, die Aversion gegen Zigarrengeruch hat.

Die zwingende Maschine

Nachmittags sollte ich mich nun an meine Maschine setzen und selbst Versuche machen. Es stellte sich bald heraus, daß ich nicht gut beobachten konnte, denn ich wußte nicht, daß die eigentliche Arbeit nur vom linken Fuß verrichtet wird. Ich hatte zwar bemerkt, daß die Frau die Maschine mit dem Fuß in Bewegung setzt, aber die wichtige Funktion des linken Fußes war mir entgangen.

Der Werkmeister beginnt, mir die Konstruktion der Maschine in sehr volkstümlicher Weise zu schildern. Daß es sich um eine elektrische Maschine handelt, habe ich wohl bemerkt, ich konnte sogar sehen, daß der elektrische Strom während der Mittagspause von einer dreiviertel Stunde nicht ausgeschaltet wurde und die Arbeiterinnen, die sich kaum fünf Minuten Essenszeit gönnten, weiter vor ihren Maschinen saßen. So außerordentlich ist hier die Macht der Maschinen, denn mit Ausnahme der Lernenden wird nur im Akkord gearbeitet.

Ich setze mich also auch vor die Maschine. Der rechte Fuß muß sie in Gang bringen, der linke reguliert die Geschwindigkeit. Schwer ist das nun nicht, und ich bekomme endlich Material, allerdings schlechtes, ziemlich kleine und etwas angefaulte Blätter, die einen wenig angenehmen Geruch verbreiten und zum Husten reizen. Die Arbeiterinnen legen mir ans Herz, auf meine Hände achtzugeben, denn die Maschine schnappt leicht nach den Fingern, die sich unvorsichtig in allzu große Nähe der Walze wagen. Der Werkmeister dagegen ist mehr um die Sicherheit des Tabaks besorgt und macht längere Ausführungen darüber, daß die Blätter nicht zerrissen werden dürfen.

Endlich soll die Maschine ernstlich arbeiten, und ich erlebe die große Enttäuschung, daß manches einfacher aussieht, als es in Wirklichkeit ist. Die Maschine schnappt nach den Blättern nicht in regelmäßigen Abständen, wie dies bei der Frau der Fall war, sondern wild packt sie die Blätter, rollt sie zusammen und kümmert sich nicht im geringsten um den Stengel, den sie doch auszuschneiden die Pflicht hätte. Der Werkmeister besieht sich meine Arbeit und schildert in so lebhaften Farben die Leiden des unglücklichen Zigarrenrauchers, der das Pech haben wird, eine Zigarre zu erwischen, bei deren Herstellung ich tätigen Anteil hatte, daß ich meine ganze Kraft zusammenzunehmen versuche, um die Sache richtig zu machen. Aber es scheint nicht nur auf den guten Willen anzukommen. Und mein linker Fuß vergißt fortwährend seine Pflicht, besänftigend und regulierend auf die Maschine einzuwirken, der gesetzgebende Körper zu sein, der dem Chaos Halt zu gebieten hätte. Ich begehe die größte Sünde, die man in einer Zigarrenfabrik überhaupt begehen kann. Meine Hände versuchen die Sünden meines linken Fußes gutzumachen und das Tabakblatt vor der zermalmenden Maschine zu retten. Das gelingt mir, aber nur, indem die Blätter zerrissen in meiner Hand bleiben. Ich versuche nun meine Missetat zu verbergen und werfe die verdorbenen Blätter einfach auf die Erde. Obgleich mich dabei eine Tafel groß und vorwurfsvoll ansieht: Jede Unze Aufmerksamkeit rettet ein Pfund Tabak.

Es stellte sich auch bald heraus, daß es überhaupt keine gute Methode war, zu versuchen, meine Sünden auf diese Weise zu verbergen, denn etwa eine halbe Stunde vor Schluß standen alle Arbeiterinnen auf und begannen den Boden zu durchsuchen. Die Stengel sammelten sie zusammen und legten sie auf die Kisten, die auf die Erde gefallenen Tabakblätter aber wurden sorgfältig aufgehoben. Nur kleinste Tabakkrümel durften ausgefegt werden. Meine Nachbarinnen hoben die zerrissenen Tabakblätter, die nun schon einen ansehnlichen Hügel bildeten, mit wahren Schreckensrufen auf. „Wenn das der Werkmeister gesehen hätte! Das wäre überhaupt nicht auszudenken gewesen! Wie konnten Sie das nur tun?!" Ich sah dann, daß jede den Haufen Stengel aufhob und in langer Prozession den Werkmeister passierte, der die Stengel genau durchsah, worauf sie erst weggeworfen werden durften. Als er zwischen den Stengeln ein einziges Tabakblatt entdeckte, machte er der sündigen Arbeiterin einen gehörigen Krach. „Sehen Sie, sehen Sie, wie es Ihnen ergangen wäre", sagte eine meiner Nachbarinnen. Mich gruselte es ordentlich. Ich wußte nun, ich hätte keine größere Sünde in einer Zigarrenfabrik begehen können.

Schicksale

Neben mir sitzt eine Frau, die den ganzen Tag ohne aufzublicken arbeitet. Wenn der elektrische Strom ausgeschaltet wird, ist sie verzweifelt. Sie möchte noch weiterarbeiten. Sie muß für ihr Kind sorgen, das drüben geblieben ist. Sie kam nach Amerika, weil sie in ihrer Heimat mit ihrem Kind zusammen hätte verhungern müssen. Hier lebt sie fast ausschließlich von Brot, Milch und etwas Gemüse. Für eine Bettstelle, die tagsüber von einem Nachtarbeiter besetzt ist, zahlt sie im Monat zwei Dollar.

Früher hat sie im Haushalt gearbeitet und da besser gelebt und mehr verdient. „Aber ich konnte nicht bleiben, sehen Sie", spricht sie. „Es waren da zwei Kinder, und das eine, ein Mädel, war genau so alt wie mein Kind. Und dieses Mädchen habe ich nun so gehaßt, daß ich Angst hatte, mit ihm allein zu bleiben. Wenn ich daran dachte, daß ich zu diesem Kind gut sein muß, dieses Kind pflegen soll, während meines fern von mir, fremden Leuten überlassen, lebt, hätte ich es erwürgen mögen. Ich wußte ja, das Kind kann nichts dafür, es ist unschuldig an meinem Unglück, und doch konnte ich mir nicht helfen; wenn ich allein mit ihm blieb – und wie habe ich die Frau gebeten, mich nicht allein mit den Kindern zu lassen –, dann saß ich vor dem Mädchen und hielt meine Hände dicht an seinem Hals und jammerte. Dann bin ich endlich fort. Ich wäre sonst sicher zur Mörderin geworden." Sie beugt sich über ihre Maschine und arbeitet weiter, ohne aufzublicken.

Meine andere Nachbarin ist ebenso fleißig, aber sie arbeitet nicht im Fieber, sondern in gemütlicher Zufriedenheit. Sie ist genauso breit wie lang und sitzt vor ihrer Maschine wie eine auseinandergegangene Teigmasse. Ihr Mann arbeitet auch in der Zigarrenfabrik. Bei der Präparierung der Tabakblätter. Er verdient gut, und auch sie ist mit ihrem Verdienst zufrieden. Sie arbeitet seit zwanzig Jahren in Zigarrenfabriken, in dieser seit zwölf Jahren. Sie hat immer die Stengel aus den Tabakblättern gelöst, früher mit der Hand. „Aber", sagt sie, „im vorigen Jahr hat mich diese Arbeit doch angefangen zu langweilen." Sie erhielt auch die gewünschte Abwechslung, und man hat sie vor die Maschine gesetzt. Sie sieht heiter und zufrieden in die Zukunft.

„Wir haben keine Sorgen, und wenn mein Mann sterben wird, bekomme ich tausend Dollar." Sie sagt das sehr triumphierend und hoffnungsvoll. Sie breitet die tausend Dollar gleichsam vor sich aus und genießt die Möglichkeit eines so großen Reichtums. Sie hat es mit dem Schicksal ausgemacht, daß ihr Mann zuerst sterben muß.

Die amerikanische Carmen

Die amerikanische Carmen trägt keinen Seidenschal, sondern kleine amerikanische Matrosenhütchen aus dem Fünf- und Zehn-Cent-Geschäft. Seidenkleider ersteht sie bei den Ausverkäufen, deshalb vertieft sie sich während der Arbeitspausen in den Anzeigenteil der Zeitungen. Sie pudert und schminkt sich und benutzt ein starkes Parfüm. Aber der Tabakgeruch triumphiert über alle Wohlgerüche. Auf der Straße wird doch jeder wissen: Sie ist eine Zigarrenarbeiterin.

Ihre Zwillingsschwester ist Zigarrenmacherin. Sie ist die andere Carmen. Beide sind sehr blond, die eine von glänzendem, die andere von mehr stumpfem Blond. Ihre vom Tabak gebleichte Haut ist von krankhafter Blässe. Die anderen Mädchen beneiden sie sehr, denn sie können in ihrer Toilette große Mannigfaltigkeit entfalten. Da sie von gleicher Figur sind, tragen sie ihre Kleider abwechselnd. Auch die Escamillos fehlen nicht, der eine ist Aufseher, der andere Beamter in einer nahen Fabrik, sie holen sie des öfteren im Auto ab. Es kam deshalb zu einem Auftritt zwischen ihnen und ihren ständigen „boys", besser gesagt Don Josés, die Arbeiter in einer Zementfabrik sind. Der Zwischenfall wurde in der Fabrik ziemlich ausführlich besprochen. Meine dicke Nachbarin meint, daß sich das schon geben wird. Sie werden die „boys" zweifellos heiraten. „In der Jugend macht man halt Dummheiten", sagt sie, während sie mit der Arbeit etwas innehält und versonnen vor sich hinlächelt.

Wahrscheinlich wird es zu keiner Operntragödie kommen. Escamillo wird bald den übertriebenen Tabakgeruch lästig empfinden, und dann wird Carmen Don José heiraten. Sie wird breit werden. Nach zwanzig Jahren wird die Arbeit vielleicht anfangen, sie zu langweilen. Dann wird man sie an eine andere Maschine setzen. Manchmal wird sie, wenn sie sich über die Maschine beugt, auch träumen – von der Lebensversicherungspolizze ihres Gatten.

Maschinenstürmer auch heute

Das Zigarrenmachen ist ein „trade", ein Gewerbe. Es gehört viel Übung und eine gewisse Fingerfertigkeit dazu, um es darin zu etwas zu bringen. Zwischen je zwei „Zigarrenmacherinnen" sitzt eine „Buncherin", das heißt eine Arbeiterin, die die Füllung, den „bunch", das „Bündel", der Zigarre herstellt. Die Zigarrenmacherin aber umwickelt die Füllung mit den Deckblättern.

Die Maschinen, die bei dieser Arbeit benutzt werden, sind ziemlich primitiv, aber man beginnt schon überall, neue elektrische Maschinen einzustellen. Bei dieser neuen Maschine nun können vier Arbeiterinnen zu gleicher Zeit arbeiten, und schon eine Anfängerin kann nach einigen Wochen Übung tausend Zigarren am Tag herstellen, während sie mit der alten Maschine nach so kurzer Lehrzeit nicht mehr als zweihundert Stück machen könnte. Die alten Zigarrenmacherinnen, die nach jahrelanger Übung nicht mehr als sieben- bis achthundert Stück fertigstellen können, falls sie besonders geschickt sind, sehen mit Entsetzen die neue Maschine arbeiten. „Die Löhne werden gedrückt, man wird Arbeiterinnen entlassen, alles, was wir bisher mit viel Mühe und Not erlernt haben, wird bald ganz überflüssig werden", schwirrt es in der Luft.

Vorläufig arbeitet die Maschine noch nicht ganz tadellos. Sie verdirbt sehr viel Material, die Zigarren sehen nicht so sauber gearbeitet aus, sie hat einem Mädchen zwei Finger zerquetscht. Aber später, wenn sie vervollkommnet wird? „Am besten wäre es", sagt eine Frau, „alle neuen Maschinen zu zerschlagen." Aber nach einer Weile fügt sie hinzu: „Aber auch das würde uns nicht viel helfen."

Wie eine Zigarre den letzten Schliff erhält

Ich weiß nicht, ob die leidenschaftlichen Zigarrenraucher gerne hören werden, welchem Verfahren die Zigarren ihre tadellose, geschniegelte Erscheinung verdanken. Es kommt nämlich des öfteren vor, daß die Zigarren, besonders an den Enden, die Maschine in ziemlich zerzaustem Zustand verlassen. In solchen Fällen dreht die Zigarrenmacherin die Zigarrenspitze im Munde herum, worauf sich die Blätter vorschriftsmäßig anschmiegen. Eine einfache, wenn auch vielleicht nicht ganz hygienische Methode.

Der Aufbau eines Zigarrenkonzerns

Die Zigarrenfabrik, in der ich arbeite, liegt in Northampton; sie ist eine Niederlassung der „General Cigar Company". Dieser Konzern besitzt an die siebzig Fabriken, die über alle Teile der Vereinigten Staaten zerstreut sind; meist wurden sie in kleineren Städten oder Fabrikdörfern errichtet.

Diese Dezentralisierungspolitik verschieden großer Industriezweige hat in Amerika seine besonderen, wohlüberlegten Gründe. Erstens könnte ein Streik gleichzeitig in 70 Fabriken nur mit der größten Schwierigkeit organisiert werden. Das ist schon verschiedene Male bewiesen worden. Aber sie hat noch einen ebenso wichtigen Grund. Die Fabriken suchen die Arbeitskräfte auf. Nicht nur Wasserkräfte, wie dies auch in Europa geschieht, sondern menschliche Arbeitskräfte. Die Fabriken der „General Cigar Company" sind zum Beispiel ohne Ausnahme in Städten mit großen Stahl-, Zement- oder anderen Werken, die ausschließlich Männer beschäftigen, errichtet. Die Zigarrenfabrik zum Beispiel kann hier genau berechnen, wie viele Arbeitskräfte ihr zur Verfügung stehen werden, und der Umfang der Fabrik wird sich auch danach richten. Denn die Frauen und Töchter der Arbeiter werden arbeiten müssen, wenn sie etwas für schlechte Zeiten oder Krankheitsfälle beiseite legen wollen.

Man wird diese Frauen natürlich billiger und länger arbeiten lassen können, als in einer Großstadt, wo ihnen mehr Arbeitsgelegenheiten zur Verfügung stehen. Sie brauchen nicht so viel Zeit zu verfahren, macht täglich bei jeder Arbeiterin zwei Stunden Arbeitsgewinn für den Fabrikanten. In New York arbeiten die Frauen durchschnittlich acht Stunden, in der Provinz zehn und noch mehr.

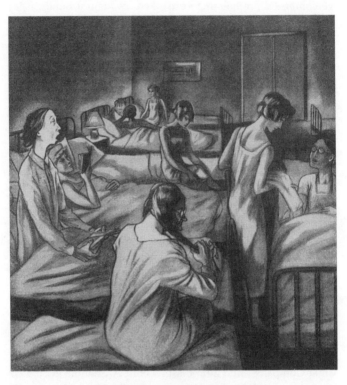

*Schlafsaal in einem amerikanischen Hotel:
Einzelzimmer sind nicht beliebt.*

Oft erweisen sich die Fabrikleitungen besonders wohltätig den Arbeiterinnen gegenüber und lassen die Maschinen auch über die gesetzmäßig festgesetzte Arbeitszeit laufen. In der Zigarrenfabrik beginnen die Frauen schon um sechs Uhr zu arbeiten, obgleich die Arbeit „erst" um halb sieben beginnen sollte. Da die meisten Fabriken ihre eigene Stromleitung haben, brauchen sie sich auch von den Behörden nicht kontrollieren zu lassen. Während der längeren Arbeitszeit aber verdienen die Arbeiterinnen in der Provinz weniger als in kürzerer Zeit in den großen Städten. Auch die billigere Lebenshaltung auf dem Lande bedeutet Gewinn für den Fabrikanten.

Lächle und sei glücklich

In den Arbeitssälen aber steht eine Aufschrift. Nicht etwa, wie man meinen sollte, die bei Dante vor dem Eingang zur Hölle*. Nein. Hier steht geschrieben: „Smile and be happy, it radiates" (Lächle und sei glücklich, es strahlt).

Kleine Aufzeichnungen unterwegs

Wenn ich endlich einmal nicht unter fremden Leuten sein will, in ein Hotel gehe, ein ruhiges Zimmer verlange, finde ich mich in einem Schlafsaal, wo in einer Ecke eine Heilsarmistin laut religiöse Lieder singt, in der anderen zwei Flapper** sich Abenteuer erzählen. Ich frage unten, ob man kein Einzelzimmer bekommen könnte. Nein, die hätte man überhaupt nicht. Sie seien zu unbeliebt.

Die billigen Hotels sind immer nur männlich oder weiblich. In New York gibt es ausgesprochen männliche und weibliche Straßen. Die Fifth Avenue zum Beispiel ist weiblich, die Sixth Avenue männlich. Ich meine natürlich nicht, daß auf der Fifth Avenue keine Männer oder auf der Sixth Avenue keine Frauen gehen, aber sie haben eindeutig diesen Charakter. Es gibt viele Restaurants, wo nur Frauen, andere, wo nur Männer essen. In Restaurants, wo man die Aufschrift „Damen willkommen" lesen kann, sieht man nur selten eine Frau. In manchen Tea-Rooms am unteren Broadway ist das Erscheinen eines Mannes eine Sensation. In den 5-Uhr-Teeräumen der eleganten Hotels darf ein Mann ohne Damenbegleitung überhaupt nicht eintreten.

Nirgends gibt es so viele Schaukelstühle wie in Amerika. In jeder guten Stube gibt es mindestens einen. Auf den Veranden natürlich

---

* Leitner bezieht sich auf Dantes „Divina Commedia", die „Göttliche Komödie", die Inschrift auf dem Höllentor lautet: „Laßt alle Hoffnung fahren, die ihr eintretet".

** *Flapper* – Bezeichnung für junge Mädchen mit betont selbstbewußtem, jedoch noch unreifem Auftreten.

mehrere. Auch Schaukeln sind dort oft angebracht. Abends, während die Fabrikschlote Feuer speien, schaukelt das ganze Dorf.

✳

Eine Frau, die ein kleines Geschäft in der Bronx hat und bei der ich als Dienstmädchen arbeite, sagt mir: „Sie sagen, in Europa gibt es keine Neger und keine Einwanderer, wie bekommen Sie denn da Dienstmädchen?"

✳

Die Amerikaner leben mit Vorliebe bei offenen Türen. Die Küche grenzt unmittelbar an das Speisezimmer und wird nie geschlossen. Versuche, die Tür zuzumachen, sind immer vergeblich. Man macht sich sogar verdächtig. Nur während man serviert und ständig aus der Küche ein und aus muß, wird sie in „feinen Häusern" zugemacht. Auch die Schlafzimmer sind immer offen. In den Hotels muß man oft die Provinzler aufmerksam machen, daß sie, wenn sie sich ausziehen, die Tür zumachen sollen.

✳

Arbeiter und Arbeiterinnen speisen in großen Betrieben fast nie im gleichen Raum. Dort, wo sie im gleichen Raum essen, stehen die Tische vollkommen getrennt. In einer Fabrik zum Beispiel waren für die Frauen die Tische weiß gedeckt; an diese durfte sich kein Mann setzen. Es geschieht auch nur in Ausnahmefällen, daß sie in gleichen Räumen arbeiten. Überflüssige Ablenkungen sollen nach Möglichkeit vermieden werden.

✳

Wenn ein Mann eine Frau anspricht, kann man ihn ohne weiteres verhaften lassen. Männer, die zu heftig flirten wollen, können leicht ins Arbeitshaus wandern.

✳

Einmal ging ich allein in eine Dimekino (Zehncent-Vorstadtkino). Der Platzanweiser kam später zu mir und fragte mich, ob der neben mir sitzende Mann, der sich aber in keiner Weise bemerkbar gemacht, mich auch nicht etwa angeredet hatte, zu mir gehöre. Als ich es verneinte, mußte er sich sofort einen anderen Platz suchen. Da das Kino ziemlich besetzt war und neben mir zwei Plätze leer blieben, hatte der Platzanweiser beide Hände voll zu tun, keinem männlichen Wesen zu gestatten, sich auf diese Plätze zu setzen.

*

Ohne Auto kann man sich das „Liebesleben" Amerikas kaum vorstellen. Ford mußte seine „Lizzy" auf den Markt bringen, weil nur geschlossene Wagen heute noch Absatz finden.

Eine Sommernacht in einem New Yorker Park:
Warum das geschlossene Auto in Amerika so beliebt ist.

Ein kleiner „shop", wo künstliche Blumen hergestellt werden. Eine Arbeiterin kommt zu spät. Der Boß sagt: „Hören Sie, wenn Sie schon so spät kommen, hätten Sie sich noch ruhig Zeit nehmen können, sich zu schminken. Man kommt nicht so käsebleich ins Geschäft."

*

Ich esse in einem Restaurant und vergesse zu zahlen. In Amerika zahlt man immer an der Kasse, die dicht am Ausgang steht, von wo aus man die Gäste am besten kontrollieren kann. Ich merke aber erst an der Haltestelle, daß ich meine Rechnung nicht beglichen habe. Ich frage den Kassierer, warum er mich nicht aufmerksam gemacht hat, als ich hinausging. „Ich dachte, Sie haben Ihr Geld vergessen." – „Und wenn ich nicht zurückgekommen wäre?" – „Dann hätte es uns auch gefreut, daß Sie unser Gast waren."

*

In Amerika kennt man die Ehrfurcht vor der Facharbeit nicht. Man ist gewohnt, ungelernte oder an ganz andere Methoden gewöhnte Arbeitskräfte abzurichten, und weil sie daran gewöhnt sind, wissen sie, wie man abrichten muß – durch kurze Erklärungen, schwer erscheinende Handgriffe. Vorarbeiter, Haushälterinnen in den großen Hotels, Bürovorsteherinnen, die sich über die Dummheit der ihnen Unterstellten beklagen wollten, würde man – da sie unfähig sind, Leute anzuweisen – entlassen.

*

In den Fabriken wird sehr sachkundig gezeigt, wie man seine Arbeit verrichten muß. Aber es wird nur das gezeigt und erklärt, was man unbedingt wissen muß, um die Arbeit verrichten zu können. Fragen, die sich auf allgemeine Einrichtungen oder auf eine Erklärung des Mechanismus der zu bedienenden Maschine beziehen, werden überhaupt nicht beantwortet. „Kümmern Sie sich nur um die Arbeit, die Sie etwas angeht." Das ist die Antwort, die man zu hören bekommt.

*

Ich arbeite in einer der größten Schuhfabriken Amerikas. Der elektrische Strom versagt, und da demzufolge in verschiedenen Abteilungen die Arbeit eingestellt wird, entsteht das Gerücht, ein

Streik sei ausgebrochen. Ich nahe Schnallen an die Schuhe. Neben mir arbeitet eine junge Armenierin. Ich frage sie, ob sie die Arbeit einstellen würde, proklamierte man einen Streik. Sie sagt nichts, deutet nur erschrocken mit ihren Augen auf den Vorarbeiter, der gerade vor uns steht. Abends werde ich in das Büro gerufen, und mein Lohn wird mir ausgezahlt mit den Worten: „Sie sprechen zuviel, wir können Sie nicht gebrauchen."

✶

Wenn man „gefeuert" wird, bekommt man den Lohn sofort ausbezahlt. Will man aber selbst gehen, kann man ihn nur am fälligen Zahltag beheben. Die sofortige Auszahlung ist dann technisch unmöglich.

✶

Man kann gerade in kleinen Ortschaften die neue Entwicklung der Landwirtschaft Amerikas beobachten. Man sieht nicht nur, wie der kleine Farmer zugrunde geht, sein Land aufgeben muß und in die Fabrik zieht, sondern auch, was mit dem verlassenen Land geschieht. Es wird für billigstes Geld von einem Industrieunternehmen aufgekauft und dann im großen bewirtschaftet. Das Industrieunternehmen hat nicht nur die nötigen Kapitalreserven für eine intensive Ausnutzung des Bodens, sondern es findet auch mit Ausschaltung des Zwischenhandels und der Eisenbahn-Transportgesellschaften Abnehmer. In den Verkaufsläden des Industrieunternehmens können so die Arbeiter Landwirtschaftsprodukte zu billigeren Preisen erhalten, und das Fabrikunternehmen hat die Möglichkeit, Löhne zu drücken.

✶

Der individuelle Einzelhandel kann sich auf dem Lande noch weniger halten als in den Großstädten. Man sieht hier, wie schnell kleine Kaufläden von Großkonzernen verschluckt oder zertreten werden. Kaum hat sich zum Beispiel in einem Dorfe eine kleine Gemischtwarenhandlung aufgetan, so erscheint schon zum Beispiel A. & P. (die „Atlantic and Pacific Company"), macht eine Filiale auf und gibt die Ware zu billigeren Preisen ab. Dieser Konkurrenz ist der kleine Händler nicht gewachsen.

✶

Sport treibt nur eine kleine Oberschicht. Der gutsituierte Bürger spielt Golf, ist Mitglied eines Countryclubs, manchmal spielt auch seine Frau, aber seltener. Tennis wird nur sehr wenig gespielt. Aber in den großen Städten gibt es kaum Arbeitersportplätze; nur in der Provinz, wo mehr Platz zur Verfügung steht, wird die Jugend in den Fabriken sportlich organisiert. In New York ist die wichtigste sportliche Leistung des Durchschnittsmenschen das Ein- und Aussteigen in die und aus der Untergrundbahn.

∗

Im Süden können die Neger das Kino nur bei besonderen Vorstellungen besuchen. Daß die Eisenbahn im Süden besondere Wagen für die Neger hat, ist bekannt. Man sieht auch Bänke, wo die eine Seite für Neger, die andere Seite für Weiße reserviert ist, Restaurants, wo ein Teil für die Weißen bestimmt ist, der andere, durch einen Vorhang abgeschlossen, für „Farbige". Man sieht Lokale mit der Aufschrift: „Hier werden nur weiße Herrschaften bedient". In der Elektrischen gibt es schwarze und weiße Abteilungen. Wenn man sich in die schwarze Abteilung setzen will, und sei auch nur die weiße voll besetzt, gestattet der Schaffner das nicht. Man sieht zwei ländliche Toiletten, nicht WCs, mit den Aufschriften: „Für Weiße", „Für Farbige". In Columbia gibt es große Zigarettenfabriken, wo Neger und Weiße im selben Saal zusammenarbeiten. Aber es gibt besondere Eingänge in der Fabrik für „Weiße" und für „Farbige".

∗

In Charleston (South Carolina) hatte ich mein Gepäck zur Aufbewahrung gelassen und wollte es abholen. Als ich meinen Schein dem Schalterbeamten gebe, sieht er mich erstaunt an: „Sie sind doch keine Farbige, Sie müssen sich auf der anderen Seite für die Weißen anstellen." Nein, den Koffer könne er mir nicht herüberreichen. Ich muß erst zu den Weißen gehen.

∗

In Atlanta (Georgia) geben mexikanische Sänger ein Konzert. „Nein, es sind keine Karten mehr vorhanden." – „Ich denke, Sie haben noch billige Plätze." – „Ja, wir haben noch fast alle billigen Billetts, aber die sind für die Neger. Wir bedauern, an Weiße können wir sie nicht abgeben."

In Charleston ein palmenbesäumter Spielplatz vor einer alten gelben Zitadelle. Nur weiße Kinder dürfen hier spielen, keine schwarzen. Aber man sieht keine weiße Frau, nur Negerinnen. Alle Kinder sind Negerpflegerinnen anvertraut.

In Charleston arbeite ich in der Küche eines großen Hotels. Ein kleiner Küchenjunge ist da, siebzehn Jahre alt, man nennt ihn Kiddy Brown. Da ich mich nach den Tanzveranstaltungen der Neger erkundigte, brachte er mich am nächsten Tage zu einem „social event" (zu einem gesellschaftlichen Ereignis) der Farbigen von Charleston. Es gab eine außerordentliche Jazzkapelle, die „Syncopating Dandies". Man tanzte nach Negerart unvergleichlich. Es waren auch weiße Männer da, aber keine weiße Frau. Es ging im übrigen brav bürgerlich zu. Man trank Limonade. Ein weißer Angestellter des Hotels erblickte mich. „Oh, wenn man im Hotel wüßte, daß Sie hier sind, man würde Sie sofort entlassen."

In Birmingham, in einem Frauenhotel, erzählt ein junges Mädchen, sie habe hier in der Stadt in einer anderen Pension gewohnt, aber ihre Eltern erfuhren etwas Schreckliches, sie durfte dann nicht einen Tag länger dort bleiben. Was war denn geschehen? Ihre Eltern hatten erfahren, daß in der nächsten Nachbarschaft der Pension Neger wohnten.

Im Süden sieht man noch, wie Gefangene in Sträflingskleidern, mit Ketten aneinandergeschmiedet, von Soldaten mit aufgepflanzten Bajonetten zu ihren Arbeitsstätten geführt werden.

III. Was ich an Amerikas Milliardärsküste sah

Tampa, die Stadt der Havanna-Zigarren

Florida ist das gelobte Land Amerikas. In Florida wimmelt es immer noch von Millionären. Warum nicht dort einmal das Glück versuchen? Ich fahre nach Tampa. Das ist eine Stadt mit besonders gutem Ruf.

Die eine Hälfte Tampas, jene, die jeder Tourist zu sehen bekommt, wird von den Prospekten mit Recht als Paradies bezeichnet. Auf gepflegtem Rasen leuchten tropische Blumen, Palmen heben sich gegen den tiefblau strahlenden Golf von Mexiko ab. Elegante kleine Läden verbergen sich unter Kamelienbäumen, Kinder auf Ponys reiten vorbei. Damen und Herren, wie aus dem neuesten Modeblatt geschnitten, beleben den Strand. Das mondäne Hotel mit den russischen Zwiebeltürmen kann sich sogar einer historischen Vergangenheit rühmen, denn während des amerikanisch-spanischen Krieges hatte Roosevelt hier gewohnt und Verhandlungen geführt. Ja, man geht sogar daran, ein „super paradise" auf der Insel, die sich vor Tampa lagert, zu schaffen, mit venezianischen Palästen, maurischen Schlössern, Wunderblumen und exotischen Vögeln. Wäre die Krise nicht dazwischen gekommen, stünde das „Überparadies" fix und fertig zum allgemeinen Gebrauch da.

Wahrscheinlich aber auch nicht zum allgemeinen Gebrauch. Denn siehe, der Geldmangel vertreibt mich schnell aus der paradiesischen Hälfte Tampas, und ich muß mich, wenn ich Arbeit finden will, schleunigst nach der anderen Hälfte begeben. Diese ist sogar interessanter. Hier gibt es italienische Opernvorstellungen, Hahnenkämpfe, Stiergefechte, Häuser mit Balkons, ungeheuer viele winzige Kaffeehäuser, in denen Italiener, Spanier, Kreolen heftig gestikulieren. All dies wäre sehr schön, aber die Luft, die in Tampas besserer Hälfte würzig, von Meeresbrisen erfüllt ist, legt sich hier dick und beizend schwer auf die Lunge.

Wir sind in Ybor City* – so heißt die Fabrikstadt Tampas. Hier sind die größten Zigarrenfabriken der Staaten, hier werden die meisten dunklen Havanna-Zigarren hergestellt. Fünfhundert Millionen Zigarren jährlich. Nicht nur das. Hier gibt es die größten Zigarrenschachtel-Fabriken der Welt, hier werden die schönen bunten Bilder, mit denen sie geschmückt werden, hergestellt und Zigarrenbanderolen. Hier gibt es Arbeit. Hoffentlich auch für mich.

Aber es ging schwerer, als ich gehofft hatte. Auch Florida wird von Arbeitslosen überlaufen. Endlich in der fünften Fabrik hatte ich Glück, nachdem ich erzählt hatte, daß ich eine besonders geschickte, langjährige Tabakarbeiterin sei. Aber meine Freude über meine neugewonnene Arbeitsstelle war nicht von langer Dauer. Nach den langen Tagen, immer über die Maschine gebeugt, in der schweren, beizenden Tabakluft, befanden sich in meiner Lohntüte so wenige Dollars, daß ich kaum meine Stube bezahlen konnte, und die, mitten im Fabrikgebiet, roch auch nach Tabak. „Lehrlinge bekommen bei uns überhaupt oft gar keinen Lohn", sagte mir der Vorarbeiter, als ich ihm Vorhaltungen wegen meines geringen Einkommens machte. Wie, ein Lehrling sollte ich sein nach meinen reichen Erfahrungen in der Tabakindustrie? Aber auch meine Kolleginnen, die schon jahrelang hier arbeiteten, verdienten kaum soviel, daß sie leben konnten. „Nicht einmal die Zigarrenmacherinnen bekommen jetzt noch einen anständigen Lohn, seitdem man überall die verfluchten neuen Maschinen einführt. Die Leute, die sie erfunden haben, gehörten in die Hölle."

Hauptnahrungsmittel der Tabakarbeiterinnen war Kaffee, schwarzer, unglaublich starker Kaffee. Gift gegen Gift, denn alle Arbeiterinnen bekommen es zu spüren, wenn sie lange Jahre in der giftigen Atmosphäre des Nikotins leben. „Wenn du hier lange

---

* *Ybor City* – Industrieareal, gegen Ende des 19. Jahrhunderts angelegt vom Zigarrenmagnaten Don Vincente Martinez Ybor, drei Meilen nordöstlich des heutigen Tampa. Hier ließen sich etwa 20.000 Migrant/inn/en, vor allem kubanischer Herkunft, nieder; mit Tabak aus Havanna verfertigten sie die handgerollten Zigarren, für die Tampa weltberühmt wurde. Durch die aufkommende Massenproduktion und schließlich durch die Weltwirtschaftskrise wurden die meisten Zigarrendreher/innen arbeitslos. Heute wird versucht, aus Ybor City eine Touristenattraktion mit lateinamerikanischem Flair zu schaffen.

arbeitest, kannst du nie ein Kind austragen. Macht nichts. Wozu auch die Gören, man kann sich ja selbst nicht satt fressen", sagt eine etwas zerzauste Arbeiterin.

„Kaffee, Kaffee." Der Kaffeeverkäufer wird von allen umdrängt. Man arbeitet im Akkord, aber diese Arbeiter des Südens werden nicht einmal dadurch zu verbissener Ausdauer gezwungen.

In den Sälen, in denen keine Maschine lärmt, findet man bei den Zigarrenarbeitern überall Vorleser. Er wird von der Belegschaft des Saales bezahlt. Die Vorleser wechseln ab, aber immer werden eine schöne Stimme und deutliche Aussprache verlangt. Meist wird Spanisch gelesen, hauptsächlich Zeitungen, aber auch Erzählungen oder sozialistische Schriften. Es ist außerordentlich interessant zu sehen, wie der Gesichtsausdruck der Zuhörer gleichzeitig wechselt, wie sich bei einer sie besonders interessierenden Nachricht plötzlich alle Köpfe heben. Sie sind noch kaum organisiert, aber ihre Einstellung ist doch sozialistisch. „Die haben es gut, die in Räumen arbeiten können, in denen keine Maschine Krach macht", sagen wir, denn die ewig surrenden elektrischen Maschinen ermöglichen uns nicht, uns unsere Zeit so interessant zu vertreiben.

Eines Abends, als ich mir gerade den Kopf darüber zerbrach, wie ich mit meinen geringen Mitteln haushalten könnte, traf ich eine Bekannte. Sie war unterwegs nach Palm Beach, sie hatte schon mehrere Winter hindurch dort gearbeitet. Sie schilderte in so verlockenden Farben die Möglichkeiten, die gerade jetzt bei Saisonanfang in dem vornehmsten Kurort Amerikas auch der dienenden Geister warteten, daß ich kurz entschlossen Tampa und der Zigarrenfabrik Lebewohl sagte und nach Palm Beach zog.

Hinter den Kulissen von Palm Beach

Hundertfünfzig Kellnerinnen – die Uniformen wechseln täglich dreimal – stehen in Reih und Glied. Der Oberkellner (der niedrige Ausdruck paßt schlecht für den vornehmen Lord im seidenbeschlagenen Frack) klatscht zweimal in die Hände, alle Köpfe drehen sich nach links, worauf er mit seiner Adjutantin, „the captain", die Reihe abschreitet. Seine Einwendungen gegen eine Kellnerin macht er nie direkt, sondern nur durch den „captain", eine Amerikanerin.

In dem lila und goldenen, mit tropischen Pflanzen geschmückten Speisesaal haben sich aus allen Teilen Amerikas jene Menschen versammelt, die ihren Reichtum am nachdrücklichsten betonen wollen. Welch eine Schaustellung von Juwelen, Spitzen, Pariser Toiletten und gespenstisch unwirklich geschminkten Frauen. Die Musik spielt, die Musikanten verrenken alle Glieder, die Gäste aber sitzen unbeweglich da, auch während sie essen, geizen mit jeder Handbewegung, es wird kaum gesprochen, nur reichlich getrunken, ganz offen, nicht heimlich wie in New York hinter geschlossenen Türen. Hundert Dollar muß man mindestens täglich in diesem Hotel auslegen. Und doch ist es ein Armutszeugnis, im Hotel zu wohnen. Man muß schon mindestens ein eigenes Haus und eine zahlreiche Dienerschaft haben, um an dieser Küste für voll angesehen zu werden. Und gelingt es einem nicht, ein vornehmes Haus zu finden, so ist es noch immer vornehmer, in einem Hausboot zu wohnen als in einem Hotel.

Abenteurerinnen und „Snobs"

Kein anderer Kurort der Welt ist so wenig international – wenn man vom Personal absieht und von einigen geldlosen britischen und französischen Aristokraten – wie Palm Beach. Abenteurerinnen? Die „von Herren bevorzugten Blondinen" kommen nicht nach Palm Beach. Ein großer Teil der nicht sehr zahlreichen jüngeren Männer sind Detektive, die die einzige Aufgabe haben, die zur Schau gestellten Juwelen zu bewachen.

Die „Abenteurerinnen", die Palm Beach besuchen, um zu Geld zu kommen, sind verarmte, sehr vornehm wirkende ältere Damen der Gesellschaft. Sie vermitteln gegen außerordentlich gepfefferte Rechnungen Verbindungen zwischen den „social climbers", den „Gesellschafts-Kletterern", und den schon „Arrivierten". Sie geben Luncheons oder Diners in den exklusivsten Klubs auf Rechnung der Emporkömmlinge und laden auch ihre hochgestellten Freundinnen ein. Allerdings nehmen diese die

Ein Milliardärshotel in Palm Beach.

Einladung nicht an, aber das macht ja weiter nichts. Die Rechnung für das Fest aus Prozenten bezahlt der „climber" dennoch, auch bei unvollständiger Festliste.

Auf Damast und Blechgeschirr

Ich bediene zwei alte Mumien aus Philadelphia, die ihre vertrocknete Haut mit Perlen und Brillanten besät haben. (Ich habe nur diesen Tisch, denn in diesem Hotel hat jeder Tisch seine eigene Bedienung.) Die leichteste Angelegenheit im Saal, versichert mir der „Lord". Tatsächlich nährten sich die beiden fast ausschließlich von Tee und Toast, obwohl die Speisenfolge, für die sie ja doch zahlen mußten, alle erdenklichen Delikatessen der Welt aufwies. Die Schwierigkeit besteht nur darin, daß die gerösteten Brote eine unerhört wichtige Rolle in ihrem Leben spielen. Sie müssen unbedingt eine gewisse goldgelbe Farbe und einen ganz bestimmten Wärmegrad haben, sonst werden sie unerbittlich in die Küche zurückgeschickt.

Aber ich brauche wenigstens nicht, wie die meisten meiner Kolleginnen, die bedeutend naschhaftere Gäste bedienen müssen, Tantalusqualen erdulden. Denn in der Küche achtet man sehr darauf, daß Kellnerinnen nicht „unbefugt" Kostproben zu sich nehmen. Man durfte die wunderbaren Austern-stews, die gerösteten Hummer, die Hasenpasteten riechen, aber das war alles. In der Mitte der ungeheuren Küche (die Speisenausgabe an das Personal erfolgte im Kreis) saß in einem erhöhten Glaskäfig der Küchenchef. Er übersah mit solcher Genauigkeit den Schauplatz, daß man annehmen mußte, er besäße auch im Hinterkopf ein Paar Augen. Später allerdings entdeckte ich, daß an seinem Pult zwei Spiegel so angebracht waren, daß er alle Vorgänge in der Küche verfolgen konnte. Zwischen ihm und den Kellnerinnen, die alle List anwandten, um zu einigen Leckerbissen zu gelangen, bestand ein wahrer Kriegszustand. Mit knurrendem Magen zuerst die schweren Tabletts, auf denen sich die erlesensten Speisen häufen, zu tragen und dann durcheinander gekochte Speisereste und wässrige Suppen auf einem fleckigen Tischtuch, auf angeschlagenen Tellern, mit blechernen Bestecken essen zu sollen – der Magen krampft sich zusammen und trauert.

Berta und der tote Gast

Am Tisch der Kellnerinnen und Stubenmädchen herrscht heute erregte Stimmung. Als die Schüsseln mit Reis und Hühnerflügelknochen hereingebracht werden, macht zwar Luise, die Berlinerin, den stehenden Witz: „Wat, ihr wollt uns wohl das Fliegen beibringen, daß ihr uns immer ausgekochte Flügel zu essen gebt";

aber sie findet heute wenig Anklang. Man wartet auf das Stubenmädchen Anna, die den linken Seitenflügel im zehnten Stock bedient. In einem ihrer Zimmer ist es passiert. Sie hat die Sache als erste entdeckt. Elsie, die Kellnerin, hat den Betroffenen bei Tisch bedient. Sie weiß nur, daß der „alte Knopf" die halbe Speisekarte abaß, um auf seine Pensionskosten zu kommen. Denn geizig war er auch, es ist nicht schade um ihn.

Endlich kommt Anna. Atemlos beginnt sie zu berichten. „Kinder, so was ist mir noch nicht passiert. Ich will heute früh in Nummer Sechsundzwanzig, und da liegt der Alte im Bett so ganz komisch. Ich denke erst, er hat wieder mal zu viel getrunken, und ich will wieder hinaus, und dann bemerke ich, seine Augen sind offen, und er hat so einen Blick, als ob er etwas Schreckliches sähe, ich trau mich gar nicht hinzusehen, fasse aber dann doch seine Hand an, hu, da wußte ich, es ist aus mit ihm. Ich kreische und laufe aus dem Zimmer. –"

„Anna, du bist 'ne richtig Dumme, du hättest ruhig mal in seinen Taschen ein wenig Umschau halten können, bei den Leuten liegen ja die Tausenddollarscheine nur so herum. Hätt'st nach Hause fahren können. Wenn ich mal so ein Glück hätte", schreit eine.

„Ach, ihr habt leicht reden. Ihr habt nicht die Augen gesehen. Ich konnte mir nicht helfen, ich hab' halt gerufen. Dann ist gleich der Arzt gekommen, und dann kam der Geschäftsführer. Er sagte, wir müssen gleich Ordnung schaffen, denn die Leute haben es nicht gern, wenn Tote in den Nachbarzimmern herumliegen. Und dann kamen zwei Zeugen, und ich und der Johnny haben alles schnell zusammenpacken müssen. Nur die leeren Whiskyflaschen haben wir alle weggeworfen, er hatte sie extra in einem Koffer zusammengepackt. Und die Briefe, sagte der Geschäftsführer, die brauchen die Enkelchen auch nicht zu lesen. Und Bilderchen hatte er, Kinder, zum Totlachen. Na, und auch sonst allerlei Komisches. Und soviel Anzüge und Wäsche und vier Frühjahrsmäntel hatte er. Kann man das glauben! – –"

Aber da geschieht plötzlich etwas Unerwartetes. Die große, starke Berta, die so laut lachen kann und den frechsten Mund hat, wirft ihren Kopf auf die Tischplatte und heult auf. Buchstäblich wie ein Tier. In ihren Händen hält sie noch krampfhaft ein Stück Brot. „Nanu, was ist mit der?" Es wird ganz still. Nur eine murmelt mißbilligend: „Wozu braucht einer vier Mäntel, wenn er doch stirbt." Da kommt aber schon der „Lord", klatscht in die Hände, die Köpfe drehen sich nach links, man legt die Serviertücher über den linken Arm, und wieder beginnt der gehetzte Kreislauf in und aus dem Speisesaal.

Inzwischen zieht unbemerkt eine Prozession dem Küchenausgang zu, der nach dem Hof führt. Vorn geht der Hausportier mit feierlichem Gesicht, ihm folgen drei Hausdiener, die einen sehr langen, schwarzen Lederkoffer tragen. Einige, die es sehen, gruseln sich ein wenig. Aber Hummer, Fasane, Pasteten werden in silbernen Schüsseln hochgehoben, aus dem lilagoldenen Speisesaal ertönt die Musik aufreizend. Hätte man in der Küche nur mehr Zeit, man würde gern auch tanzen.

Berta kann nicht bedienen, das Schluchzen stößt sie noch zu arg.

Die Stadt der künstlichen Monde

„Warum erwürgen Sie nicht die Mumien mit ihren Perlenschnüren", fragte man mich in der Küche, als ich zum drittenmal an dem Abend die gerösteten Brote zurückbrachte, aber leider hat man noch immer so seine kleinen Hemmungen.

Dafür begann ich zu sabotieren, Kopfschmerzen vorzuschützen, als ob ich eine vornehme Dame wäre. Ich hatte wenig Lust, bis zum Saisonende zu bleiben. Ich wollte etwas mehr von Palm Beach sehen. Es war noch eine Wienerin da, aus Mödling, mit den gleichen Absichten, und wir beschlossen jenen statistischen Prozentsatz der Kellnerinnen voll zu machen, die jedes Jahr vor Saisonende ausrücken.

Wir wollten uns Palm Beach richtig ansehen, jene Teile, die wir als „Personal" nie betreten konnten, denn Palm Beach ist nicht für arme Schlucker geschaffen. Nicht eine einzige Bank gibt es, wo man sich hinsetzen könnte. Sogar der Ozean wird eifersüchtig den Passanten verschlossen. Die Parkanlagen, die die maurischen Paläste, die spanischen Renaissanceschlösser umschließen, laufen von Wasser zu Wasser, vom Lake Worth zum Ozean. Hier blühen alle exotischen Blüten Floridas, deren Namen ich noch nie gehört habe, die rotgeflammten Pagnonias, die purpurfarbenen Poincianas*, die amethystenen Bougainvilleen, die einen so schweren, betäubenden Duft ausatmen, daß neben ihnen alle europäischen Blumen wie Küchenkraut erscheinen.

In der Geschäftsstraße von Palm Beach haben alle großen New Yorker Modegeschäfte, Juweliere, Kunsthandlungen ihre Niederlassungen. Bei „Bradley" speist man unter zarten Seidenschirmen phantastische spanische Gerichte.

Der Badestrand der „guten Gesellschaft" befindet sich im Tennis- und Badeklub. Leute, die nicht im Blaubuch** stehen, dürfen sich die Badenden zwar mit einer teuren Eintrittskarte ansehen, aber nur ein beglaubigter Millionär kann sich hier im Badeanzug zeigen. Die Damen sitzen in den verblüffendsten Badeanzügen und Pyjamas im Sand. Sie rauchen und lassen sich bewundern. Angeblich wird auch gebadet, aber sicher geschieht das nur selten. Das Wasser schadet den handgemalten Badeanzügen und Gesichtern.

Wenn es aber zu dunkeln beginnt, wird Palm Beach die Stadt der künstlichen Monde. Die Hotelterrassen erscheinen wie weite Wiesen, umrieselt vom blaßblauen Licht eines riesigen, über ihnen schwebenden elektrischen Mondes. Auch die Patios, die ausgedehnten Veranden der Privatpaläste, besitzen ihr eigenes Firmament. Jeder, der nicht direkt als arm erscheinen will, hat seinen eigenen Mond, manchmal umglitzert von elektrischen Sternen. Im „Orange Grove", dem Orangenhain des Everglades Club***,

---

* *Poinciana regia*, auch *Flamboyant* oder *Flammenbaum* aus Madagaskar stammender bis zu 12 m hoher Zierbaum; wegen seiner prächtigen scharlachroten, gelb gestreiften Blüten wird er in den Tropen und Subtropen häufig angepflanzt.

** *Blaubuch* – „blue book" bedeutet im Amerikanischen unter anderem Verzeichnis der amerikanischen höheren Gesellschaft.

*** *Everglades Club* – das erste öffentliche Gebäude Floridas im sogenannten mediterranen Revival-Stil, entworfen von Addison Mizner, der sich von mittelalterlichen Bauten am Mittelmeer dazu inspirieren ließ. Mitte der 1920er Jahre hatte Mizner, mittlerweile zum Stararchitekten avanciert, den typischen Palm-Beach-Stil, mit Innenhöfen, Wendeltreppen und antikisierenden Details, geprägt.

der in Wirklichkeit ein Palmenhain ist, wo Goldorangen elektrisch beleuchtet zwischen den Palmen blinken, tanzt man zur Jazzmusik.

Einen halben Tag lang stand uns der Mund offen. Nur einen halben Tag lang, denn in Palm Beach kostet ein halber Tag genausoviel, wie die zwei Mumien in zwei Wochen eingebracht haben. So mußten wir schon nach einem halben Tag nach dem „armen" West Palm Beach flüchten.

Die Neger beten

In West Palm Beach kann man wieder aufatmen. Hier gibt es Fünf- und Zehn-Cent-Geschäfte, billige Lunchrooms, Kinos. In der Ferne sieht man die wirkliche Landschaft Floridas. Sümpfe, Stumpfpalmen und den typischsten Baum des amerikanischen Südens, die ewiggrüne Eiche mit dem langen, wehenden Spanischen Moos*.

Hier gibt es kleine Kirchen, wo Neger noch ihre Spirituals singen. Schneeweißgekleidete Negerinnen, Kinder mit unwahrscheinlich großen Augen, zerlumpte Männer. Man bekommt am Eingang Fächer, sie knistern in allen Händen leise, während der Raum von jammerndem Gesang erfüllt wird. „Die schwere Bürde, o Herr." Endlich bricht der Satz in allen Tonarten aus allen Mündern. Dann kommt fragend anklagend der dramatische Gesang. „Warst du dort? Warst du dort, als man ihn kreuzigte, Bruder? Manchmal überfällt mich ein Beben. Du warst dort, als man ihn kreuzigte. Du warst dort, als man ihn kreuzigte. Du warst dort, als man ihn zu Grabe legte. Manchmal überfällt mich Beben."

Im Stellenvermittlungsbüro

Vor allem gibt es in West Palm Beach auch Stellenvermittlungsbüros. Wir suchten eins auf, dessen Besitzer den Namen eines römischen Gottes trug. Nennen wir ihn Jupiter.

Die Gesellschaft bei ihm war nicht wenig interessant. Hier gab es, wenn man allen Angaben, die von den Stellensuchenden ge-

---

* *Spanisches Moos*, auch *Greisenbart*, *Louisianamoos* – eine Art der Tillandsie, in wärmeren Gebieten Amerikas heimisch; drei bis acht cm lang, hängt von Bäumen und Felswänden herab.

macht wurden, Glauben schenken wollte, mehrere gewesene Millionäre. Sie behaupteten, durch unglückliche Grundstücksspekulationen in so schlechte Verhältnisse geraten zu sein, daß es ihnen sogar an Reisegeld mangelte, das gelobte Land ihrer einstigen Hoffnungen wieder zu verlassen. Sie ließen sich jetzt von Herrn Jupiter überreden, einen Posten als Geschirrwäscher, in einem nicht ganz erstklassigen Hotel, anzunehmen. Eine Gesellschaft von jungen Mädchen war da, die in ihrem Auto allein aus Kalifornien nach Florida fuhren, und da ihnen das Geld ausgegangen war, jetzt Stellung suchten. Zwei Berlinerinnen waren von den Bermudas ausgerückt, wo sie Stellungen als Hotelstubenmädchen angenommen hatten. Eine Schwäbin kam soeben aus Chicago an.

Herr Jupiter machte mir nur wenig Hoffnung, eine Stellung als Kammerzofe zu bekommen. „Sind Sie Französin?" fragte er mich, und: „Haben Sie Referenzen von bekannten Persönlichkeiten? Wir sind in Palm Beach und nicht in New York." Da ich weder Französin war, noch Referenzen bekannter Persönlichkeiten aufweisen konnte, ließ ich mich von Herrn Jupiter bewegen, eine Stellung als dritte Küchengehilfin anzunehmen. Herr Jupiter erklärte mir, daß dies das feinste Haus sei, das ich in meinem Leben jemals gesehen haben würde. „Diese Leute essen von goldenen Tellern, und ihre Hausschwelle hat noch nie eine Negerin betreten", fügte er erläuternd hinzu.

Es war ein Palast, in den wirklich nicht mehr Marmor hätte hineingebaut werden können. Es gab einen bläulichschwarzen marmornen Speisesaal mit offenen Bogengängen und einem maurischen Hof mit marmornem Springbrunnen. Die Portieren waren aus schweren, brokatenen, alten Altardecken zusammengesetzt. Dieser Speisesaal wurde allerdings nur bei festlichen Gelegenheiten benutzt, und ich habe ihn nur einmal durchschnitten, als ich zur Haushälterin ging, mich vorzustellen.

Die Dame des Hauses habe ich während meiner ganzen Dienstzeit überhaupt nicht zu sehen bekommen. Wie in einem Theater die Kulissenarbeiter nur einzelne Wortfetzen des Stückes auffangen, so drangen in die Küche nur einzelne Szenen von dem, was sich im Hause abspielte. Während ich in der Küche

„Quawquaw" zerschnitt, Mangofrüchte und Alligatorbirnen*, die Avocados schälte oder auch nur, was noch öfter vorkam, ganz prosaische Zwiebeln, hörte ich nur von Zofen und Dienern, was sich vorn auf der Schaubühne ereignete.

In der Küche empörte man sich am meisten über die Pyjamafeste. Die Diener prusteten vor Lachen, wenn sie wieder in die Küche kamen. „Eine Schande ist es", sagte die aus Paris frisch importierte Zofe. „Ganze Zimmer haben sie voll Kleider und laufen in Schlafanzügen herum, wenn sie Gesellschaft haben. Und dann sagen sie noch, Paris sei unmoralisch."

Champagnerflaschen wurden entkorkt, Cognac und Rum. Der Kellermeister wachte eifersüchtig, daß Unbefugte nicht den Keller betraten. Goldene Teller gab es tatsächlich, die vom Stubenmädchen unter Aufsicht eines Detektivs gewaschen wurden. Der Koch betrat nur selten die Küche, er war ein Künstler ersten Ranges, der höchstens die Soßen rührte, den Speisen noch den letzten Schliff gab und die Dekorationen der Schüsseln bei festlichen Gelegenheiten besorgte. In seiner freien Zeit war er Amateurboxer.

Einmal durfte ich selbst einen Schauplatz solcher Feste sehen. Bei einem für das Personal veranstalteten Fest an Bord eines der größten Hausboote auf dem Lake Worth. Im Everglades Club wurde ein Maskenfest der Millionäre veranstaltet, vor dem Ball gab man große Diners, die dem Personal furchtbar zu tun gaben. Als Belohnung nun wurde ihnen, da man sie während des Maskenfestes doch nicht brauchte, ein Hausboot zur Verfügung gestellt. Das schneeweiße Schiff war ganz bedeckt mit Perserteppichen und erleuchtet von goldfarbigen Lampions. Es gab ein großartiges Büfett, wo auch „booze", Alkohol, nicht fehlte. Den Gästen konnte man anmerken, was sie in der Nähe der großen Herrschaften gelernt hatten. Die Damen für eine Nacht trugen abgelegte, tief ausgeschnittene Kleider und riesige falsche Perlen. Man trank soviel man konnte und schrie nach mehr. Es wurde sehr handgreiflich geflirtet.

Dann wurde eine Kabarettvorstellung veranstaltet, wobei ein Boxkampf zwischen zwei japanischen Dienern großen Anklang

---

* *Alligatorbirnen* – Bezeichnung für Avocados.

fand, aber der Gipfel war die Szene dreier Kammerzofen, die mit viel Geschick die Toilettenvorbereitungen ihrer Herrinnen für den Maskenball nachahmten.

Die Stimmung wurde dann gedämpft, als bekannt wurde, daß mehrere Detektive zur Beobachtung auf das Schiff kommandiert waren. So begnügte man sich mit Tanz, wobei man den altmodischen Walzer bevorzugte. In den Pausen verzogen sich dann die Pärchen „auf Deck", man verstand darunter den dunkelgelassenen Teil der Deckpromenade.

Auf dem Lake Worth leuchteten die Hausboote, die künstlichen Monde spiegelten sich im Wasser, und hoch oben am Firmament leuchtete das Kirchenkreuz ...

Wovon das Kreuz leuchtet

Die beglaubigte Geschichte des elektrisch beleuchteten Kreuzes, das auf dem hohen Glockenturm der (im spanischen Renaissancestil gebauten) Kirche steht, ist folgende: Die Kirchenbehörde war der Ansicht, daß diese Reklame zu Ehren Gottes, die bedeutende Auslagen verursachte, von den kapitalkräftigen Gläubigen ohne weiteres bezahlt werden würden. Denn jene Damen der Gesellschaft, die Wert auf tadellosen Ruf legen, besuchen regelmäßig die Kirche. Doch zur Enttäuschung der Kirchenbehörden gelangten die Andeutungen, die über die hohen Kosten des elektrisch beleuchteten Kreuzes gemacht wurden, nur an taube Ohren – die künstlichen Monde verschlangen ohnehin außerordentliche Summen für elektrischen Strom. Und da die Kirchengemeinde den nötigen Betrag nicht aufbringen konnte, erlosch das Kreuz wieder in Dunkelheit.

Eines Tages aber erschien bei dem Seelsorger ein elegant gekleideter Fremder, erkundigte sich, welchen Betrag die Beleuchtung des elektrischen Kreuzes monatlich kosten würde, entnahm dann seiner geschwollenen Brieftasche die genannte Summe und verschwand. Wieder leuchtete das Kreuz. Am Ende des Monats erschien der Fremde und wollte noch einmal ohne weiteres die elektrische Rechnung bezahlen.

Der Seelsorger floß vor Dankbarkeit über, wünschte aber Näheres über den Fremden zu erfahren, um ihm von der Kanzel gebührenden Dank für seine gottesfürchtige Tag abzustatten. Der Fremde besann sich ein wenig und erwiderte dann: „Ich will die Wahrheit gern sagen, ich bin ein ‚bootlegger' (ein Alkoholschmuggler), es wird Ihnen nicht unbekannt sein, daß wir hier ein blühendes Geschäft und jetzt die Hauptsaison haben. Das elektrisch beleuchtete Kreuz war meinen Schiffen ein ausgezeichneter Wegweiser auf dem dunklen Meer nach der schwierigen Küste. Wir würden keine weiteren Kosten scheuen, um dieses Leuchtfeuer zu behalten."

Der Seelsorger machte ein finsteres Gesicht, dann aber heiterten sich seine Züge auf, und er sagte: „Wahrlich, ich glaube, nur wenige folgen so genau jenen Worten der Schrift wie Sie, mein Herr: Sei sanft wie die Taube und schlau wie der Fuchs." Und so leuchtet das Kreuz weiter in der Finsternis.

IV. Fahrt ohne Geld in den Südstaaten

Richmond, Stadt im Süden

In Washington traf ich, als ich auf den Zug nach Richmond wartete, eine junge Negerstudentin, deren Bekanntschaft ich auf der Howard University, der Washingtoner Universität für Neger, gemacht hatte. Sie war die beste Schülerin in Deutsch. Später sah ich sie in der Bibliothek. Sie trug einen Regenmantel, in Berlin würde man wohl Trenchcoat sagen, ganz nach der „Collegegirlmode" mit allerlei Figuren bemalt, und quer darüber geschrieben stand: „I am a sophomere baby" (das heißt, ich bin ein Zweites-Semester-Baby). Sie erzählte dann auch, daß sie moderne Sprachen studieren und Universitätsprofessorin werden möchte. Ihr Bruder sei Rechtsanwalt in New York, ein anderer Arzt in Boston.

Jetzt aber in Richmond, sie war hier zu Hause, sahen wir gleichzeitig vor dem Warteraum eine riesige Tafel mit der Aufschrift: „Nur für weiße Frauen". Sie, die Studentin, die künftige Universitätsprofessorin, wurde ausdrücklich darauf aufmerksam gemacht, daß hier eine neue Welt, das heißt die alte Sklavenwelt, beginnt. Die Studentin tat, als ob sie mich nicht sehen würde, und verschwand. Ich aber, Reisende ohne Geld, werde noch bald merken, daß der Süden auch für Weiße nicht immer paradiesisch ist.

In einem Restaurant lernte ich vorläufig den Süden von seiner besten Seite kennen. Der Kellner schob ein großes Stück Papier vor mich hin, ich mußte alle Bestellungen aufschreiben. Wenn man in New York auf ähnliche Ideen verfiele, die meisten Restaurants könnten zumachen. Aber hier sind wir ja im alleralthesten Amerika, wo es als natürlich gilt, daß die Gäste Englisch schreiben und die Kellner Englisch lesen können. Und was für wunderbare Speisen werden aufgetragen, Austern in Sahne, Buttermilchbiskuits, knusprige Waffeln. Man beleidigt Amerika, wenn man seine Küche nach den New Yorker Speisehäusern beurteilt.

Äußerlich ähnelt Richmond allen mittleren amerikanischen Städten. Eine große Anzahl Wolkenkratzer täuscht aufwärtsstrebende Geschäftigkeit vor. Die Autos sind nicht viel weniger dicht gesät als in New York. Würde man sich dies alles aus einem Hotelfenster nur ansehen, könnte man feststellen: Es ist dasselbe wie Boston oder Newark.

Aber zwischen den Neubauten tauchen noch einige alte Häuser aus der Kolonialzeit auf, Säulengänge, schmiedeeiserne Balkone. Ja, und hier in Richmond hatte Edgar Allan Poe seine Jugend verbracht, hier ist er aufgewachsen in einem alten Kolonialhaus, dem Haus seines Pflegevaters, des Kaufmanns Allan, dessen uneheliches Kind er in Wirklichkeit war. Das Haus ist zwar abgebrannt, aber man hat Erinnerungen an ihn in einem Poe-Museum untergebracht, in Richmonds ältestem Haus.

Obwohl man hier nur die typischen „Reliquien" eines unbedeutenden Provinzmuseums sieht, lohnt sich der Besuch. Denn die sehr alte Führerin gibt unbewußt die Meinung der Richmonder, an Tradition festhaltende Bürger, glänzend wieder. Sie erzählt, viele Leute gekannt zu haben, die sich noch sehr genau an Poe erinnern konnten. Sie nennt Poe, immerhin das größte und stärkste amerikanische Genie, nie anders als „poor old chap" („armen alten Kerl"). „Als er nach Richmond auf Besuch kam", berichtet sie, „trug er immer denselben alten abgetragenen Anzug, ja, er war ein armer Kerl." Und wie sie seine Mutter verachtete, die fahrende Schauspielerin, von der das Museum nur eine vergilbte Photographie aufbewahrt. „Denn sie hatte ja gar nichts. Sie war eine Hungerleiderin, die in möblierten Zimmern hauste." Man müßte die Erklärungen dieser Frau auf einer Grammophonplatte aufnehmen, als Kulturdokument und zur Abschreckung aller zukünftigen Genies.

Doch für mich gab es Wichtigeres zu tun, als Museen zu besuchen, ich studierte das Adreßbuch, konnte aber nur zwei Stellenvermittlungsbüros finden. Gleichzeitig begann ich die Entdeckung zu machen, daß die Aufschriften „Nur für Weiße" oder „Nur für Farbige" zwar den Rassestolz eines Weißen heben können, aber, wenn dieser nicht mit genug Geld ausgestattet ist, mit recht unangenehmen Folgen für ihn verbunden sind. Beide Agenturen entpuppten sich als „nur für Farbige". Das gleiche, nämlich der Wunsch nach farbigem Personal, zeigte sich auch, als ich den Stellenangeboten in den Zeitungen nachging. Überall, wo nicht ausdrücklich „nur Weiße" vermerkt stand, wollte man nur Neger haben.

Das Haus des Senators und die lebenden Hühnchen

Endlich entdeckte ich eine Anzeige: Weiße Köchin gesucht. Es war in der ältesten, vornehmsten Straße Richmonds, eine alteingesessene, bekannte Familie, aber die Frau des Mannes war eine „Yankee" aus Connecticut, die es für unfein, ein Zeichen von Armut hielt, eine Negerköchin zu haben. Die Schwiegermutter allerdings, die es nie geduldet hätte, daß sich in der Elektrischen eine Negerin neben sie setzte, fand, daß nur eine Negerin richtig kochen könne, und sah mich sofort sehr feindlich an. Am Abend erklärte mir die „Yankee": Frühstück sei um halb acht Uhr, und man äße natürlich nur warme, zu Hause frisch zubereitete Brötchen, Biskuits oder Muffins. Die Sache begann heiter, das war klar – gegen ein Wochengehalt von sechs Dollar.

Frühmorgens kam der Negerdiener und heizte alle offenen Kamine. Die Möbel waren von strenger Einfachheit, kein Plüsch wie in New York. Das Feuer warf rötliche Arabesken, weiß schimmerten die Säulengänge des Portals, und in dem Garten, in den das Wohnzimmer mündete, sprangen Eichhörnchen auf immergrünen Eichen. Ein Bild vornehmer, gefestigter Bürgerlichkeit. Vom Negerdiener erfuhr ich, daß der Herr des Hauses Senator im Kapitol von Virginia sei. Würdig nahm er sein Frühstück ein, von seinem Diener bedient. Die alte Dame, seine Mutter, übertraf ihn allerdings noch an Würde. Leider prüfte sie etwas mißmutig meine Biskuits und betrachtete dann vorwurfsvoll ihre Yankee-Schwiegertochter, die ich persönlich bedienen mußte, da sie auch gegen Negerbedienung eine Aversion hatte.

Nach dem Frühstück wurde ich auf den Markt geschickt. „Hier, nehmen Sie diesen Korb", sagte mir die Yankee-Dame, „hier können die Hühner besser ihre Köpfe herausstrecken." Sollte ich denn lebende Hühner kaufen? Voller Sorgen zog ich auf den Markt.

Ich kannte ihn schon, den Markt von Richmond, dieses überaus malerische, fast orientalisch wirkende Straßengewirr, mit ungeheuren Paprika- und Piment-Bergen, Kürbissen von phantastischen Formen, grell leuchtenden Blumen und laut piepsendem und gackerndem Gefügel, mit singenden, tanzenden Negern, die auch in der verzweifeltsten Lage nie die Fähigkeit verlieren, den Alltag in ein lustiges Fest zu verwandeln. Dieser Markt mündet in ihren Elendsvierteln, wo in Holzbaracken zerrissene Lumpen und durchlöcherte Schuhe – schmutzigster Tand – verkauft werden und vor denen sich immer eine feilschende Negermenge staut.

Auf dem Heimweg quälte mich die Frage: Wer aber wird meine lebenden Hühnchen töten? Die Yankee-Dame stand gerade ausgehbereit vor dem weißen Säulengang. Ich fragte sie, ob die Abschlachtung und das Putzen der Hühner der Diener besorge. Scharf, als sollte dieser Satz als Mordinstrument dienen, erklärte mir die Dame, daß die Abschlachtung der in der Küche benutzten Tiere Angelegenheit der Köchin sei. Und schon verschwand sie. Als ich die Halle betrat, fiel mein Blick auf die Morgenzeitung. Hier stand schwarz auf weiß: „Stubenmädchen, nur Weiße, sucht ‚The Jefferson'." Ich fühlte, hier war Rettung. „The Jefferson" war das größte Hotel in Richmond, nur einige Schritte von unserem Haus entfernt. Zur größten Überraschung meiner Negerkollegen und -kolleginnen begann ich meinen Koffer zu packen. Für meine bisherigen Bemühungen im Hause des Senators hätte ich etwa vierzig Cents zu beanspruchen gehabt. Ich beschloß, wenn auch ungern, diesen Betrag dem Senator und seiner Familie großzügig zu schenken und sie ohne besonderen Abschied zu verlassen. Ich sagte noch dem offenen Kaminfeuer Lebewohl, warf einen letzten Blick auf die weißen Säulen, und schon wanderte ich mit meinem Handkoffer dem „The Jefferson" zu. Die Hühnchen warten vielleicht noch heute, daß ich sie enthaupte.

Gähnen und Schnäpschen

Ich betrat das ehrwürdigste, das älteste Hotel des Südens, ein in seiner maurischen Pracht imponierendes Gebäude. Ich meldete mich im Büro. Die Chefhaushälterin war nicht da, aber da man meinen Handkoffer sah, fragte man mich gleich: „Sind Sie das neue Stubenmädchen?" Ich bejahte das ohne Zögern.

Ich mußte warten. Äußerlich erinnerte alles an ein großes New Yorker Hotel. Die Haushälterinnen, das Kommen und Gehen der Stubenmädchen, das Schlüsselgeklirr, die Meldungen, die Wäscheausgabe, die Näherinnen in der Wäschestube. Aber während man dort ständig in einer atemlosen Hetze schien, gähnte hier alles. Man gähnte mit Hingabe und Genuß. Jeder gähnte individuell, je nach Temperament in kleineren oder größeren Intervallen. Manche gähnten endlos langgezogen, andere, als wollten sie nur ein bißchen nach Luft schnappen.

Die Chefhaushälterin kam immer noch nicht, die Zeit schien endlos. Dann begann auch ich zu gähnen, ich versuchte alle Arten von Gähnen und wirklich, jetzt verging die Zeit wie im Fluge. Schon war die Chefhaushälterin da. Sie fragte mich, ob mich – sie nannte einen mir unbekannten Namen – geschickt habe, was ich schnell bejahte. Ich konnte gleich dortbleiben.

Für die schwere Arbeit und für das Reinigen der Badezimmer waren hier Negerinnen angestellt, die weißen Stubenmädchen nahmen eine bedeutend höhere Stufe ein. Sie aßen in einem anderen Zimmer und hatten gedeckte Tische. Die Haushälterinnen natürlich aßen nicht mit den Stubenmädchen, hatten einen schöner gedeckten Tisch und bekamen besseres Essen. Die Büroangestellten aßen natürlich nicht mit den Haushälterinnen, sie hatten einen besseren Raum und Anspruch auf noch besseres Essen und so weiter, von Stufe zu Stufe. Allerdings war das keine südliche Spezialität, ähnliches hatte ich in allen Teilen Amerikas gesehen. Im „The Jefferson" wohnten reiche Tabakplantagenbesitzer, die Gentry von Virginia, die die Saison in einer „Großstadt" verleben und dabei die Möglichkeit haben wollten, leicht ihre Besitzungen zu erreichen, Industrielle, Staatsmänner Virginias, natürlich auch Durchreisende, die nach dem Süden fuhren. Auch bei den Gästen war die Grundstimmung das Gähnen. Sie schliefen bis nachmittags, sie durchschliefen den Sonntag, manche schliefen sogar dank der glänzenden „bootlegger"-Organisation tagelang. Die Alkoholschmuggler bevölkerten die Gänge mit ihren Koffern, trotz der

Hoteldetektive, die – der eine dick und klein, der andere dünn und lang, wie Pat und Patachon* – pflichtgemäß die Korridore durchwanderten. Sie machten ihre Zeichen an der Kontrolluhr, blieben vor den Türen stehen, wenn es etwas zu horchen gab, und sie hatten öfter etwas zu horchen, aber weiter kümmerten sie sich meistens nicht um die Angelegenheiten der Gäste.

Die Bibel fehlte in keinem Zimmer, aber die New Yorker erschienen von der Richmonder Perspektive aus brav und anständig, dort lechzte man nicht so nach Abenteuern, gab es keine verstohlen in die Hand gedrückten Zettelchen wie hier.

Sonntag in Richmond

Die nicht allzu üppig gesäten Vergnügungsstätten, die wenigen Kinos und Varietés sind geschlossen. Die Restaurants sind nur in den Hotels offen, und in der Stadt ist nur ein einziges Automatenrestaurant geöffnet, Musik ist verboten.

Gleich in der Früh beginnt es: „Gehen Sie in die Kirche? Wann gehen Sie in die Kirche? In welche Kirche gehen Sie?" Alle fragen es, die Haushälterinnen, die weiblichen Gäste, die zufällig nicht schlafen, die Stubenmädchen, die Scheuerfrauen, die Kellner, die Hausdiener. Manche sagen auch: „Sie sind willkommen in unserer Kirche." Nachdem ich mindestens fünfzigmal erklärt hatte, in keine Kirche zu gehen, beschloß ich, nicht nur eine, sondern so viele wie möglich zu besuchen, denn so klein die Auswahl in allen weltlichen Darbietungen war, so reich war sie in kirchlichen. Es gibt wohl kaum eine Sekte in Amerika, die in Richmond nicht wenigstens einen Saal besitzt, und die Zahl der amerikanischen Kirchensekten ist Legion.

Wie in den Speisesälen der Angestellten gab es auch bei den Kirchen ungezählte Stufen. Die staatlich-episkopalen, die schon durch die überwältigende Anzahl wartender Limousinen vor ihren Toren beeindrucken mußten, wiesen sich als erstklassig aus. Das elegante Publikum – man grüßt sich, nickt sich familiär zu – erinnert an eine gesellschaftliche Veranstaltung. Schnell

---

* *Pat und Patachon* – das dänische Komikerpaar Carl Schenström (1881 bis 1942) und Harald Madsen (1890 bis 1949), in Europa durch zahlreiche Stummfilme als Vorläufer von „Dick und Doof" bekannt.

mußte ich mich als Außenseiterin fühlen. Dann gab es gutbürgerliche Kirchen, wo ich die Chefhaushälterin inmitten ihrer Familie erblickte, mittelbürgerliche für die einfachen Haushälterinnen. Bei den „primitiven Baptisten" in einem natürlich auch primitiven Saal erblickte ich bekannte Stubenmädchen, während ich bei den „afrikanischen Methodisten" in einer Holzbaracke des Negerviertels verschiedene Scheuerfrauen wiedersah.

Ich freute mich aufrichtig, als auf dem Kapitolshügel die mächtigen Magnolien Glühbirnenschmuck erhielten, denn das bedeutete Weihnachten, und zu Ehren des Festes bekam man eine Extraremuneration und größere „tips" (Trinkgelder). Ich konnte jetzt daran denken, Richmond zu verlassen.

Die Universität als modernes Kloster

Im Ausland kennt man die großen, von Stiftungen unterhaltenen Universitäten, aber oft leisten gerade die kleinen, von den Staaten unterstützten, die nur über geringe Mittel verfügen, viel Bedeutenderes.

Hier ist zum Beispiel Chapel Hill in North Carolina, ein Ort, der fast nur aus der Universität besteht. Die nächste größere Stadt ist stundenweit entfernt. Man lebt in vollkommener Abgeschiedenheit, aber die Universität selbst verfügt über ein eigenes Theater, über Druckereien, über einen Verlag, über ein Kino. Man hat für die Verbreitung und Erforschung der Negerlieder, besonders der Arbeitslieder sehr viel getan, man macht Entdeckungsfahrten nicht nach fremden Erdteilen, sondern in die Berge North Carolinas, die nur einige Meilen entfernt sind, wo aber Zustände herrschen wie im dunkelsten Afrika, wo das Analphabetentum ganz allgemein ist, Kinder die schwersten Arbeiten verrichten müssen und die Frauen oft wie Sklaven leben. Diese „mountaineers" (Bergbewohner) sind Weiße und nicht Neger, sie leben in der fürchterlichsten Armut. Es ist zum Teil Verdienst der Universität von Chapel Hill, daß dies bekannt wurde.

Südliche Pinien und der mondäne Klub

Die nächste Station meiner Reise hieß Southern Pines („Südliche Pinien"). Durch diesen schönen Namen ließ ich mich verleiten, hier auszusteigen, um Arbeit zu suchen.

Die Pinien sahen noch ganz nördlich aus, man hätte sie mit Kiefern übersetzen müssen, der Sand verlieh der Gegend eine unleugbare Ähnlichkeit mit dem Grunewald, und die Arbeitssuche gestaltete sich auch unerfreulich. Hier war ein Kurort mit großen Hotels und weißem Personal. Doch wieder stellte sich heraus, daß man, obgleich die Saison erst angefangen hatte, nur Personal nehmen wollte, das beglaubigt aus einer Großstadt im Norden kam. Da sie aber mein Fahrgeld aus New York nicht bezahlt haben, glaubten sie mir auch nicht, keine Hiesige zu sein, sie hielten mich einfach nicht für dumm genug, aus New York auf eigene Spesen hierher gekommen zu sein.

„Wir nehmen nur Leute direkt durch die Agenturen in New York oder Boston, wir bezahlen lieber das Fahrgeld und die Agenturen, aber wir arbeiten nicht mit Einheimischen. Wir brauchen Leute, die etwas vom Arbeitstempo verstehen und die zuverlässig sind, und Schnecken sind fixe Leute im Vergleich mit diesen Leuten im Süden." Es blieb mir nichts übrig, ich mußte meine Sache aufgeben. Zum Glück aber hörte der Milchmann, ein Einheimischer, mein Gespräch mit dem Manager. Als ich herauskam, stand er noch da mit seinem Fordwagen, Modell 1912, und winkte mir zu: „Sie suchen Arbeit? Ich fahre jetzt nach Pinehurst, ich beliefere dort einen Klub, das ‚palor-maid' (das Stubenmädchen) aus New York ist getürmt, ich habe sie am Bahnhof gesehen. Sagen Sie einfach, Sie kommen aus New York, man hat Sie geschickt."

Ich hole meinen Koffer vom Bahnhof, und wir schaukelten auf dem weichen Sand gen Pinehurst. Der Kiefernwald wurde dichter, überall tauchten die Holzhäuser des Südens auf, die sich auf Pfähle stützen, um nicht im Sand zu versinken. Pinehurst selbst ist kreisförmig nach besonderen Plänen erbaut, die Häuser, die Hotels, die Gärten, die Brücken, sogar der Wald, wie aus einer mondänen illustrierten Zeitung herausgeschnitten.

Der mondäne Klub

Mein Freund, der Milchmann, reichte mir den Koffer von seinem Ford. Ich erklärte im Büro, daß man mich geschickt hätte, und ohne mich weiter viel zu fragen, wurde ich angestellt. Ich begann zu merken, daß man hierzulande besser nicht sagt, man suche Arbeit, man bringt einfach seinen Koffer und erklärt, man gehöre hierher.

Im Klub war gerade bewegtes Leben, man hielt ein Golf-Match ab und ein Preis-Bogenschießen. Endlich einmal ein Bild, das mit den Vorstellungen des sporttreibenden Amerikaners harmoniert, wenn auch die meisten Teilnehmer, umfangreiche Herren und ältliche Damen, mit ihren Wunschbildern, die man in den Kinos bewundern kann, nur wenig Ähnlichkeit haben.

Obgleich sie nicht zu dem gesellschaftlichen Bild gehören, sind die Sportlehrer doch die wichtigsten Persönlichkeiten des Klubs. Die Amazonen lassen sie zwar ihre Inferiorität fühlen, indem sie ihnen öffentlich Dollar-Trinkgelder zuschieben und natürlich auch nie den Tee im gleichen Raum mit ihnen einnehmen würden. Dafür bekommt der Lehrer im Bogenschießen die allerschönsten Blicke, und der lahme Reitlehrer, der seit seiner Kindheit kaum gehen kann, aber auf dem Pferd, wie ein Zentaur, ein neuer, kühner Mensch wird, hat bei den Damen entschieden größeren Erfolg, als die Kohlenbarone in karierten Golfhosen. Für Training im Tennis sorgen verschiedene berühmte Spieler, die Professionals geworden sind. Auch das Zielscheibenschießen ist beliebt, das in Pinehurst besondere Tradition hat, die berühmteste amerikanische Schützin, Annie Oakley, war hier einst Schützenlehrerin.

Eine wichtige Rolle in unserem Klub spielen die Caddies, die eigentlich auf der Rangliste sogar nach dem Personal stehen. Man ist wohl schon in Deutschland so weit mit dem Golfsport vertraut, um zu wissen, daß die Caddies die Jungens sind, die den Golfspielern die Schläger nachtragen. Hier in unserem Klub haben sie sogar eine eigene Schule, unter Leitung des Ober-Caddies, wo ihnen nicht nur Golf, sondern auch gute Sitten beigebracht werden sollen. Aber gute Sitten! Niemand kennt so gut die Schwächen der Gäste wie die Caddies, die wissen, wer seine

Partner zu beschummeln versucht, wie alle als bessere Spieler dastehen möchten, als sie sind, sie können die wichtigen Mienen aller Teilnehmer beim Spiel nachmachen, sie kennen die Schwächen dieser Industriekapitäne, dieser „Beherrscher der Welt", besser, als die eigenen Gattinnen.

Eine Laien-Aufführung und das Leben

Auf der Weiterreise hörte ich, daß in einem Grenzstädtchen zwischen North und South Carolina eine Baumwollweberei neu eröffnet werden soll. Es fuhren viele Arbeiter, die davon erfahren hatten, in die Stadt, auch ich stieg aus.

Es stellte sich heraus, daß sich die Eröffnung der Fabrik verzögert hatte, die ganze Stadt war voll fremder Arbeiter, zugrunde gegangener Farmer, die mit ihrem ganzen Hab und Gut, mit Frauen und Kindern aus den Bergen in der Hoffnung auf Arbeit in das Städtchen zogen.

In einem wilden Durcheinander trafen sich in der Stadt älteste Überreste der amerikanischen Vergangenheit mit den neuesten Ingenieurwerken, die Wasserkräfte nach den neuesten Methoden für die Fabrik nutzen sollten. Man sah alte Plantagenhäuser, die von Loggien umfangen wurden, und winzige Holzhäuschen, die die Arbeiter aus einigen Planken selbst errichtet hatten. Man sah alte, kleine, von Pferden gezogene Wägelchen – hier können die Mädchen nicht nur wie in New York aus Spaß „Thank you for the buggyride" („Danke für die Wägelchenfahrt") sagen – und die neuesten Limousinen.

Aber die sichtbare Aufregung in dem Städtchen steht nicht nur mit der Eröffnung der neuen Fabrik in Zusammenhang, man bereitet ein Theaterstück vor, gespielt von der Jeunesse dorée, man wird die „Drei Schwestern" von Tschechow aufführen. Ein Regisseur aus Cincinnati, ein Führer der „little theater"-Bewegung, der größten amerikanischen Laienorganisation, studiert das Stück ein. Man sieht in den Straßen die „Schauspieler" und „Schauspielerinnen" in ihren von den Großeltern geerbten Kostümen über die Straße laufen.

Wir haben hier zwei Hotels, das eine heißt natürlich „Hotel Amerika". (Es gibt keine Stadt in Amerika ohne „Hotel Amerika".) Diesmal ist dies das feinere. Das ist schon von außen sofort zu erkennen. Wir haben eine breite Veranda mit großen Schaukelstühlen und zwei Eingängen, einen Eingang für die Damen und einen für die Herren. Auf der einen Seite der Terrasse schaukeln behaglich die Herren, auf der anderen die Damen. Das weniger feine Hotel hat keine Schaukelstühle und ist „nur für Männer". Hier wohnen die Arbeiter, die noch etwas Geld haben. Da keine Schaukelstühle da sind, sitzen sie auf den Treppen des Einganges. Die anderen sitzen auf dem Bürgersteig. Es sieht aus, als wartete die ganze Stadt auf eine Theatervorstellung. Sie alle aber warten nur auf Arbeit. Die Aufführung: amerikanisches Rußland, Burleske statt Melancholie. Das Theater ist aber das Leben selbst: diese kleine Stadt mit den ortsfremden Hungernden und den fröhlich traditionsfesten Alteingesessenen.

Nirgends gibt es so viele Schaukelstühle wie in Amerika.

König Baumwolles Reich

Ich beschloß, Industriebezirke aufzusuchen, die schon älter waren. So kam ich nach Columbia, der Hauptstadt von South Carolina, von „König Baumwolles Reich". Hier gibt es nichts anderes als Baumwolle. Weit, endlos flach, nur von einzelnen, hochaufgeschossenen Wolkenkratzern durchbrochen, die sich hierher verirrt zu haben scheinen, liegt die Stadt öde da. Die Baumwollfelder ziehen sich bis zur Stadt, Baumwollwebereien und -spinnereien umgürten sie. Manche Stadtteile werden von den weichen, weißen Flocken umweht, als schneite es. Auf den Straßen tragen die Ford-Traktoren, die altmodischen Ochsengespanne, die Pferdewagen weiße Ballen. Die Lastzüge, die durch die Stadt fahren, sind mit Baumwolle vollbepackt. Vor jedem Geschäft, vor jedem Bürohaus steht die Tabelle mit dem neuesten Kurs der Baumwolle, und in den Geschäfts- und Bürohäusern wird nichts anderes berechnet und gehandelt als Baumwolle. In der Mainstreet sieht man die armseligsten Geschäfte, in den wenigen Kinos werden älteste Bilder vorgeführt, die Speisehäuser, die Caféstuben ohne Gäste sind von schrecklicher Trübseligkeit, denn Baumwolle ist ein böser Herrscher, richtet die Untertanen, wenn sie nicht reich sind, zugrunde. Eine glänzende Ernte wird ebenso als schlimmstes Unglück empfunden wie eine schlechte, denn dann fallen die Preise, sie fallen unmittelbar nach der Ernte. Gerade dann, wenn der Farmer seine Baumwolle verkaufen will, verkaufen muß, denn er braucht ja Geld und er hat keinen Platz, die Baumwolle einzulagern.

Kaum aber haben die kleinen Farmer ihre Ernte verkauft, beginnt der Preis der Baumwolle zu steigen, irgendein Grund ist immer da, denn selbst Gott hat sich mit den Reichen verbündet, oder sie halten es mit dem Teufel, der ihnen immer hilft. Einmal sind es Brände, die die Kleinen heimsuchen, ein anderes Mal der Mississippi, der mit seinem Schlamm, der schrecklichen Flut, den Besitz der Kleinen zugrunde richtet, damit sich einige Große noch besser mästen können. So ist der Ton der kleinen Farmer, die herumstehen und die jetzt wieder steigenden Baumwollpreise diskutieren. Man sieht verschlossene, verbissene Gesichter – verdammte Baumwolle. Aber nächstes Jahr wird wieder alles von neuem beginnen. Die Farmer werden trotz aller guten Ratschläge wieder nur Baumwolle anpflanzen, denn etwas anderes haben sie nie gelernt, und vor allem für etwas anderes haben sie auch kein Geld.

Ich beginne meinen Rundgang, um Arbeit zu suchen. Wir Arbeitssuchenden sind ein ganzes Heer. Viele liegen, sitzen, manche schlafen sogar vor den „employment offices", sie warten auf den Glücksfall, auf Arbeit, denn die zugrunde gegangenen Baumwollfarmer, die ihr ärmliches Holzhaus und ihre vielen Schulden einfach stehengelassen haben, können die Untertanenschaft der Baumwolle nicht kündigen, sie müssen weiter ihre treuen Vasallen bleiben, wenn nicht auf dem Feld, so in der Fabrik, aber nirgends ist Arbeit. Man wandert von einer Fabrik zur anderen, überall der gleiche Bescheid, keine Arbeit. In der staatlichen Arbeitsvermittlung riet mir eine Dame, so schnell wie möglich abzufahren, hier wäre gar keine Aussicht, „alles kommt nach Columbia Arbeit suchen, weiß der Himmel warum, dabei haben wir auch gar keine Mittel, den Arbeitslosen irgendwelche Hilfe zu geben."

Ich gab mein Zimmer in Columbia auf und beschloß, ihren Rat zu befolgen und noch am selben Abend nach Georgia weiterzufahren. Ich ging zu dem Bahnhof, an dem ich angekommen war, hier stellte sich heraus, daß ich zu dem Bahnhof am anderen Ende der Stadt gehen mußte, daß ich am selben Abend allerdings noch nicht weiterfahren, aber einen sehr frühen Zug am Morgen nehmen könnte. Da mein Geld schon sehr knapp wurde und die Hotels in Columbia Preise hatten, als wären sie erstklassige New Yorker Hotels, beschloß ich, die paar Stunden auf dem Bahnhof zu bleiben. Man wird gleich hören, warum ich das so ausführlich erzähle.

Ein Landstreichergesetz, die Heilsarmee und Ratten

Kaum setzte ich mich in den allerdings alles andere als gemütlichen Warteraum, kam ein Polizist auf mich zu und erkundigte sich, was ich hier tue. Ich erzählte ihm alles. „Hier zu warten ist streng verboten", erklärte er. „Wird der Warteraum geschlossen?" – „Nein, geschlossen wird er nicht, aber es ist streng verboten, hier zu warten." – „Gut", sagte ich ihm, „ich kann ja gleich zum anderen Bahnhof gehen." – „Das ist genauso streng verboten. Sie müssen in ein Hotel gehen." – „Ich habe aber nur wenig Geld, ich habe hier keine Arbeit gefunden." – „Dann muß ich Sie verhaften, wir haben ein sehr strenges Landstreichergesetz." Die Sache begann interessant zu werden. Ich hatte ohnehin noch kein Gefängnis in Amerika gesehen. „Also gut, sperren Sie mich ein."

„Wenn Sie unser Gefängnis kennenlernten, würde Ihnen das Lachen vergehen." Das glaubte ich ihm ohne weiteres. Der Polizist hielt meinen Koffer in der Hand und machte Anstalten, mich in ein Hotel zu bringen, ich aber blieb beharrlich und wollte zum anderen Bahnhof. Der Polizist machte ein verzweifeltes Gesicht: „Wissen Sie was", sagte er, „ich bezahle Ihr Zimmer, aber Sie müssen in der Nacht eine Unterkunft haben." – „Nein, ich will ins Kittchen." Jetzt wußte ich wenigstens, was mit den Menschen geschieht, die vergebens Arbeit suchen und denen das Geld ausgeht, sie kommen ins Arbeitshaus oder Gefängnis. So rührend sorgt für sie der Staat.

Endlich hatte der Polizist eine andere Idee: „Wir gehen zur Heilsarmee, dort bekommen Sie für fünfzig Cent ein Bett." Heilsarmee, gut, damit war ich einverstanden. Der überraschend gutmütige Polizist trug also meinen Koffer zur Heilsarmee, es war ein großes Gebäude. Eine ganze Masse Leute wartete vor den Toren, ich sah sogar darunter zwei Bekannte, zwei irische Arbeiter, die ich auf der Arbeitssuche getroffen hatte, sie trugen ihre kleinen Bündelchen bei sich. Es standen da auch einige Frauen, ältere Leute, sie erzählten, daß sie schon seit Stunden warteten, daß aber niemand trotz wiederholten Klingelns öffnete. Auch wir begannen zu klingeln und zu klopfen, aber vergeblich. Bei der Heilsarmee schien man sich nicht die Mühe zu nehmen, sich für lumpige fünfzig Cent aus der Nachtruhe klingeln zu lassen. Die Leute machten es sich auf den Stufen „bequem", da sie sich sagten, daß sie hier, wo sie den guten Willen, Unterkunft zu finden, zeigten, wenigstens vor der Polizei sicher waren. Der Polizist beschloß nun doch, mich zum anderen Bahnhof zu bringen und mich der Obhut des dortigen Bahnhofspolizisten zu empfehlen. „Das sind ja hübsche Zustände in Columbia", sagte ich ihm. „Ja, es ist bei uns doch nicht alles wie es sein müßte." Und darin mußte ich ihm vollkommen recht geben.

Übrigens mußte ich ihm auch recht geben, daß der Bahnhof nicht ganz der richtige Aufenthalt für die Nacht war, hier gab es zwar sogar einen Warteraum mit Liegestühlen „nur für weiße Frauen", aber in den Papierkörben raschelte es ganz verdächtig. Es war da noch eine andere Frau, die ihren Zug verpaßt hatte. Obwohl wir miteinander sprachen und das Licht eingeschaltet blieb, begannen plötzlich im Warteraum einige Riesenratten herumzuspringen, es schien entschieden gefährlich einzuschlafen.

Leben in einem Fabrikdorf

Kommt man in Amerika auf dem Bahnhof eines kleinen Ortes an, kann man ruhig irgend jemand, der gerade mit einem Auto losfahren will, ansprechen und sich nach Arbeitsgelegenheiten erkundigen, er wird sicher, wenn er nicht gerade etwas sehr Wichtiges vorhat, von Arbeitsstelle zu Arbeitsstelle fahren, nicht nur das, er wird auch immer bereit sein, einen Fremden als einen guten Bekannten zu empfehlen.

So fand ich auch endlich Arbeit in der Spinnerei einer Baumwollfabrik und Unterkunft bei einer Weberfamilie, die im Fabrikdorf ein Haus zur Miete hatte.

Jede größere Fabrik im Süden ist von einem Dorf umgeben, das Eigentum des Fabrikbesitzers ist. Die Arbeiter sind eine Art von Leibeigene. Sie bekommen Häuser für sehr billige Miete, etwa vier bis acht Dollar im Monat, bekommen die Kohlen für noch weniger als die Hälfte des Marktpreises geliefert, ebenso werden ihnen Lebensmittel billiger zur Verfügung gestellt. Dafür müssen die Eltern meist ihre Kinder, sobald diese das sechzehnte Jahr überschritten haben, in der Fabrik arbeiten lassen. Die großen Begünstigungen sind natürlich nur scheinbare, denn die Löhne sind entsprechend niedriger, der Arbeiter muß dagegen seine Freizügigkeit aufgeben. Er könnte auch seine Lebensmittel nicht anderswo kaufen, wenn ihm die von der Fabrikleitung gelieferten nicht zusagten, die Hälfte des Preises ist ja schon von seinem Lohn abgezogen, ob er nun in der Einkaufsgenossenschaft der Fabrik kauft oder nicht. Ein Haus in dem Fabrikdorf kann er nicht erwerben, die Häuser sind unverkäuflich.

Trotzdem hat dieses System auch für das Unternehmertum seine Schattenseiten. In den Fabrikdörfern muß sehr großes Kapital dem direkten Produktionsprozeß entzogen, investiert werden. Dieses Problem spielt auch eine wichtige Rolle bei der immer stärker einsetzenden Abwanderung der Textilindustrie aus Massachusetts und anderen westlichen Staaten nach dem Süden. Diese Unternehmen bauen keine neuen Fabrikdörfer, aber hier wirken wieder die schlechten Wohnungs- und Verkehrsverhältnisse hemmend.

Kurze Zeit nach meinen Erfahrungen im Fabrikdorf fuhr ich zufällig zusammen mit einem begeisterten Anhänger dieser Einrichtung. „Was haben die Neger und armen Weißen für schreckliche, verwahrloste Hütten, wie hygienisch, wie ordentlich sind dagegen die Fabrikdörfer." Aber wenn man in einem Fabrikdorf gelebt und gearbeitet hat, weiß man, es ist kein Paradies, es ist ein Alpdruck. In den gleichen Häusern, den gleichen Zimmern stehen alle zu gleicher Zeit auf, um die gleiche Arbeit zu verrichten, Halbwüchsige und Alte, alle verzehren das gleiche armselige Essen, sogar ihre Lektüre und ihre Vergnügungen werden von der „Company" genau vorgeschrieben.

Morgens ist es noch dunkel, wenn die Fabriksirene zum erstenmal schrillt. Man beginnt sich ächzend und seufzend, noch müde und unausgeschlafen aus den Betten zu schälen. Meist besorgen die Frauen, die schon zu alt sind zum Weben, die Wirtschaft, sie machen das Feuer in der Küche an, bereiten das Frühstück und die „lunchboxes". Oft aber, wenn die Frau noch in die Fabrik gehen kann, während der Mann zu alt ist, besorgt er die Wirtschaft. Das Waschen geht schnell bei der Wasserleitung in der Küche vor sich. Badestuben sind meist unbekannter Luxus. Dann das gemeinsame Frühstück in der Küche. Es gibt Maisbrot, Butter und dünnen Malzkaffee, mit Melasse gesüßt. Wenn die Sirene zum zweitenmal zu pfeifen beginnt, rennt das ganze Dorf den Fabriktoren zu. Die Kinder besuchen die Fabrikschule. Sogar die Kirche gehört meist der Fabrik.

Die zwei erwachsenen Kinder meiner Wirtsleute sind Weber. Die Frau, die jetzt schon für diese Arbeit zu schlechte Augen hat, unterwies sie. Der Mann arbeitet an der Dresche, die den Schmutz aus der Baumwolle herausklopft. Keine sehr gesunde Beschäftigung, denn er wird zum Teil in die Lunge des Baumwolldreschers befördert. Die Baumwollflocken nisten sich in die Haare und den Schnurrbart ein. Er sieht aus wie ein Weihnachtsmann.

Ich arbeite in der Spinnerei. Weiße Spulen kreisen unaufhörlich vor den Augen. Die Maschine spinnt den dicken Faden fein. Sobald eine abgedreht ist, muß ich den Faden der neuen Spule kunstvoll an die alte drehen und die neue Spule einsetzen. So geht das unaufhörlich zehn Stunden lang. Ich habe ein Dutzend Spulen zu bedienen. Es ist eine leichte, aber hirntötende, stumpfsinnige Arbeit. Neben mir bedient eine Dreizehnjährige, ich muß allerdings zugeben, bedeutend geschickter als ich, die Maschine. Sie macht diese Arbeit schon seit einem Jahr. Kam also schon als Zwölfjährige in die Fabrik. Wie ist das möglich? Die Kinderarbeit ist doch nach heftigsten Kämpfen in den Baumwollfabriken abgeschafft. Aber ihre Mutter ist eine Witwe, und so hat man dem Kind die große Wohltat erwiesen, ihm zu gestatten, seine Jugend in der Fabrik zu töten.

Man hat hier im Süden eine merkwürdige Bezeichnung für uns Weiße, die kein Geld haben: „white trash", der „weiße Abschaum"*. Es ist übrigens schwer, dieses Wort seiner richtigen Bedeutung gemäß zu übersetzen. Denn es soll eigentlich gar nicht eine Beschimpfung bedeuten, sondern nur die Feststellung der wirklichen sozialen Lage eines besitzlosen Weißen.

Die Baumwollfelder ziehen sich bis dicht an unser Dorf heran. Sie sind auch jetzt noch nicht vollkommen abgeerntet. Überall sieht man die weiche weiße Frucht. Die eigentliche Baumwollernte beginnt meist schon im September und dauert oft bis Weihnachten. Alle Versuche, für das Pflücken der Baumwolle eine Maschine zu erfinden, die die menschlichen Kräfte überflüssig macht, sind bisher mißlungen, denn die Baumwollstauden wachsen in sehr verschiedener Höhe, zwischen einem halben Meter bis Menschengröße, und die Frucht reift zwischen September bis Januar. Die Baumwollfelder gehören auch der Fabrik, und indem man die Fabriken mitten in die Felder stellt, erspart man die Transportkosten.

Wenn die Baumwollernte beginnt, arbeiten alle im Dorf, auch die Schulkinder und die ältesten Leute. In der Fabrik wer-

---

* „white trash", der „weiße Abschaum" – Einer der zahlreichen Zeitschriftenartikel Maria Leitners beschäftigte sich ebenfalls mit diesem Thema, er trug den Titel „'Weißer Abschaum'. Aus dem amerikanischen Arbeiterparadies" und erschien 1929 in der kommunistischen AIZ (Arbeiter-Illustrierte-Zeitung) in Berlin.

den nur Weiße beschäftigt, aber Baumwolle pflücken auch die Neger. Alle schnallen Säcke über die Schulter, sie pflücken von Sonnenaufgang bis Sonnenuntergang. Die Baumwollpflücker stellen oft auf ihre eigenen Kosten Negertänzer und -sänger mit der Ukulele ein, damit die Zeit besser vergeht. Für hundert Pfund gepflückte Baumwolle bekommen sie sechzig bis achtzig Cent. Ein sehr geübter, kräftiger Arbeiter kann zweihundert bis zweihundertfünfzig Pfund pflücken. Aber erwachsene Durchschnittsarbeiter bringen es höchstens auf hundertfünfzig Pfund. Der Durchschnitt bei den Negern, die nicht so verbissen arbeiten, ist noch niedriger.

Fahrten in Dixieland

Wo ist eigentlich Amerika? Dort, wo in den Großstädten alle Nationen der Welt zusammenhausen, wo die Mehrzahl der Einwohner Eingewanderte sind, die die englische Sprache nur dürftig beherrschen, oder hier in den ältesten Staaten, wo noch sorgsam behütete Tradition lebt, wo der Prozentsatz der Neueingewanderten der geringste ist? Denn nichts ist entgegengesetzter von unserer Vorstellung über Amerika als das Leben, die Arbeitsweise gerade hier.

In der Eisenbahn klettert der Schaffner jedesmal auf die Armlehnen, um die Petroleumlampen anzuzünden. Die Landstraße wird renoviert. Sechs Pferde ziehen langsam die Walze, sie wird von zwei Reitern begleitet. Bahnhöfe – eine einzige Doppelbank mit gemeinsamer Lehne, aber die eine Seite ist „Nur für Weiße", die andere „Nur für Farbige". Sehr viele der Holzhäuschen, die eine zahlreiche Familie beherbergen, bestehen aus einem einzigen Raum. Die Küche ist vor dem Haus, ein Kessel über offenem Feuer. WCs gibt es meist nicht. Aber die primitiven Gruben sind streng „Für Weiße" und „Für Farbige" eingeteilt. Man sieht viele Ochsenkarren, „Zuckerfabriken", die aus einer einzigen Handpresse bestehen. Und die Dorfgeschäfte, ein Fensterchen in einer Holzbude. Phantastisch zusammengewürfelte Kleinstädte, moderne Luxushotels inmitten gepflegter Parkanlagen, alte Herrschaftssitze, halbverfallene Negerviertel mit einem Grand Café de Paris oder New York, Papierrosengirlanden, Katzen, leere Flaschen in den Fenstern. In Augusta ist eine ganze Straße voll Leihhäuser. Sie heißen „Onkel Sams Hilfsquelle", „Die Goldmine", „Zur Geldquelle", „Größte Leihanstalt der Welt" und so ähnlich.

Die Landschaft aber erklärt die sehnsüchtigen Dixielieder*, die von Georgia, von South Carolina singen. Die mit Pfirsichplantagen besäte Hügellandschaft in Georgia unter einem glasklaren Himmel. Die Wildheit South Carolinas. Hier ist der Sand schneeweiß, wenn der Wind ihn aufwirbelt, ist es wie Schneegestöber, die Felsen sind blutrot, die auftauchenden dunklen Seen sind von Zwergpalmen besäumt. Wie phantastische Bärte weht in den ewiggrünen Eichenwäldern das lange Spanische Moos zwischen den Zweigen. Die Pinien sind hier wirklich Pinien, keine Kiefern, ihre phantastischen Formen zeichnen sich tausendgestaltig in die Landschaft, ihre Farbe wechselt vom zartesten Grün in dunkles Schwarz. Über die Sümpfe leuchten Irrlichter. Ein günstiger Boden für Mystizismus.

Die Stadt, in der gelyncht wurde

Aiken ist der exklusivste Kurort des Südens. Einer Sandwüste sind märchenhafte Gärten abgetrotzt. Villen, wahre Prunkpaläste führen Namen wie „Einfachheit", „Calico-Haus", „Die Hütte unter Pinien". Nirgends Autos, aber die besten Rasse- und Rennpferde der Staaten überwintern hier, man sieht die Pferdewägelchen des teuersten Kinderinternats der Welt, über deren Zöglinge die „New York Times" Notizen in ihrer Gesellschaftsrubrik bringt. Rote Fräcke jagen mit Rassehunden durch die Negerviertel in den Wald. In manchem Hotel werden nur im Blaubuch, dem Gotha** der amerikanischen Gesellschaft, verzeichnete Personen

---

* *Dixie*, auch *Dixieland* – volkstümlicher Name für die Südstaaten der USA; vermutlich stammt er von den Zehndollarbanknoten in Louisiana, auf deren Rückseite wegen des großen französischsprachigen Bevölkerungsanteils französisch „dix" (zehn) gedruckt war.

** *Gotha* – Kurzbezeichnung für die „Gothaischen Genealogischen Taschenbücher", die bis 1945 im Verlag von Julius Perthes in Gotha erschienen und Verzeichnisse der adeligen Gesellschaft enthielten.

aufgenommen. Hier führen die reichsten Baumwollplantagenbesitzer und Fabrikanten große Häuser.

Die Neger aus ihren Holzhütten kommen während der Saison in die Häuser der Reichen, nur als dienstbare Geister natürlich. Man sieht Negerinnen ganz in Weiß gekleidet, mit langem weißem Schleier auf dem weißen Hut. Im Negerviertel hausen „Voodoos" (Negerzauberer), die nicht nur von den Negern, sondern auch von den weißen Kurgästen großen Zulauf haben.

Holzhütten schwarzer Fabrikarbeiter.

Hier also, in dieser Stadt, spielte sich einer der furchtbarsten Lynchmorde der letzten Jahre ab. Drei Geschwister, darunter eine Frau, die unter der Anklage standen, den Sheriff getötet zu haben, wurden vom „Mob", den vornehmsten und reichsten Bürgern von Aiken, aus dem Gefängnis geholt, in den Wald geschleppt, erschossen und dann verbrannt. Aber die Vorgeschichte war noch viel geheimnisvoller. Den Sheriff fand man vor der Hütte der Neger erschossen. Auch Frau Lowman, die alte Negerin, war tot, erschossen, der alte Lowman schwer verwundet. Hatte der eine Sohn aus Notwehr den Sheriff getötet? Zwei der später gelynchten Geschwister konnten beweisen, daß sie sich in der fraglichen Nacht gar nicht in Aiken aufhielten. Sie erwarteten ihren Freispruch. Konnten da die Bürger von Aiken untätig zusehen?

Die Weißen von Aiken können gar nicht begreifen, aus welchem Grunde man aus New York immer wieder Untersuchungen anordnet. „Nigger" haben den Sheriff ermordet, wie und warum, das ist ganz gleichgültig, und die Weißen haben sich gerächt. Jetzt versucht man wieder aus New York die Sache aufzuwärmen, eine neuerliche Untersuchung wurde angeordnet. Der längliche, mit Palmen bepflanzte Platz vor dem Stadthaus ist voll Menschen. Der Gerichtsdiener kommt von Zeit zu Zeit auf den Balkon und ruft den Namen eines Zeugen hinunter. Dann entsteht Bewegung in der Menge. Aber die Zeugen wissen nichts. Obgleich jedes Kind in Aiken die Namen der an der Lynchjustiz beteiligten Bürger kennt, wenn eine New Yorker Zeitung sie nennen würde, würde es sie Hunderttausende von Dollar Entschädigung kosten.

Charleston

Charleston – seine Geburtsstadt. Jazz, verrenkte Glieder? Gerade das Gegenteil. Eine verträumte Stadt, hier in den Staaten. Die Prospekte über Charleston verkünden: Die einzige amerikanische Stadt mit „quaintness", so etwas wie verschlafene Altertümlichkeit. Alte Paläste, von breiten Patios umschlungen, verwittern in südländischen Gärten. Enge Gassen, alte Kirchen und Friedhöfe, verfallene Forts. Marmorne Löwen bewachen die alten Häuser am Quai des südlich strahlenden Atlantischen Ozeans.

Aber trotz seiner an alten Traditionen festhaltenden Bürgerschaft ist Charleston freier als alle anderen Städte des Südens. Charleston ist Hafen. Die Matrosen haben nichts gegen „Farbige", wenn sie sich nur amüsieren können. Wenn die Passagierdampfer, die von New York nach Florida fahren, im Hafen anlegen, kommen die Neger, die nichts Besseres zu tun haben, und tanzen für einige Cents die neuesten Tänze und singen Blues, die sie vielleicht gerade im Augenblick improvisieren. Deshalb: Charleston.

Ich wohnte auch in einem alten, verfallenen Palast, einem „boarding-house", das sich gegen seine Tradition „Haus des Volkes" nannte. Die Eingänge in die Zimmer führten alle durch den riesigen Patio und erleichterten die Verbindungen zwischen den verschiedensten Liebespaaren. Das Durcheinander von Grammophonen und Ukuleles gab eine Musikbegleitung, als würde ein Wahnsinniger eine Oper dirigieren. Hier wohnten Arbeiter, Verkäuferinnen, Angestellte.

Ich arbeitete im vornehmsten Hotel der Stadt. Meine Beschäftigung war weniger vornehm. Von morgens um dreiviertel sieben bis abends um neun hatte ich Zwiebeln zu putzen, die Köche bei ihren Mahlzeiten zu bedienen, die Holztische zu scheuern. Abends mußte ich als Krönung meines Tagewerkes die Küche ausfegen. Der Obersteward aus Boston hatte eine perverse Freude, mich beim Arbeiten zu beobachten. Dieser hinkende Fleischberg schleppte immer einen Stuhl am Arm, um es sich in allen Ecken der riesigen Küche bequem machen zu können. Er setzte sich gerade dorthin, von wo er am besten beobachten konnte. „Die Ecken nicht vergessen", rief er mir zu, während sein Fett über den Stuhl hing, „die Ecken nicht vergessen, aus den Ecken rollt das Gold." – „Ick merke nischt von", erwiderte ich mürrisch, während ich aus besten Kräften Staub in seine Nase zu wirbeln versuchte.

Es war nicht schön, ich roch entsetzlich nach Zwiebeln, trotzdem beschloß ich noch auszuharren. Aber dann kam ein Sonntag. Arbeitszeit für mich genau wie an Wochentagen. Erst spät fiel mir ein, daß ich keine Uhr hatte. Wochentags war es nicht schwer, im „Haus des Volkes" früh aufzustehen, denn morgens um sechs begannen schon die Wecker zu rasseln. Aber die anderen mußten wenigstens sonntags nicht arbeiten. Macht nichts, ich habe guten Zeitsinn, ich werde es nicht verschlafen. Als ich erwachte, war es noch dunkel, die Bogenlampen brannten, ich fühlte mich müde und unausgeschlafen, so war es jeden Morgen, Zeit aufzustehen. Erst als ich auf der Straße zur nächsten Uhr kam, sah ich, daß mich mein Zeitsinn betrogen hatte, es war drei Uhr morgens. Um so besser, ich kann noch schlafen. Zurück nach Hause.

Als ich zum zweitenmal erwachte, fühlte ich mich schon viel ausgeschlafener. Es war heller Tag. Auf dem Patio lärmten schon alle Grammophone und Ukuleles. Es war Mittag vorbei. Schicksal! Morgen wollte ich mein Geld holen. Adieu Charleston!

Nachmittags traf ich in schönster Abschiedsstimmung einen Kollegen aus dem Hotel, einen, der die großen Kochtöpfe zu reinigen hatte, Kiddy Brown. Er hatte zwischen den Mahlzeiten eine halbe Stunde Zeit und unterhielt sich jetzt mit seinem Freund unter den Arkaden des alten Kaffeehauses. Der andere arbeitete hier, er wartete auf die vorbeifahrenden Autos, um ihnen Erfrischungen zum Wagen zu bringen. Uns gegenüber erhob sich der gewundene Turm einer alten Kirche, ein Friedhof lag zu ihren Füßen. Ein Papagei schrie auf uns, mit der Stimme eines heiseren Greises, Verwünschungen herab. Bald gesellte sich zu ihm der Chef des schwarzen Ganymeds und verscheuchte uns, die wir hier nichts zu tun hatten.

Wir gingen mit Kiddy Brown auf die andere Seite. „Ich will auch bald fort", sagte er, „vielleicht nach Boston oder New York. Wo der Neger auch ein Mensch ist. Dort, nicht wahr, gibt es keine ‚Jim Crow Linie'*."

„Ich fürchte, die gibt es überall, wenn auch in veränderter Form." Wir standen jetzt im Friedhof unter einer Statue. Ein heiter lächelnder weiblicher Torso. Vielleicht vermag uns ein Torso deshalb so zu ergreifen, weil er zeigt, daß das Leben, wenn auch unvollkommen, den Tod zu überwinden, über Vernichtung zu triumphieren vermag. „Da steht etwas auf dem Sockel, was ich nicht ganz verstehe", sagte Kiddy Brown. Wir lasen, leider muß ich aus dem Gedächtnis nur dem Sinn nach zitieren: „Diese Statue wurde von der englischen Flotte, die unsere Stadt beschoß, beschädigt, gerade zu jener Zeit, als Pitt im englischen Parlament seine Stimme zugunsten des amerikanischen Volkes erhob. Diese Statue sei seinem Andenken gewidmet. Doch auch wenn sie schon längst zu Staub zerfallen, unsere Stadt der Vergessenheit anheimgefallen ist, wird sein Andenken noch leben."

„Wer war denn dieser Pitt?"

„Ein englischer Staatsmann, wenn ich nicht irre, der die Rechte anderer Nationen anerkannte, auch wenn sie ‚Feinde' seines Vaterlandes waren."

„Aber, nicht wahr, man kann nicht erwarten, daß andere für unsere Rechte kämpfen. Und um es besser zu haben, genügt es nicht, in eine andere Stadt zu fahren?"

---

* *Jim Crow* – in den USA gebräuchliche abwertende Bezeichnung für Schwarze (nach der Titelfigur eines Minestrelstücks), auch für Rassendiskriminierung und Rassentrennung.

„So wird es wohl sein, Kiddy Brown. Man kann von den anderen nicht allzu viel erhoffen. Und so schöne Kriegerdenkmäler werden heutzutage überhaupt nirgends mehr errichtet. Weder in Amerika noch in Deutschland."

V. Im Lande des Schreckens

Cayenne, ein unerwünschtes Reiseziel

Der Angestellte des französischen Konsulats will gerade meinen Paß visieren, da bleibt plötzlich sein Stempel in der Luft hängen, und er sieht mich entgeistert an: „Wohin wollen Sie fahren? Nach Cayenne? Aber das geht doch nicht so ohne weiteres." Ich muß warten. Nach einer Weile kommt ein anderer Angesteller auf mich zu: „Sagen Sie der Dame, es ist unmöglich, wir können kein Visum nach Französisch-Guayana* geben."

„Ich bin die Reisende. Ich fahre nach Westindien und nach dem nördlichen Südamerika, und ich möchte auch nach Cayenne, da ich in der Nähe sein werde."

„Haben Sie denn keine Angst? Dort gibt es noch richtige Wilde, Menschenfresser, und das mörderische Klima, davon haben Sie doch gehört?" Es half nichts, daß ich ihn beruhigte, daß ich weder so dumm noch so ängstlich bin, wie ich scheinbar ausschaue. Die Angestellten des Konsulats blieben dabei, sie könnten kein Visum nach Französisch-Guayana geben. Aber sie setzen mir ein Telegramm auf für das Ministerium des Innern in Paris. Die Antwort kam bald. Die Einreise nach Französisch-Guayana wird verweigert, da die Möglichkeit bestünde, ich könnte von dort Artikel schreiben. Nun, diese Gefahr war wirklich nicht unbegründet, aber warum sollte das Schreiben darüber so eine Gefahr sein, da sich die Verhältnisse in den letzten Jahren angeblich so sehr gebessert haben? Die Angestellten des Konsulats zuckten nur mit den Achseln. Aber man kann nach Paramaribo fahren, nach Holländisch-Guayana**. Dort, schon ganz in der Nähe Fran-

---

* *Französisch-Guayana* – seit 1816 in französischem Besitz, ab 1946 französisches Überseedépartement. Engländer, Franzosen und Niederländer stritten sich seit dem 17. Jahrhundert um die Küste von Guayana, deren endgültige Aufteilung 1816 durch den Vertrag von London erfolgte.

** *Holländisch-Guayana* – eigentlich Niederländisch-Guayana, das heutige Surinam; bis 1954 niederländische Kolonie, erhielt dann innere Verwaltungsautonomie, schließlich 1975 die Unabhängigkeit.

zösisch-Guayanas, wird es nicht mehr so merkwürdig und verdächtig erscheinen, wenn man erklärt, man beabsichtige nach Cayenne zu reisen.

Ohne weiteres erhalte ich dort auch das Visum, das Schiffsbillett. Ja, ich werde noch weniger nach meinen Personalien und dem Reisezweck gefragt als bei anderen Schiffsagenturen. Hier, in der Nähe des Äquators, erreicht die Hitze schon einen solchen Grad, daß der Bürokratismus etwas gemildert werden muß. Als ich mich endlich auf der „Biskra" befinde, dem Schiff, das jeden Monat einmal nach Französisch-Guayana fährt, bin ich selbst überrascht, daß keine weiteren Hindernisse bestehen. Wir sind schon in voller Fahrt, als ich mir meine Kabine ansehe. Auf dem Korridor ist es keineswegs kühl, wir haben 35 Grad im Schatten, aber als ich meine Kabine betrete, scheint es mir, daß ich aus angenehmer Atmosphäre in einen Backofen trete. Ich entdecke, daß sich in der Nähe die Heizkessel befinden. Das Badezimmer am anderen Ende des Korridors ist so schmutzig, daß man trotz der Hitze kaum in Versuchung kommen könnte, es zu benutzen. Zum Glück funktioniert die Wasserleitung ohnehin nicht. Die Toilette ist ein echt englisches WC, aber zieht man an der Kette, gibt es sofort eine gefährliche Überschwemmung, die auf keinen Fall beabsichtigt war.

Ein Steward zeigt sich endlich, und ich zeige ihm mein schönes Billett erster Klasse. Auf der Agentur erklärte man mir, daß weiße Frauen nur erster Klasse fahren dürften (damit die weiße Rasse ihr Prestige nicht verliert).

„Es scheint ein Irrtum zu sein, meine Kabine", sie ist übrigens für vier Personen berechnet, „das kann doch unmöglich erster Klasse sein."

„Natürlich ist es erster Klasse."

„Ich bin neugierig, wie hier die dritte Klasse aussehen muß."

„Möchten Sie sie sehen?"

„Ja, allerdings."

In einem dunklen Raum, der noch heißer ist als meine Kabine und in dem noch alle Gerüche nisten, die seit dreißig Jahren nicht ausgelüftet werden konnten, türmen sich dicht nebeneinander schmale Kojen. Das ist die dritte Klasse, die Betten der dritten

Klasse. Die Passagiere nehmen gerade ihre Mahlzeit ein, eine verdächtig aussehende Suppe aus verbeulten Blechnäpfen. Wer sind diese Passagiere? Was suchen sie in dem berüchtigten Land des Elends?

Sie suchen wie überall in der Welt die Passagiere der dritten Klasse: Arbeit. Gibt es den überhaupt Arbeit in Französisch-Guayana, wenn man nicht ein Verbrecher oder Gefängniswärter ist?[*] Jedenfalls gibt es hier eine Reihe von Optimisten, die auch dort ein Vorwärtskommen erhoffen. Hier ist ein Chinese, der nach Cayenne fährt, weil er nicht wußte, daß ein Chinese nur dann in Britisch-Guayana[**] landen darf, wenn er den Behörden zweitausend Dollar vorzuweisen imstande ist.

„Zweitausend Dollar, von wo soll ich die hernehmen", jammert er noch jetzt, „immer machen sie neue verrückte Gesetze. Die Leute scheinen wirklich nicht zu wissen, was zweitausend Dollar bedeuten." Der Chinese wollte nach Britisch-Guayana, um dort ein Geschäft anzufangen. Nun fährt er, die Paßbeamten haben sein Schicksal gelenkt, nach Französisch-Guayana, von welchem Lande er nur soviel weiß, daß es grauenhaft sein muß. Nun wird er dort ein Geschäft anfangen, weil er sich vorgenommen hatte, unbedingt selbständig zu werden, sobald er einige hundert Dollar zusammengespart hatte. Wird er Glück haben, oder wird er zugrunde gehen?

Die Gesellschaft von einem halben Dutzend starken Negern, die immer zusammenhocken, sind Goldgräber. In Surinam hatte die französische Gesellschaft, die die Goldkonzessionen besaß, ihren Betrieb wegen Überproduktion eingestellt. Die Goldgräber wollen jetzt in Französisch-Guayana Arbeit suchen, obgleich sie wissen, daß dort die Bedingungen noch schlechter sind, als sie es in Surinam waren.

---

[*] Zwischen 1854 und 1938 war Französisch-Guayana französische Strafkolonie und Verbannungsort für politische Häftlinge (so war der berühmte Dreyfus von 1895 bis 1899 auf der Ile du Diable, der Teufelsinsel, interniert). Etwa 80.000 Menschen wurden dorthin deportiert, nur etwa ein Viertel kehrte nach Frankreich zurück.

[**] *Britisch-Guayana* – das heutige Guyana; seit 1816 endgültig in britischem Besitz, 1928 erhielt das Gebiet den Status einer Kronkolonie, 1966 wurde es als parlamentarische Monarchie unter dem Namen Guyana unabhängig.

Einige Javaner in bunten Kleidern mit verschlossenen Gesichtern kommen aus den Zuckerplantagen von Marienburg. Die Javaner sind vor fünf Jahren von der holländischen Regierung nach Surinam importiert worden. Nachdem sie ihre vertraglichen fünf Jahre bei niedrigsten Löhnen abgearbeitet hatten, konnten sie keine Arbeit finden, die normal bezahlt wird, denn es kommen ja immer neue Ladungen mit Menschenimport aus Java. Geld aber, um in ihre Heimat zurückzukehren, haben sie nicht.

Einige Inder, die Frauen in weite bunte Tücher gehüllt, mit unzähligen silbernen Armbändern, besuchen ihre Verwandten in Cayenne, die vor einigen Jahren aus Britisch-Guayana geflohen sind, weil sie nicht länger als Kulis arbeiten wollten.

Aber diese Passagiere, die Passagiere der dritten Klasse, sind noch Aristokraten im Vergleich zu der untersten Klasse. Die Deckpassagiere haben kein Bett, auch nicht das primitivste, sie müssen sich selbst beköstigen, aber es steht ihnen so wenig Platz zur Verfügung, daß sie sich nicht drehen können, ohne ihren Nachbarn zu stören. Sie haben keinen Schutz vor dem Regen oder vor der Sonne, aber auch nicht vor Ratten, die an ihren mitgebrachten Lebensmitteln nagen oder lustig um sie herumspringen, wenn sie schlafen.

Übrigens besuchen die Ratten ungestört auch die wirkliche Aristokratie des Schiffes, die erste Klasse. Schon am ersten Tage hatte ich das Vergnügen, sie auf Deck herumspringen zu sehen. Unter den Passagieren war ich die einzige, die sich aufregte. Ich beschwere mich bei dem Zahlmeister, der gerade vorbeiging.

„Wissen Sie, daß hier die Ratten ganz ungestört herumspazieren?"

„Wirklich? Sie haben sicher Susette gesehen, unsere Mascotte."

„Auf die ausgewachsenen Exemplare, die ich das Vergnügen hatte zu sehen, paßte bestimmt nicht dieser graziöse Name."

„Sollte es Susette so arg treiben, hat sie sich vielleicht Männer angeschafft? Aber Sie werden sich auch noch an unsere Lieblinge gewöhnen, Sie werden darauf kommen, daß unser Schiff mit allem Komfort ausgestattet ist, Sie werden sich noch nach der ‚Biskra' sehnen."

Tatsächlich, als am nächsten Tag, gerade während wir aßen, eine Ratte vorbeihuschte, sah ich mich, wie die anderen, auch nicht mehr nach ihr um. Ich hätte mich über so eine hysterische Person gewundert, die wegen so einer Kleinigkeit Aufhebens macht. Man gewöhnt sich zu schnell an alles.

Wildnis und Kultur

Die „Biskra" nähert sich den Ufern Französisch-Guayanas. Sie biegt in den Fluß Maroni ein, wir fahren durch Urwald. Mangroven, die aus dem Wasser in die Höhe wachsen, stehen wie Wächter vor dem wilden Durcheinander der Schlinggewächse, der einsam in die Höhe ragenden Palmen, Zedern und Mahagonibäume. Indianerhütten tauchen auf, und sittsam angezogene Indianer sehen dem Schiff neugierig nach. Die Indianer haben nicht die geringste Ähnlichkeit mit den Chiefs, die als letzte ihres Stammes Europa besuchen. Sie sind mit banalsten und häßlichsten Kattuns bekleidet. Die Missionare haben es sehr auf sie abgesehen, sie haben die Indianer über die Sünde der Nacktheit aufgeklärt, außerdem aber gibt es besondere Gesetze, die ihnen ihre Kleidung vorschreiben, wenn sie sich in auch von weißen Menschen bewohnten Gegenden aufhalten.

Die Missionare und die Gesetze sind weniger erfolgreich bei den Buschnegern[*], die Nachkommen aufständischer und entkommener Sklaven sind. Sie haben die Freiheit nicht geschenkt bekommen, sie mußten sie schwer erringen. Ihre Herren, die sie beherrschten und quälten, mußten daran glauben. Sie haben manchen holländischen Mynheer[**] und französischen Grand-

---

[*] *Buschneger* – Früher Bezeichnung für entflohene, frei lebende Sklaven und deren Nachkommen im Norden Südamerikas und auf den karibischen Inseln. Entflohene Sklaven führten Ende des 17., Anfang des 18. Jahrhunderts in Surinam einen blutigen Krieg gegen die Weißen, durch mehrere Friedensverträge erhielten sie den Status einer eigenen, heute länderübergreifenden Nation von mehreren zigtausend Menschen. Auch als Maron, engl. Maroon (von span. Cimarrón, für Plantagenflüchtlinge) bezeichnet, als Selbstbezeichnung wird „Maroon" auch als Synonym für Freiheitskämpfer und im Sinne von „frei und ungebrochen" verwendet.

[**] *Mynheer*, auch *Mijnheer* – niederländische Anrede für mein Herr.

seigneur aufgeknüpft, bevor sie in den Urwald flohen und wieder zu ihren afrikanischen Gewohnheiten zurückkehrten.

Sie paddeln jetzt in ihren leichten Correals, die sie aus einem Baumstamm selbst verfertigen, laut schreiend an unserem Schiff vorbei. Die meisten Männer, Frauen und Kinder sind mit nichts weiter bekleidet als ihren überaus kunstvollen Tätowierungen. Das ist eine besondere Kunst des Urwalds, auf der Haut durch Pflanzenpräperate perlenförmige Anschwellungen hervorzubringen. So erscheint ihre Gottheit, die heilige Schlange, um den Nabel, stilisierte Pflanzen erscheinen auf den Wangen, Symbole ihrer bösen und guten Geister auf der Stirne. Auf dem Rücken einer der Buschneger, der jetzt in seinem Correal aufsteht und mit wenig freundlichen Gebärden der „Biskra" seinen Unwillen über ihr Eindringen in seine Welt kundtut, ist ein weit verzweigter Makatonki tätowiert, der heilige Baum der Buschneger.

Auch begannen große und vielfarbige Schmetterlinge und ihr leises und hohes Kwi-Kwi rufende Kolibris unser Schiff zu umschwirren. Vom nahen Ufer hörten wir deutlich das Kreischen der Papageien, und hie und da tauchten auf einen kurzen Augenblick erschrockene Affen im Blättergewirr auf. Je urwäldlicher es um uns wurde, um so mehr veränderten sich auch die Passagiere der ersten Klasse. Sie wurden aber im Gegensatz zur Natur immer kultivierter und förmlicher. Die verdrossenen Kleinbürger, die mit Schaudern an die zukünftigen Jahre ihres Exils dachten und die noch zum Frühstück in Pantoffeln und zerdrückten Morgenröcken Monsieur Blanc, den großen Kenner Französisch-Guayanas auf der „Biskra", um Informationen bestürmt hatten, staken jetzt in den tadellosesten, weißesten Tropenanzügen, geschmückt mit Bändchen, Auszeichnungen und Epauletten. Schneeweiße Tropenhelme beschatteten die in Brillantine erstrahlenden Schnurrbärte, und um das Bild martialischer Erscheinung zu vervollständigen, hatten sie ihre im allgemeinen wenig schlanken Taillen mit Revolvern umgürtet. Einer der zukünftigen Kerkermeister von Cayenne zog sogar weiße Handschuhe an. Die Gesellschaft sah wirklich tadellos aus, wie Soldaten aus einem Warenhaus, frisch geliefert für den Geburtstagstisch eines braven Knaben. Wie aber werden sie den Gefangenen gefallen?

Die Passagiere der ersten Klasse dachten jetzt weniger an die Sträflinge, sie sahen besorgt nach den Kolibris und den nackten Buschnegern. „Mein Gott", sagten sie besorgt, „das ist ja wirklich die richtige Wildnis, so schlimm haben wir es uns doch nicht vorgestellt."

„Cayenne ist besser", beruhigte Monsieur Blanc, der Kenner, „das ist das schlimmste Nest, dieses verfluchte Saint-Laurent-du-Maroni."

„Und ich muß hier bleiben", seufzte Monsieur Vautier, der aus der Stille eines Provinzgefängnisses in Südfrankreich aus unbekannten Gründen hierher versetzt wurde. „Ich habe gehört, daß hier unzählige Gefängniswärter von den Verbrechern ermordet wurden."

„Das mag schon stimmen", sagte Monsieur Blanc trocken und grausam, er fuhr nach Cayenne.

Ankunft im Verbrecherland

Ein nichtssagender kleiner Flußhafen, das ist Saint-Laurent-du-Maroni vom Schiff aus gesehen. Er wirkt nicht einmal exotisch oder tropisch. Die banalen Gebäude, die sich später als Kasernen und Gefängnisse entpuppen, geben den Eindruck einer französischen Provinzstadt, die sich seit der Jahrhundertwende nicht weiter entwickelt hat.

Sobald man aber den Boden betritt und alles in der Nähe besehen kann, verwandelt sich das Bild langweiliger Kleinbürgerlichkeit in eine grausige Vision. Auf den halbverfaulten Holzplanken der Warenschuppen, den zerbrochenen Bänken auf der Quaipromenade, auf den von der Sonne glühendheißen Steinquadern am Fluß sitzen, kauern, hocken, liegen Menschengestalten, die aussehen wie Skelette, Todkranke oder Scheintote. Sie tragen gestreifte Zuchthauskleider oder Fetzen, die Kleider zu nennen eine Übertreibung wäre. Ihre Füße sind meist nackt, manche sind nicht nur schmutzig, sondern auch von Geschwüren entstellt.

Eine Kolonne in Zuchthauskleidung arbeitet. Die Gefangenen beladen ein Holzschiff nach Frankreich, aber wenn sie einen

Baumstamm ein Stück getragen haben, fallen sie auf den Boden und können nicht weiter. Die Gefangenenaufseher sehen alle aus, als ob sie die Zwillingsbrüder unserer Passagiere erster Klasse wären. Genau dieselben Schnurrbärten, Tropenhelme, Auszeichnungen und Revolver.

Monsieur Blanc, der Kenner Französisch-Guayanas, der bisher immer schrecklich auf dieses Land geschimpft hat, findet nun, daß dieser erste Eindruck, den der Fremde bekommt, doch ein zu schlechter sei und versucht ihn abzuschwächen. „Die Kerle spielen Theater", und zeigt auf die Elendsgestalten. „Wenn ein Schiff ankommt, inszenieren sie diese Jammerszenen, sie wollen unbedingt bedauert werden."

„Sie sollten diese Leute, die so lebensecht schauspielern, in die Theater nach Paris bringen", sagt der Amerikaner, der in Geschäften reist. Die „Schauspieler" sehen gar nicht die Neuankömmlinge, sie sind so abgestumpft, daß nicht einmal das seltene Ereignis, die Ankunft eines Schiffes, sie aus ihrer vollständigen Lethargie reißt. Wahrscheinlich würden sie sich nicht einmal erregen, wenn sie die hämischen Bemerkungen Monsieur Blancs hörten.

Der Amerikaner, Mr. Burr, ist riesig neugierig, er möchte die Lebensgeschichte sämtlicher Leute, die es hierher verschlagen hat, wissen. In seinem abenteuerlichen Französisch redet er den fiebrig aussehenden Mann in zerrissenen Kleidern an, der gerade in seiner Nähe ist. Er will von ihm erfahren, wie jetzt das Gefängnisleben hier ist. Der Mann dreht Mr. Burr einfach den Rücken zu und sagt nichts. Monsieur Blanc versucht zu vermitteln. „Das ist gar kein Gefangener, nicht wahr, Sie sind ein ‚Libéré'?" – „Ja, ein lebenslänglicher Libéré, aber das Leben wird nicht mehr lange dauern, hoffentlich." Er grinst auf so schauerliche Art, daß Mr. Burr einen Schritt zurückweicht.

Zum Glück nähert sich uns eine Erscheinung, die zwischen den verwahrlosten Gestalten recht erfreulich wirkt. Ein älterer Herr in tadellosestem Weiß, mit der vornehmen Haltung eines abgesetzten Fürsten und dem zuvorkommenden Lächeln eines Rayonchefs, kommt auf uns zu. Man könnte ihn geradezu für einen Gouverneur halten, wenn er uns nicht selbstgeschnitzte

Stöcke zum Verkauf anbieten würde. „Auch ein Libéré", sagt Monsieur Blanc, „hier können Sie sehen, was ein Mensch auch hier mit einigem guten Willen aus sich machen kann." Bevor der neugierige Mr. Burr einen Stock kauft, will er die Geschichte des vornehmen alten Herrn erfahren. „Ein kleines Mißverständnis hat mich hergebracht", sagt der Vornehme einsilbig und preist die Vorzüge seiner Stöcke.

„Er ist ein gewohnheitsmäßiger Falschspieler", erklärt uns Monsieur Blanc. „Wieviel Jahre haben Sie noch?" fragt er den Vornehmen. „Noch zwei. Ich mache jetzt meine Doublage. Vier Jahre lang war ich ‚Forçat' (Zwangsarbeiter), zwei Jahre habe ich als ‚Libéré' hinter mir, und in zwei Jahren bin ich frei." Er wiederholt es langsam: „In zwei Jahren frei." Er hat einen Stock verkauft und ist jetzt gesprächiger geworden. Die Stöcke hat er nicht selbst geschnitzt, er hat sie von einem Gefangenen gewonnen im Spiel. Es ist zwar verboten zu spielen, aber es wird eben doch sehr viel gespielt: Karten, Würfel und was gerade bei der Hand ist. Man kann auch mit Baumblättern Hasard spielen. Der Vornehme gewinnt merkwürdigerweise immer. Er gewinnt von seinen Leidensgenossen, was sie gerade haben, und verkauft dann mit viel Geschick die mit ungeheurer Mühe verfertigten Arbeiten. Man sieht, mit „Tüchtigkeit" kann man es überall zu etwas bringen. Und wenn einer Geld hat, kann er auch hier so nett aussehen wie dieser feine ältere Herr.

Aber es ist notwendig, nun einiges über die „Forçats" und „Libérés", über die „Doublage", diese Fachausdrücke Französisch-Guayanas zu sagen. Gerade das, was hinter diesen steht, die wirkliche Bedeutung dieser Worte ist es, die die meisten Angriffe auf Französisch-Guayana entfesselt hat. Was bedeuten nun diese Worte? Auch anderswo gibt es lebenslängliche Strafen, aber hier ist es möglich, lebenslänglich verurteilt zu werden, wenn einer, sagen wir, nur acht Jahre Zuchthaus bekommen hat. Drei Jahre Gefängnis bedeuten nicht drei Jahre, sondern zweimal drei Jahre. Lebenslänglich kann nicht nur ein Mörder verurteilt werden, sondern auch ein kleiner Taschendieb, nicht nur ein Spion, sondern auch ein Bettler, der ohne Erlaubnis wiederholt um Almosen zu bitten wagt. Wie ist das möglich? Und warum werden diese Unmöglichkeiten zu Tatsachen gemacht? Damit diese französische Kolonie sich besser entwickeln soll. Mit welchem Erfolg das geschieht, werden wir noch sehen.

Um aber zu unseren „Forçats" und „Libérés" zurückzukehren. Jeder „Forçat", der das Unglück hat, mehr als sieben Jahre aufgebrummt zu bekommen, muß sein ganzes Leben lang in Französisch-Guayana bleiben, das heißt nicht einmal hier überall, sein Aufenthalt ist an bestimmte Landstriche gebunden. Ein lebenslänglich Verurteilter bleibt dagegen immer im Gefängnis, er wird morgens früh um fünf an seine Arbeit gebracht, um elf kommt er wieder zurück ins Gefängnis, bekommt seine kärgliche Kost, wird dann wieder ausgeführt und muß abends um fünf zurück sein. Bis zum nächsten Morgen wird er streng bewacht, aber tagsüber kann er sich in verschiedenen „leichteren" Gefängnissen ziemlich frei bewegen, freilich, in den sogenannten „Disziplinargefängnissen" ist das Leben der Gefangenen eine ganze Kette von Strafen, ohne irgendwelche Freiheiten.

Doch die „Libérés" sagen, auch ihr Leben sei nichts weiter als eine Strafe, und ihre einzige Freiheit bestünde darin, hungern zu dürfen und nicht einmal die armseligste Behausung zu haben. Tatsächlich sieht man nachts, genau wie über Tag, Menschen in den Straßen herumliegen. Es sind die „Freien", die „Libérés".

Eine andere Sache ist die „Doublage". Jeder Gefangene muß genauso lange noch sogenannter „Libéré" sein, wie seine Strafe dauerte, das heißt, sein Strafmaß wird immer ohne Ausnahme verdoppelt. Zwei Jahre Gefängnis bedeuten zwei Jahre „Forçat" und zwei Jahre „Libéré". Wovon leben aber diese „Befreiten"? Das ist ganz ihre eigene Angelegenheit. Arbeitsmöglichkeiten gibt es kaum, und die wenige Arbeit, die es gibt, wird für den allerniedrigsten Lohn von den Zwangsarbeitern ausgeführt. Die Arbeitgeber wollen natürlich nie einen „Freien" für „teures Geld", solange sie Gefangene billig haben können.

Aber auch, wenn es einem „Libéré" gelungen ist, sich durchzuhungern, durchzukämpfen während der Jahre seiner „Befreiung", kann er noch lange nicht zurück in die Heimat. Es wird ihm nicht gleich und ohne weiteres ein Billett nach Hause verabreicht, dann kommen erst die Instanzen, die Gesuche, die Untersuchungen, dann entscheidet erst ein Ausschuß über seine Eignung zur Rückkehr. Faktisch ist es so, daß fast alle Gefangenen lebenslänglich verurteilt sind, nur den wenigsten gelingt es, alle Hindernisse zu überwinden, die ihm den Weg zurück verbarrikadieren.

Das Meldeamt von Saint-Laurent und einige merkwürdige Existenzen

Mr. Burr sucht einen Geschäftsfreund in Saint-Laurent. Er hat eine ganze Mappe voll Korrespondenz mit, hier ist die Adresse des Geschäftsmannes. Er zeigt sie Monsieur Blanc und anderen Eingeweihten und fragt nach ihm. Jean Jacques Duval steht auf dem Briefkopf, Import, Export – sicher eine bekannte Persönlichkeit. „Zeigen Sie mal", sagt Monsieur Blanc, „hier steht doch bei der Adresse Matricule 45.672, das ist doch ein Gefangener oder möglicherweise auch ein ‚Libéré', auch die haben eine Nummer. Nur die besseren Menschen haben in Saint-Laurent keine Nummer, dafür dürfen sie einen Revolver tragen, den wieder die Numerierten nicht haben." – „Aber das ist doch unmöglich, sehen Sie sich diese Geschäftsbriefe an, wie soll ich nur den Mann finden?" – „Am besten, Sie gehen gleich zum Meldeamt", sagt ein Aufseher, und Freund Monsieur Blanc stimmt zu. „Ich gebe Ihnen einen Führer mit, damit Sie gleich hinfinden." Ich ging auch mit als Dolmetsch und weil mich das Meldeamt Saint-Laurent und der Geschäftsfreund von Mr. Burr interessierten.

Unser Führer ist jener Typus, den man nicht gern nachts allein im Walde treffen möchte. Sein großer Strohhut sitzt schief und verwegen über seinem zusammengeschrumpften Gesicht. Er spricht nur gebrochen Französisch, und er entpuppt sich bald als ein Deutscher aus dem Industriegebiet.

„Sie sind sicher erst seit kurzem hier?"

„Ich bin hier schon seit dreißig Jahren."

„Seit dreißig Jahren? Bekommen Sie viele Nachrichten aus Deutschland?"

„Ich habe schon lange nichts gehört, meine Leute vergessen mich ganz, keiner kümmert sich um mich."

„Warum sind Sie denn hier?"
„Ich habe einem eine heruntergehauen."
„Und deshalb lebenslänglich?"
„Konnte ich denn wissen, daß der Waschlappen gleich stirbt, wenn man ein bißchen hinhaut? Er hat angefangen, meine Dame, ich bin unschuldig. Aber in der Fremdenlegion fragen Sie nicht viel, sie haben mich gleich verurteilt und hergebracht."

Wir kommen jetzt zu dem Geschäft, das das Wohlwollen unseres Führers besitzt. „Sehen Sie, hier können Sie schöne Postkarten bekommen." Er steht bezaubert vor den Kartenständern, wo auf den herrlich kolorierten Bildern leidenschaftliche Küsse und Umarmungen getauscht werden von vollschlanken Damen und Herren mit spitzen Schnurrbärtchen, die, soweit sie bekleidet sind, Kostüme aus der Zeit der Jahrhundertwende tragen.

„Bist du schon wieder hier?" Die Geschäftsinhaberin, eine dicke Negerin, die uns eben recht liebenswürdig zugelächelt hat, ist trotz seiner Protektion unfreundlich zu unserem Führer. „Ich bringe Ihnen Kunden", dann wendet er sich voll aufrichtiger Entrüstung zu uns: „Ist sie nicht eine zanksüchtige Frau?" Mr. Burr aber ist über die ausgestellten Postkarten empört: „Was für eine Sittenlosigkeit. Die amerikanische Regierung würde gegen so etwas sofort einschreiten." Unser Führer aber ist so entzückt, daß es ihm unmöglich ist, sich loszureißen. Als er draußen einen vorbeigehenden Sträfling erblickt, ruft er ihn hocherfreut herein und stellt ihn uns vor. „Das ist mein Freund, er ist auch ein Deutscher, es ist ihm ähnlich ergangen wie mir, er wird Sie hinführen zur Polizei." Er hat von Mr. Burr einen Dime, zehn Cent, entgegengenommen, für die er nun die Herrn Burr so abstoßenden Karten erstehen kann.

Sein Freund ist gern bereit uns beizustehen, er sieht bedeutend sanfter aus als unser verflossener Führer. Es trifft sich gut, er hat in der Nähe zu tun, er bringt Schmetterlinge zu den Kuriositätenhändlern. „Schmetterlinge?" Ja, von Schmetterlingen leben viele Sträflinge, leben die „Libérés". Wegen Schmetterlingen finden wahre Kämpfe zwischen den Gefangenen statt, wegen Schmetterlingen begibt man sich in Lebensgefahr, stolpert über Urwaldgebüsch, versinkt in Sümpfen, um einem seltenen Exemplar nachzujagen. Der Sträfling zeigt seine Füße, die voll Risse und Wunden sind, ja, es war keine leichte Arbeit, die Schmetterlinge zu fangen.

Die Schuhe, besser gesagt die Schuhlosigkeit der Sträflinge ist ein Kapitel für sich. Fragt man bei den offiziellen Kreisen, wieso eigentlich fast alle Gefangenen und auch „Libérés" barfuß gehen, wird einmütig geantwortet: „Es hat gar keinen Zweck, ihnen Schuhe zu geben, sie verkaufen sie doch."

Vorsichtigerweise aber will man die Gefangenen nicht in Versuchung bringen und gibt ihnen gar keine Schuhe, sogar dann nicht, wenn sie im Urwald arbeiten. Was das heißt, kann man nur verstehen, wenn man einmal versucht hat, ohne besondere Ausrüstung – hohe Schaftstiefel – nur einige Schritte im Urwald zu tun. Die Gefahren sind nicht romantisch, und man braucht nicht so sehr Schlangen wie Blattläuse zu befürchten. Diese Blattläuse verursachen schrecklich juckende Stiche, die wochenlang nicht vergehen, wenn man sie nicht mit Salben und sehr viel Puder behandelt, Dinge, die den barfüßigen Sträflingen sicher nicht zur Verfügung stehen.

Aber jetzt soll ja nicht von Blattläusen, sondern von Schmetterlingen die Rede sein. Der Führer Nummer Zwei hat sie in dreieckig zusammengefalteten Blättern, die dem Schulheft eines Kindes entstammen, in einem Korb sorgsam aufbewahrt. „Ich werde Kartoffeln für Sie kaufen, die man uns vorsetzt, sind ungenießbar." Ich muß für Mr. Burr dolmetschen, er will wissen, warum Nummer Zwei hier ist. „Haben Sie vielleicht auch jemanden eine runtergehauen?" frage ich ihn. „Ja, wieso wissen Sie es?" staunt Nummer Zwei. „Ich bin lebenslänglich wegen einer Ohrfeige." – „Endete sie auch mit dem Tod des Geohrfeigten?" frage ich, weil ich nun schon etwas Erfahrung habe, was man hier unter harmlosen Benennungen versteht.

Aber Nummer Zwei versichert, daß der Schlag wirklich nicht schlimm war, er war Fremdenlegionär und hat seinen Offizier geohrfeigt. „Wenn ich gewußt hätte, daß es für mich so enden würde, hätte ich noch anders hinhauen können." Er ist seit vierundzwanzig Jahren hier, seine Angehörigen sind in Kanada, und er bittet mich, auf der Rückreise einen Brief mitzunehmen, denn er will eine Eingabe machen, die ihn befreit. Er hat schon vieles versucht, aber er gibt die Hoffnung nicht auf, daß es ihm noch gelingen wird, von hier fortzukommen. Alle hoffen das, auch die Lebenslänglichen sind überzeugt, daß etwas geschehen wird, das sie errettet. Sie sprechen auch davon, daß die Strafkolonie aufgehoben wird, denn einmal müßte man doch einsehen, daß alles, was hier geschieht, Wahnsinn ist.

Auf der Straße sind jetzt viele Gefangene zu sehen, die arbeiten. Alle tragen das gestreifte Kleid mit der langen schwarzen Nummer über ihrer Brust. Woraus besteht ihre Arbeit? Sie zupfen Grashalme aus den Ritzen der Straßensteine. Der Verkehr in den Straßen Saint-Laurents ist nicht groß genug, um das Unkraut am Wachsen zu hindern. Nun werden die Straßen von den Sträflingen „gereinigt", um ihnen städtischeres Aussehen zu verleihen. Chaplin würde diese Arbeit sicher auf ähnliche Weise verrichten, wie es hier die Sträflinge tun, vorsichtig jeden Halm ausreißen und dann mit gravitätischen Bewegungen beiseite legen. Aber das Ganze wirkt nicht komisch, sondern schaurig. Denn wir haben achtunddreißig Grad im Schatten, doch es gibt keinen, und die Sonne brennt höllisch. Die Sträflinge arbeiten von fünf Uhr morgens bis fünf Uhr nachmittags, ihre Arbeit ist sinnlos, sie verrichten nichts, aber sie gehen dabei zugrunde, und das Gras wächst weiter auf den Straßen von Saint-Laurent.

Nun aber erscheint ein Mann, der gleichsam hier auftaucht, um zu entkräften, daß hier das Ende der Welt sei. Er hält eine Klingel in der Hand und bimmelt mit aller Kraft, dann beginnt er mit einer Baritonstimme, die er keineswegs schont, eine lange Litanei: „Ihr schönen Mädchen und Frauen von Saint-Laurent, ihr jungen und nicht mehr ganz jungen, hört die freudige Nachricht, die ich euch zu verkünden habe. Im Warenhaus Zephirin, wer kennt nicht das schönste Geschäft in der ganzen Kolonie, im Warenhaus Zephirin sind soeben die neuesten Modelle aus Paris eingetroffen, beeilt euch alle, damit eure Freundinnen nicht die schönsten Exemplare vor eurer Nase wegschnappen."

„Das ist unser Reklamefachmann, ein ‚Libéré'", sagt Nummer Zwei mit einigem Stolz. Wir können nun sehen, das Saint-Laurent nicht so ganz von der Welt abgeschnitten ist. Er begrüßt den

Bariton. Mr. Burr will erfahren, seit wann und warum er hier ist. „Seit zwölf Jahren. Der Grund: ich rede nicht gern davon, Madame, ich möchte Sie nicht verletzen, aber die Frauen richten viel Unheil an in der Welt." – „Er hat seine Geliebte erschlagen", flüstert Nummer Zwei.

Der Reklamefachmann klingelt, und wieder ertönt seine Baritonstimme. „Ihr tüchtigen Hausfrauen, ihr geschickten Dienstmädchen, kommt, eilt zu dem Fleischer Bonnard; um euch gut zu bedienen, ließ er aus Brasilien das beste Mastvieh kommen."

„Mastvieh möchte ich auch mal essen, ich weiß nicht, von wo man unser Fleisch herschafft", sagt der Sträfling, „aber meist riecht es wie die Pest. Man gibt uns das Fleisch erst, wenn es verdorben ist."

„Ja, ich hätte es mit meiner schönen Stimme auch zu etwas anderem bringen müssen." Wieder klingelt er und läßt seine Stimme ertönen. „Erwachsene und Kinder, Herren und Damen, gebt euch ein Rendezvous heute abend Punkt acht Uhr im Grand-Cinéma de Saint-Laurent. Seht euch an das spannendste Drama der Welt, den Raub des grünen Diamanten, herrlich, wunderbar, aufregend. Erst wird euch noch ein zwerchfellerschütterndes Lustspiel vorgeführt, zum Totlachen, zum Brüllen. Das ganze Programm großartig, einzigartig, noch nie dagewesen. Rendezvous heute abend um acht ..."

„Hier will ich mal wegen meiner Schmetterlinge vorsprechen", sagt Nummer Zwei. Wir folgen ihm und betreten das merkwürdigste Kuriositätengeschäft. Der Besitzer, auch ein „Libéré", verhandelt gerade mit einem Buschneger, der einen noch blutigen Jaguar hereingeschleppt hat. „Ich kann nicht viel mit dem Fell anfangen, es macht mir nur den Boden schmierig." Dann wendet er sich an Nummer Zwei. „Und du kommst wieder mit deinen Schmetterlingen, ihr glaubt, ich kann alles Getier aufkaufen." Dann aber verzieht sich sein Gesicht liebenswürdig, er wittert in uns Käufer.

Die Wände des Geschäftes sind mit Schlangen und Eidechsen, mit Häuten, mit Tiger- und Jaguarfellen besät, präperierte Krokodile, riesige Schildkröten und unzählige, in allen Farben schillernde ausgestopfte Vögel bevölkern alle Winkel des Raumes. „Das ist der Feuerkopf, ein ganz seltener Vogel. Sieht es nicht aus, als hätte sein Kopf wirklich Feuer gefangen?" sagt der Besitzer, der uns seine Schätze vorführt. „Was kostet dieser?" fragt Mr. Burr, der einen azurblau und golden schimmernden Schmetterling entdeckt hat. „Eintausendfünfhundert Francs", sagt der Besitzer ganz gelassen. „Und mir gibst du zwei, drei Francs für den Schmetterling und tust auch noch so, als ob du ein großer Wohltäter wärst, und ich bin dabei so dumm und bringe sie dir her, statt sie selber auf der Straße zu verkaufen."

„Du verstehst doch nichts von Schmetterlingen, Dummkopf. Das hier ist eine große Rarität, in Jahren bekomme ich nur einige Exemplare in die Hände, das ist ein Hermaphrodit. Hier, sehen Sie, mein Herr, daß ich Sie nicht übervorteilen will. Eine Firma in Bordeaux bietet mir zweitausendfünfhundert Francs."

„Und wieviel hast du dafür dem Idioten gegeben, der ihn dir gebracht hat?"

„Wieviel? Hundert Francs, dabei weiß ich noch gar nicht, ob ich den Schmetterling überhaupt verkaufen kann. Es ist ein zu großes Risiko, ihn nach Frankreich zu schicken. Kommt das Tier beschädigt an, habe ich nichts. Ich war zu anständig und habe mir damit nur geschadet. Kaum hatte der Sträfling die hundert Francs, rückte er aus. Er kam nicht weit, man fand ihn tot in der Nähe des Ufers an der Hollandgrenze. Aber Sie könnten ein gutes Geschäft machen, wenn Sie ihn kaufen. Ich gehe gern mit dem Preis so weit herunter, wie ich kann." Ich weiß nicht, ob Mr. Burr sich später entschlossen hat, den Hermaphrodit zu erstehen.

Die Polizei in Saint-Laurent riecht staubig, von allen Seiten starren ungeheure Stapel von Akten, und die Welt der Uniformierten ist von denen der Bittsteller durch eine Holzbarriere getrennt. Vor ihr steht ein Buschnegerehepaar, das eine Auskunft erbittet. Die beiden haben sich der Würde des Ortes entsprechend in Kleider gehüllt. Die Frau trägt eine Männerunterhose, die sie festhält, damit sie nicht herunterrutscht, der Mann trägt außer dem farbigen Umhang noch einen schwarzen steifen Hut, aus dem ähnlich geflochtene Zöpfchen wie bei seiner Frau hervorschauen. Beide Gesichter sind kunstvoll tätowiert. „Warten Sie, bis Sie an die Reihe kommen", sagt ihnen der Beamte des Polizeipräsidiums von Saint-Laurent-du-Maroni. Genau so wie auch bei uns das vorlaute Publikum in seine Schranken verwiesen wird.

Mr. Burr trägt sein Anliegen vor. Jean Jacques Duval, Matricule 45.672, wo befindet sich der Mann?" Der Beamte sucht große Bücher hervor, beginnt zu blättern, und ich kann in das merkwürdigste, das fürchterlichste Meldebuch der Welt einige Blicke tun. Matricule 39.657, George Cavallet, geboren 1898, eingeliefert 1923, Delikt: Desertion, Aufenthalt: Saint-Laurent, gestorben 1930. Zehntausende von Menschenschicksalen, nur aus der Bahn geworfener unglücklicher Menschen, dicht hintereinander, jedes Leben eine Zeile. Von der Geburt bis zum Tode. Das Wort „gestorben" wiederholt sich immer wieder, auch bei den jungen Jahrgängen. Mord, Diebstahl, schwere Körperverletzung mit tödlichem Ausgang, aber auch sehr viele militärische Vergehen stehen da als Delikte. Die Namen: arabische neben französischen, auffallend viele aus den Kolonien, singhalesische Namen. Die Kolonien liefern reichlich Menschenmaterial nach Guayana. Aber auch zahlreiche deutsche, einige englische und schwedische Namen sind zu entdecken. Die Ausländer sind meist ehemalige Fremdenlegionäre. Bei manchen Namen steht am Ende „geflohen", diesem Wort folgen aber oft noch viele andere, so „wieder gefangen" oder „ausgeliefert" von der holländischen, der englischen Regierung, dann folgt der Name des neuen Gefängnisses. Es ist meist ein von den Gefangenen gefürchteter, gehaßter Name: Saint-Joseph, das Disziplinargefängnis auf der Insel, von dessen Strafmethoden schaurige Berichte umgehen. Ich möchte Notizen machen, aber der Beamte nimmt mir das Buch aus der Hand.

„Ich finde den Namen schon schneller. Hier ist er ja, Jean Jacques Duval, Matricule 45.672, geflohen."

„Aber das ist unmöglich", sagt Mr. Burr.

„Bitte, ich glaube, wir müssen es besser wissen, geflohen am 22. Juni 1930. Sie können mir schon glauben. Das ist keine Seltenheit hier, daß sie fliehen. Sicher kam er irgendwie zu etwas Geld."

„Das haben Sie ganz richtig erraten, geflohen mit Hilfe meines Geldes." Mr. Burr kann sich kaum fassen. „Mir schrieb er, als gehörte ihm alles Gold Guayanas, Konzessionen wollte er mir verkaufen. Ein tüchtiger Mensch scheint er jedenfalls zu sein."

„Wahrscheinlich hat ihn schon seine Strafe ereilt. Die meisten verkünden sich selbst das Todesurteil, wenn sie versuchen, über den Maroni zu kommen. Aber wenn Sie sich für Gold interessie-

Die Sümpfe Guayanas, durch die immer wieder Gefangene – meist vergeblich – zu fliehen versuchten.

ren, wenden Sie sich doch an den Photographen Armand, der hat eine Konzession und eine Mine."

„Hat er vielleicht eine Nummer?"

„Das wohl, das ist hier nicht so leicht zu vermeiden, er ist ein ‚Libéré', ein zuverlässiger Mann."

„Vielleicht kennt er auch meinen Freund Duval."

„Das ist nicht unmöglich. Wenn der Photograph nicht in seinem Atelier ist, finden Sie ihn sicher im chinesischen Dorf."

Das alles klingt verlockend, chinesisches Dorf, Goldmine, Atelier. Suchen wir den Photographen.

Der Fluß Maroni. Er ist von allen Teilen Saint-Laurents sichtbar. Das andere Ufer scheint ganz nahe, man sieht deutlich die Häuser des holländischen Ortes Albina. Es sieht aus, als könnte man mit Leichtigkeit hinüberschwimmen, aber der Fluß ist voll gefährlicher Strudel. Am Ufer liegen viele kleine Boote. Ist es nicht möglich, sich ihrer zu bemächtigen? Nachts, wenn die Dunkelheit vollkommen ist? Kann man dann nicht einfach hinüberrudern an die Grenze? Auch das haben schon unzählige versucht. Aber die meisten sind wie die verzweifelten Schwimmer untergegangen. Wer den Maroni nicht sehr genau kennt, wird von ihm erbarmungslos verschlungen.

Aber auch wenn einer das andere Ufer erreicht, bedeutet das noch keine Rettung. Greift ihn die holländische Buschpolizei auf – denn die Polizei fehlt auch im Urwald nicht –, wird er wieder der französischen Regierung ausgeliefert. Findet ihn aber die Polizei nicht, irrt er tagelang ohne Nahrung im Urwald umher, auch dann kommt er um. Die Tiere des Urwalds, die Tiger, die Jaguare, die Schlangen, sie bedeuten keine so große Gefahr, es ist selten, daß sie die Angreifenden sind. Aber die Moskitos. Ein Weißer im Urwald ohne Moskitoschutz wird bestimmt hohes Fieber bekommen. Doch gelingt es immer wieder einigen Glücklichen zu entkommen. Man braucht zum Beispiel gerade dringend Arbeitskräfte im Urwald, dann stellt man sie ein, statt sie auszuliefern. Oder die Sträflinge geraten durch Zufall an Menschen, die bereit sind, ihnen zu helfen, statt sie der Polizei auszuliefern. In Moengo, der amerikanischen Aluminiumstadt in Holländisch-Guayana, habe ich verschiedene frühere Sträflinge getroffen. Der älteste Einwohner Moengos, der eigentliche Begründer der Stadt, ist auch ein früherer Sträfling, er ist ein Deutscher.

Auch die deutschen Herrnhuter, die sogenannte Kersten-Gesellschaft, helfen deutschen entkommenen Sträflingen. Können Sie soviel Geld aufbringen, daß sich der Flüchtling ein Boot besorgt, mit dem er direkt nach Venezuela fahren kann, bevor das Auslieferungsverfahren von der französischen Regierung in Gang gesetzt wird, besteht die Möglichkeit einer Rettung.

In Paramaribo wurde mir von einem deutschen Flüchtling erzählt, dem es mit ungeheurer Willenskraft gelungen ist, nach Venezuela und von dort nach Deutschland zu entkommen. Vor einigen Monaten bekamen seine Freunde in Holländisch-Guayana Nachricht von einem deutschen Irrenhaus, der Mann starb dort. Aber die Beispiele der wenigen Glücklichen und die Verzweiflung treiben immer neue zu Fluchtversuchen, obgleich das Los der Wiedereingefangenen um so schlimmer ist. Ein „Libéré", der zu entkommen versucht, kommt wieder ins Gefängnis, in Gefängnisse, die besonders bewacht werden, und sie erdulden schärfste Strafen. Und doch, fast jeden Tag versucht einer aus Saint-Laurent zu entkommen.

Rue Voltaire, Rue Jean-Jacques Rousseau, Rue Victor Hugo. Wenn die das ahnten, daß die Straßen von Saint-Laurent gerade nach ihnen heißen. Die armseligsten, hoffnungslosesten Geschäfte haben auch oft wenig treffende Bezeichnungen. „A l'Espérance" („An die Hoffnung") ist ein beliebter Firmenname. Auch „Grand Magazin", „Mode de Paris" und ähnliches.

Monsieur Armand, der Photograph und Goldminenbesitzer, ist nicht zu Hause. Die Tür ist offen, eine Klingel knarrt heiser, auf dem zerbrochenen Stuhl lagert Staub, das ist das photographische Atelier von Saint-Laurent.

Unterwegs treffen wir einen Passagier der „Biskra", Monsieur Letellier, er ist der zukünftige Direktor der Zuckerraffinerie von Cayenne. Er hat lange Jahre auf Java gelebt und in Westindien. Er schwört, noch nie so einen heißen Tag wie heute erlebt zu haben. Er ist verzweifelt, in was für ein Land ist er geraten! Jahrelang es hier aushalten, unmöglich. Der Direktor bekommt in Cayenne ein Haus und ein Auto zur Verfügung gestellt, allerdings keine Wege, wo er es recht benutzen könnte, und eine Dienerschaft, ganz und gar à discrétion*. Die Strafgefangenen lauern geradezu darauf, Kammerdiener zu werden, sie sind auch Chauffeure, Köche, Gärtner. Über alles können sich die Funktionäre und Beamten beklagen, nur nicht über Dienstbotennot. Nicht zum Aushalten, Monsieur Letellier, was sollen erst die Gefangenen sagen?

Er erzählt über sein Diner bei dem hohen Verwaltungsbeamten. Seine gesamte Dienerschaft besteht aus Mördern. Er hat eine gewisse Vorliebe für sie, weil er behauptet, das Morden wäre ein Verbrechen, das man nur in allerseltensten Fällen gewohnheitsmäßig betriebe. Dagegen betrügen die Betrüger, klauen die Diebe bei der ersten Gelegenheit, die sich ihnen wieder bietet.

Ich habe furchtbaren Durst, und Monsieur Letellier schlägt vor, in das Haus dieses hohen Verwaltungsbeamten zu gehen, der sehr gastfreundlich sei, um dort etwas zu trinken. Aber ich ziehe dann doch das chinesische Dorf vor, obgleich mir Monsieur Letellier erklärt, daß es für eine Dame nicht schicklich sei, die dortigen „Cafés" zu betreten. Das chinesische Dorf heißt so, weil die Besitzer der Ausschänke meist Chinesen sind. Die Schankerlaubnis kostet Geld, ein „Libéré" also kann kaum in die Lage kommen, Wirt zu werden. Vielleicht wird der Chinese von der „Biskra", der nicht nach Britisch-Guayana konnte, sich hier ansiedeln. Ein beneidenswertes Leben erwartete ihn jedenfalls auch dann nicht, wenn sein Geschäft einmal so gut ginge, wie das des Toi Hang aus Schanghai, das wir jetzt betreten.

Was sitzen hier für Gestalten vor ihrem Glas Rum, Gespenster, deren Element Bazillen sind. Es riecht nach Schmutz und Fäulnis. Die Gläser sehen aus, als nähme man sich nie die Mühe, Krankheitskeime von ihnen abzuspülen. Wirklich, der Durst vergeht mir. Zwischen den Tischen geht eine dicke Negerin umher und schreit mit den Wagemütigen, die mit ihr zu schäkern versuchen. „Weg mit deinen Dreckpfoten, du Hundesohn!"

Französisch-Guayana ist das einzige Land, wo sich die Neger als Aristokraten fühlen, sie verachten unglaublich die Weißen.

---

* à discrétion – nach Belieben.

Für eine Negerin, die sich mit einem Weißen abgibt, ist das eine genauso große Schande, wie für eine blaublütige Amerikanerin, sich mit einem Neger zu verbinden. Weiße, das sind hier Henker oder Verbrecher, gehetzte Tiere oder brutale Jäger, die niedrigste Rasse der Welt. Wird aber ein „Libéré" eine Negerin doch zur Frau bekommen, wächst sein Ansehen riesig. Er ist wieder aufgenommen in die menschliche Gesellschaft, wenn auch nicht als vollwertiges Glied.

Die Männer sind schon etwas benebelt vom Alkohol, sie haben diesen unerträglichen Blick geschlagener Hunde. Gehen wir doch lieber. Vor der Tür trifft Mr. Burr den Photographen Armand. Es hat sich schon herumgesprochen, daß man ihn sucht, und er ist neugierig, den Grund zu erfahren. Er weiß nichts von Duval, nur daß er nie wieder hier auftauchen wird, das weiß er bestimmt. Er besaß nichts, was er geschrieben hat, war nur Flunkerei. Aber er, der Photograph Armand, besitzt wirklich Goldgruben, er bekennt offen, daß die Goldgruben keine Goldgruben sind und nur sehr spärlich Gewinn abwerfen, und doch ist er glücklicher als die meisten anderen. Er kann wenigstens schlecht und recht irgendwie leben und vor allem, er kann hoffen, er hat ja die Goldgrube. Einmal ein größerer Fund, und er wäre ein gemachter Mann. Allerdings, viel würde es ihm auch nicht nützen, er ist ein lebenslänglich „Befreiter".

Er stellt seinen Freund vor, das ist René, auch einer, der fort möchte und nicht kann. René, der Freund, macht Bilder aus Schmetterlingsflügeln, eine Art Dadakunst. „Ich habe das Recht, von hier fortzukommen, doch läßt man mich nicht, schikaniert mich. Gut, ich habe etwas ausgefressen, aber ich habe dafür gesühnt, ich habe in Paris vier Jahre dafür aufgebrummt bekommen, vier Jahre lang war ich ein Sträfling, habe gelitten, wurde gequält, aber das war noch nicht genug zur Sühne. Vier Jahre noch bist du ‚Libéré', bist du ‚Befreiter', hungerst, bist krank, und niemand hilft dir, du hast kein Obdach. Gut, auch das macht man noch alles durch, man sagt sich, einmal geht es doch zu Ende. Aber die hohen Herrschaften meinen, es ist noch nicht genug, der Kerl muß noch tiefer in den Dreck, in den Schlamm. Du willst atmen, du willst leben, nein, mein Lieber, zurück in den Schlamm, zurück in den Schmutz. Man macht Akten, kritzelt dein Schicksal zu einer Nummer, macht Abschriften, Eingaben, man schnauzt dich an, weil du wagst, ungeduldig zu werden, spricht vom natürlichen Lauf der amtlichen Handlungen, es vergeht ein ganzes Jahr seit deiner ‚vollständigen Befreiung', und du sitzt immer noch hier. Jawohl, so sieht es hier aus, so steht es um uns." Monsieur Letellier verspricht, über den Fall unbedingt nach Paris zu berichten. Das wäre ja wirklich ein Skandal.

„Kennen wir ja, das Berichten und die Abhilfe, man macht uns nur Versprechungen und vergißt uns, sobald wir aus der Sehweite sind. Aber wenn Sie nach Paris berichten wollen, sagen Sie doch den Herren, sie sollen, wenn sie Französisch-Guayana unbedingt bevölkern wollen, alle großen Diebe, alle großen Betrüger, die großen Mörder herschicken und nicht die kleinen, und sie brauchten sich nicht zu sorgen, daß es hier nicht genug voll wird. Aber nicht einmal diejenigen sind hier, die die großen Gehälter bekommen, um unser schönes Land vorwärts zu bringen, die erholen sich in Nizza und in Paris, die müssen ihre Gesundheit pflegen. In Guayana halten sich auch von der Regierung nur die kleinen armen Teufel auf, die keinen Einfluß und keine Verbindungen haben, denen sind wir ganz ausgeliefert, die rächen sich dann an uns."

„Ich verspreche Ihnen, wirklich nach Paris zu berichten", sagt Monsieur Letellier und gibt René eiligst die Hand.

Camp de Transportation oder: hier werden Sträflinge sortiert

Das Camp de Transportation* befindet sich in einem langen rosa bemalten Gebäude. In endlosen geordneten Reihen strömen jetzt die Gefangenen heraus, es ist nach ihrem Mittag, und sie gehen

---

* *Camp de Transportation* – bedeutet eigentlich Deportations-, Verbannungslager für Schwerverbrecher. Es handelte sich um das zentrale Sammel- und Durchgangslager der Strafkolonie; hier kamen die Sträflinge an und wurden ihrem späteren Bestimmungsort zugewiesen. Das Lager kann in Saint-Laurent-du-Maroni heute noch besucht werden.

wieder an die Arbeit. Die Reihen sind umklammert von bewaffneten Aufsehern. Jeder Gefangene zieht die Jacke hoch und zeigt den Aufsehern die meist tätowierte Brust. Das ist die Kontrolle, ob die Gefangenen nicht etwa Waffen bei sich tragen. Einen Sinn hat natürlich diese Kontrolle nicht, denn die Gefangenen, die die Art der Kontrolle kennen, werden die Waffen nicht gerade an der Brust verstecken. Auf einen Sinn kommt es aber gar nicht an, nur auf die Verordnung.

Aber diese Kontrolle hat eine Industrie in Saint-Laurent in Aufschwung gebracht, nämlich die der Tätowierung. Die Gefangenen lassen sich besondere Schimpfworte und Bilder auf die Brust einätzen, um die Wärter zu ärgern. Ein Gefangener hat sich

Neu eingetroffene Sträflinge samt Bewachern.

eine rote Fahne tätowieren lassen, darunter die Aufschrift „Quant-même" („Trotz alledem"). Wegen seiner außerordentlichen Blässe wirkt seine Tätowierung auffallender.

„Sind Sie schon lange Gefangener?"

„Ich war immer schon ein Gefangener, schon in meiner Kindheit. Wenn ich müde aus der Schule nach Hause kam, mußte ich noch arbeiten gehen. Dann kam der Krieg, ich war ein Gefangener. In der Kaserne, im Schützengraben. Ich dachte, schlimmer kann es nicht mehr kommen. Als der Krieg zu Ende war, war er noch lange nicht für uns beendet, wir waren ja jung, man brauchte unsere Kraft, ich kam nach Marokko. Ich war ein Gefangener. In der Wüste mußten wir marschieren, tagelang, nächtelang. Wir hatten kaum zu essen, kaum zu trinken, aber wir mußten weiter, wir mußten die Araber bekämpfen, warum, das wußten wir nicht, wir waren Gefangene. Ich dachte, schlimmer kann es nicht mehr werden. Ich warf meine Waffen hin, ich wollte nicht weiter. Jetzt bin ich hier, ein Gefangener. Schlimmer kann es jetzt nicht mehr werden."

Das Lager besteht aus einem Komplex von Gebäuden. Es gibt Gefängnisse für fest stationierte und Gefängnisse für durchreisende Sträflinge, denn hier werden die Gefangenen sortiert. Die Diebe kommen nach Saint-Jean, die Mörder nach der Insel Royale, die Raubmörder haben ein Lager auf Saint-Joseph, Militärpersonen, die Verbrechen begingen, haben ihr Hauptquartier in Saint-Laurent, die Spione aber sind noch heute auf der Teufelsinsel.

Die „militärischen Vergehen", das sind keineswegs immer Mord, Totschlag oder Diebstahl, im Gegenteil, sehr oft wirklich nur Vergehen, die beim Militär als solche angesehen werden, also einfache Disziplinlosigkeit, Desertation oder „Verrat". „Es gibt also doch politische Gefangene in Französisch-Guayana", sage ich dem Beamten, der mir die Feinheiten der Gefangenenverteilung erklärt. „Politische gibt es nicht", sagt der Beamte entschieden und aufgebracht, „Militärisches hat nichts mit Politik zu tun. Der französische Feldzug in Marokko, in welchem Zusammenhang soll der mit Politik stehen? Seine Drückeberger sind hier besonders stark vertreten, Drückeberger müssen eben bestraft werden, nur ist das nichts Politisches, das ist doch klar."

Die Sonne wirft sich mit solcher Kraft auf das Lager, daß jeder Schritt eine Qual wird. „Ach ja, die Hitze", sagt der Beamte, „Jahr für Jahr ist hier immer die gleiche, und doch kann man sich nie an sie gewöhnen, im Gegenteil, je länger man hier ist, um so schrecklicher empfindet man sie." Der Beamte zählt die Lebensmittelrationen der Sträflinge auf. Sie hören sich gar nicht so niedrig an, achtzig Gramm Fleisch täglich, mehr hat sicher auch ein deutscher Arbeiter nicht. Die Gefangenen bestätigen auch die Angaben, sie fügen aber auch hinzu: Das, was wir bekommen, ist ungenießbar. Das Fleisch ist kein Fleisch, sondern verfaulte Knochen oder Sehnen, das Brot ist eine klebrige Masse, der Reis, wenn wir überhaupt welchen bekommen, madig. Die Lebensmittel und die Küchen werden den Fremden nicht gezeigt, aber das Aussehen der Gefangenen spricht für die Wahrheit der Klagen.

Die Schlafsäle, das geben sogar die eifrigsten Anhänger des guayanesischen Systems zu, lassen viel zu wünschen übrig. Ein schmutziger, luftloser Raum mit Pritschen, hier schlafen sechzig, siebzig Menschen. Der Raum wird nachts vollkommen verschlossen, aus Sicherheitsgründen. Die sechzig, siebzig Männer, die hier wie Tiere zusammengepfercht werden, sind alle krank, viele fiebern. Die Moskitos finden auch in die verschlossensten Räume den Weg. Moskitonetze, ob es die gibt? Die Frage klingt wie ein Witz. Im Hospital von Cayenne müssen sogar die Schwerkranken (Zivile, nicht die Sträflinge) eine besondere Eingabe machen, wenn sie ein Moskitonetz haben wollen.

Es gibt keine Krankheit, an der die Gefangenen nicht leiden, aber nur die Leprakranken werden abgesondert. Würde man jeden Kranken in ein Hospital tun, müßte es überhaupt nur Hospitäler geben. Man wartet also ab, bis ein Kranker schon dicht vor dem Tode steht und bringt ihn dann ins Hospital. Manchmal freilich stirbt er auch früher. Die Gefangenen freuen sich auch nicht, wenn ein Arzt sie ins Krankenhaus schickt. Sie wissen, das bedeutet baldigen Tod. Medikamente sind Kostbarkeiten, die nur in den seltensten Fällen verabreicht werden. Auch die schwersten Malariakranken bekommen kein Chinin.

Gerade trinken im Gefängnishof die Gefangenen Wasser (auch Wasser ist eine Kostbarkeit), sie trinken, ein Dutzend Menschen aus einem Gefäß. Unhygienisch? Wenn es Schlimmeres nicht gäbe als das. Die sind ja schon alle krank, so können sie sich nicht mehr gegenseitig anstecken.

Hygiene? Die findet man in den amerikanischen Tropen auch in besseren Hotels nicht immer, also wäre es ein bißchen zuviel verlangt, sie gerade in den Gefängnissen Guayanas zu erwarten. Es ist merkwürdig, gerade in den Tropen, wo nur größte Reinlichkeit Gesundheit ermöglicht, lebt man, was sanitäre Anlagen betrifft, im Mittelalter.

Ich will in den nächsten Gefängnishof einbiegen, aber ich werde aufgehalten von bewaffneten Aufsehern. Durchgang streng verboten, kein Fremder darf hier herein. Was gibt es hier zu sehen? Ja, das ist eine Guillotine – eine Guillotine, nur so zum Angstmachen? O nein, es ist eine ganz ernsthafte Guillotine, die morgen in Aktion treten wird. Ein Gefangener wird geköpft, er hat seinen Freund erschlagen im Streit. Vor zwei Wochen wurde ein Chinese geköpft. Seine Strafgenossen hänselten ihn immer, nannten ihn den gelben Teufel. Er begann eine Keilerei, die mit dem Tode eines Gefangenen endigte.

„Kommt ähnliches oft vor?"

„Ja, ziemlich oft. Die Gefangenen haben Wutanfälle wegen jeder Kleinigkeit, und jede Kleinigkeit, die sich hier abspielt, ist für sie von außerordentlicher Wichtigkeit. Man muß sich vorstellen, von ihrem früheren Leben sind sie vollkommen abgeschnitten, sie dürfen nur gelegentlich Briefe empfangen, sie dürfen nicht lesen, nicht schreiben. Die kleinen Ereignisse, die sich in ihrem eintönigen Leben abspielen, gewinnen ungeheure Bedeutung. Eine Mangofrucht, ein Schmetterling werden genau so verteidigt wie ein großer Schatz. Unter den Gefangenen gibt es Freundschaften, Eifersuchtstragödien, krankhafte Erscheinungen ihrer Abgesondertheit.

Manchmal tritt unter ihnen so eine Art kollektiven Tropenkollers auf, das ist wohl das Schrecklichste. Einer beginnt nachts zu brüllen, er hat Heimweh, oder seine Lage kommt ihm plötzlich zu Bewußtsein, und dann heulen alle mit. Kein Mensch kann sich so etwas Schreckliches vorstellen.

Saint-Jean, das Reich der Diebe

Sollte je ein Wettbewerb stattfinden, der die kleinste und primitivste Bahn der Welt prämieren wollte, würde die Bahn zwischen Saint-Laurent und Saint-Jean gewiß den Sieg erringen. Diese Bahn läuft meist, wenn sie Personen befördert, ohne Lokomotive, aber sie ist nicht etwa elektrisch. Wie das zugeht? Diese Bahn wird gerudert. Mit langen Stäben, die Buschneger oder Sträflinge bedienen. Die kühnen Reisenden, die sich dieser Bahn anvertrauen, werden stark durcheinandergerüttelt, aber sie rollen wie der Blitz auf den Schienen durch den Urwald.

Allerdings kann man auch im Auto die siebzehn Meilen machen, die Saint-Jean von Saint-Laurent trennen. Aber in Wirklichkeit ist die Entfernung unvergleichlich größer, als die Meilenzahl anzeigt. Saint-Jean ist wieder eine andere Welt. Eine Welt, die noch schrecklicher ist, noch unmenschlicher als die von Saint-Laurent. Von Saint-Jean gesehen ist sogar Saint-Laurent eine lebhafte Stadt, sie steht mitten im Menschengetriebe. Ihr Hafen verbindet sie mit der übrigen Welt. Saint-Jean jedoch liegt mitten im Urwald, seine Zwangsbewohner haben kein Auto, das sie nach Saint-Laurent bringen könnte. Sie dürfen auch nie die oben beschriebene Bahn benutzen.

Blockhäuser auf Hügeln unter Palmen, am Ufer des Maroni-Flusses, der Anblick wirkt von weitem fast anziehend. Aber sieht man das Innere der Blockhäuser, die Gefängnisse sind, atmet man die schwere, heiße Sumpfluft, begreift man gut die Verzweiflung der Zwangseinwohner. Ihre Zahl ist fast zweitausend. Zweitausend Menschen mitten im ungesündesten Urwald. Was suchen sie hier, was haben sie verbrochen? Es sind keine „Forçats", keine Zwangsarbeiter, sondern „Relégués". Das harmlose Wort „Relégué" bedeutet „Verbannter". Ihre Strafe hat eine noch harmlosere Umschreibung „interdiction de séjour", das heißt „Aufenthaltsverbot für Frankreich". Aber der Unterschied zwischen einem „Zwangsarbeiter" und einem „Verbannten" ist gleich Null.

Die Bewohner von Saint-Jean sind Diebe, kleine und kleinste Diebe. Keine großen Räuber, keine Banditen, sondern Taschendiebe, Warenhausmarder, Hühnerdiebe. Nach Saint-Jean kom-

Auch die Bahn wird von Sträflingen bedient.

men sie, wenn ihnen mindestens sechs Diebstähle bewiesen werden können. Dann aber sind sie in der Falle, lebenslänglich. Sechs Diebstähle sind vielleicht gar nicht so viel, wie es scheinen mag, wenn einer mal hier ein Brot, dort ein warmes Halstuch oder ein paar Francs stiehlt.

In Berlin mögen sich Hausfrauen darüber unterhalten, ob sie lieber ein Dienstmädchen aus der Provinz oder aus der Großstadt haben, die Damen der Administration in Französisch-Guayana diskutieren darüber, ob sie als Dienstpersonal Mörder oder Diebe bevorzugen. Das Merkwürdige ist, daß Mörder bei weitem beliebter sind als Diebe. Eine Hausfrau, der man nachsagen würde, ihr Koch sei aus Saint-Jean, müßte sich schämen. Dagegen ist das Beste, was man sich hierzulande leisten kann, ein Mörder aus Leidenschaft. Wenn die Sträflinge Eindruck schinden wollen, antworten sie auf die Frage, warum sie hier seien, ganz regelmäßig: „J'ai tué ma maitresse" („Ich habe meine Geliebte getötet"). Man hält das für sehr schick.

Wir scheinen doch noch nicht ganz aus jenen mittelalterlichen Zeiten heraus zu sein, in denen Eigentumsdelikte als die größten Sünden angesehen wurden. „In Saint-Jean befinden sich die Elemente, die im stärksten Grade asozial sind", erklären die Aufsichtsbeamten. Das Asoziale scheint auch Auffassungssache zu sein. Mein Geschmack jedenfalls weicht von dem der offiziellen Kreise Französisch-Guayanas ab. Ein Dieb ist mir jedenfalls sympathischer als der eifersüchtigste Mörder. Man gebe doch einem dieser Diebe eine einträgliche Stellung, und er wird sofort aufhören, asozial zu sein und Brot zu stehlen. Und beurteilte man so streng jeden Diebstahl, was würde dann mit der Administration in Französisch-Guayana geschehen? Die Gefängniswärter haben jedenfalls nicht den Ruf, den Gefangenen das, was ihnen wirklich zukommt, zu verabreichen. Gewohnheitsdiebe? Sind es nicht auch manche von den Herren, die die kleinsten Diebe so streng verurteilen?

Als ich den Film „Sous les toits de Paris" sah, hatte ich wirklich Angst um den netten „Préjean". Ich habe es ja gesehen, wie diese kleinen Taschendiebe, die Lumpenproletarier aus den Vorstädten von Paris enden. Wie, wenn man sechs speckige, fleckige Hausfrauen- oder Dienstmädchen-Geldbörsen bei ihm gefunden hätte? Das sind sechs bewiesene Diebstähle, und die genügen für Saint-Jean. Bei einem mehrfach Vorbestraften wäre ein Koffer voll Silber mehr als Grund genug zur Verbannung. Aber im Film ist zum Glück alles mehr auf „happy" als auf Wirklichkeit abgestimmt, und so endet immer alles gut, und das Publikum kann sich freuen.

Guter Charlie*, auch du säßest schon längst lebenslänglich im Zuchthaus, wenn du im Leben und nicht im Film die dicken Satten bestehlen würdest, denn in den Vereinigten Staaten ist die Strafe schon beim vierten Diebstahl lebenslängliches Zuchthaus.

„Wir sind die Pechvögel", sagt ein früherer Herrschaftsdiener, ein alter Einwohner von Saint-Jean. „Alle tun es, aber wir müssen daran glauben. Wenn jeder bestraft würde, der in seinem Leben schon gestohlen hat, dann müßte die ganze Welt eine einzige Strafanstalt werden. Aber bestraft werden natürlich nur die Dummen. Wenn ich gewußt hätte, daß es mit mir noch so enden würde, wäre ich auch schlauer gewesen. Ich hätte wirklich Wertvolles gestohlen und mich schleunigst aus dem Staub gemacht, aber ich wollte nur meiner Freundin kleine Aufmerksamkeiten erweisen. Wenn man immer so hübsche Dinge um sich sieht, möchte man auch Menschen, die einem nahestehen, eine Freude machen."

„Ein netter Diener, nicht wahr?" Ein anderer Gefangener hatte sich zu uns gesellt: „Aber ich bin ganz unschuldig hier. Mein Freund hat gestohlen, und man hielt mich für den Dieb, ich wollte ihn nicht verraten."

„Hören Sie nur nicht auf die Erzählungen dieser Kerle, wenn sie über sich sprechen, könnten Sie meinen, es sind lauter Unschuldslämmer. Alle, die hier sind, haben mehr als genug auf dem Kerbholz."

„Stimmt, auch die Aufseher", flüstert ein junger Mann, der fast noch wie ein Kind aussieht.

„Sind Sie schon lange hier?"

„Lange genug, aber es wird nicht mehr lange dauern, es geht bald mit mir zu Ende."

„Ach Mensch, hör auf zu flennen", ruft ihm der einstige Herrschaftsdiener zu.

„Wie kamen Sie denn hierher?"

---

* *Charlie* – gemeint ist vermutlich Charlie Chaplin.

„Ist das denn so schwer? Meine Frau war krank, und ich brauchte dringend Geld. Ich habe mein Glück in einem Warenhaus versucht, aber es wurde mir gleich zum Unglück. Man hat mich sofort gefaßt. Ich saß gleich in der Klemme, die richtigen Diebe faßt man nicht so leicht, die wissen, wie man ein Ding richtig dreht. Kaum aber hatte ich meine Strafe auf dem Buckel, ging es schnell abwärts. Ein Vorbestrafter findet keine Arbeit, da bleibt nichts anderes übrig, man versucht es wieder mit dem Klauen. Aber ich hatte zu große Angst, man sah es mir immer schon an, was ich vorhatte."

„Die richtigen Diebe, die etwas von ihrem Handwerk verstehen, bringen es nicht zur Diebeskolonie." Der Sprecher ist dürr, hager, er hat mehr Ähnlichkeit mit einer Mumie als mit einem lebendigen Wesen. Er ist ein früherer Hotelkellner. „Jeder in unserem Hotel hat gestohlen, die Gäste, das Küchenpersonal, der Direktor, aber gerade auf mich hatte man es abgesehen."

„Ja, das Stehlen ist eine große Sünde. Wir roden den Urwald und bekommen zwanzig Centimes den Tag, das ist kein Diebstahl, uns bestiehlt man nicht."

„Unsere Tagesration ist sechsundneunzig Gramm Fleisch, ein kleines Kommißbrot und sechzig Gramm Reis. Das Fleisch ist schlecht, das Brot ist schlecht, der Reis ist schlecht, etwas anderes bekommen wir nicht. Kein Obst, kein Gemüse, aber uns bestiehlt man nicht."

„Wenn einem die Sache zu bunt wird, und er will nicht mehr arbeiten für 20 Centimes den Tag, dann kommt er in die Dunkelzelle, wo er nichts sieht, nichts hört und nur Wasser und Brot bekommt, oder er wird an einen eisernen Pfahl angekettet. Das nennt man Disziplinarstrafe. Die hat man doch sicher verdient, wenn man für zwanzig Centimes den Tag nicht den Urwald roden will. Wir sind wirklich große Sünder."

„Wenn wir nicht hoffen würden, daß wir doch einmal von hier fortkommen könnten, keiner wollte mehr den Dreh weitermachen."

Die Sterblichkeitsziffer unter den Gefangenen von Saint-Jean gehört zu den höchsten in den Strafanstalten.

Bei der Teufelsinsel um Mitternacht

Unter den Passagieren der „Biskra" ist eine junge Frau mit drei kleinen Kindern, die nach der Teufelsinsel fährt, besser gesagt, sie fährt nach den Iles du Salut, wie der offizielle Name für die Inselgruppe lautet, zu der auch die Teufelsinsel gehört. Sie ist die Frau des Arztes der Iles du Salut, der Erlösungsinseln, wie sie sehr wenig treffend heißen. Die Arztgattin mit dem schönen Knabenkopf hat noch ein einige Monate altes Kind, das sie bei ihren Eltern ließ, weil sie befürchten mußte, daß es die Reise nicht überstehen könnte. Sie ist guter Laune, lacht viel, die verrufenen Inseln scheinen ihr keine Furcht einzuflößen. „Wie ist es möglich", frage ich einen der Offiziere, „daß man gerade einen Arzt mit vier Kindern nach den Iles du Salut versetzt?"

„Aber das ist doch ganz klar. Wovon soll ein Mann mit vier Kindern seine Familie erhalten? Dazu haben wir ja die Kolonien." Die Eingeborenen wissen vielleicht gar nicht, eine wie hohe Aufgabe sie erfüllen. Sie erhalten die kinderreichen Familien der Kolonialmächte.

Inzwischen werden Bogenlampen aufmontiert, es ist schon dunkle Nacht, und wir nähern uns den Inseln. An Bord zeigt man aufgeregt in die Dunkelheit, wo nichts zu sehen ist, und ruft: „Wir passieren die Teufelsinsel." Es ist nicht festzustellen, ob die Rufe der Wahrheit entsprechen, aber jetzt stoppen wir. Die „Biskra" tutet aufgeregt. Dann hört man schwere Ruderschläge, der Wind weht Stimmen herüber, eine große Barke nähert sich der „Biskra".

Das Fallreep hinauf klettert eine merkwürdige Gesellschaft. Bewaffnete Soldaten, Gefangenenwärter, einige Zuchthäusler, die große Körbe mit sich heraufschleppen, und Frauen, die, geblendet vom Licht der „Biskra", sich mit Händen und Füßen hinaufarbeiten. Auch der Arzt ist da, in Uniform. Die Kinder springen lachend und schreiend herum, besonders die Fünfjährige, „der Floh", wie sie von allen genannt wird, kann sich vor Wiedersehensfreude nicht fassen.

Die Sträflinge haben ihre Körbe hingestellt, auch ihre Augen müssen sich erst an das Licht gewöhnen. Sie sehen sich erst verstohlen um, als müßten sie sich an die neue Umgebung gewöhnen. Von den Körben haben sie das Tuch abgenommen, es befinden sich darin von ihnen verfertigte Gegenstände, die sie verkaufen wollen. Sie werden von den Passagieren umringt, jeder will etwas von ihrem Leben hier erfahren.

„Ich warte auf diesen Tag seit einem Jahr", sagt einer der Gefangenen, ein kleiner zusammengeschrumpfter Mann. Es ist eine große Auszeichnung, eine besondere Belohnung für die Gefangenen, wenn sie ein Schiff betreten dürfen. Der Grund, der ihnen zu dieser seltenen Begünstigung verhilft, ist der, daß sie die Fracht und das Gepäck abladen.

Kaum wollen sie Versuche machen, ihre Ware zu verkaufen und zu sprechen, eine Gelegenheit, die vielleicht in ihrem Leben nicht wiederkommt, ertönen schon Kommandorufe. „Schnell die Kisten, wir haben keine Zeit, beeilt euch, zum Teufel auch." Sie schleifen sie auch gleich hinunter zur Barke, aber es kommen immer neue Kisten, Koffer, Schachteln, und schon ertönt das Klingelzeichen zur Abfahrt. Sie beeilen sich immer mehr, um Zeit auch für sich zu gewinnen. Der eine Sträfling hat in seiner Aufregung fast die Tropenhelme der Arztfamilie ins Meer fallen lassen. „Du Idiot, du kommst nicht noch einmal auf ein Schiff, wenn du nicht mal deine Arbeit verstehst." Das zweite Klingelzeichen. Die „Biskra" muß sich beeilen, sonst kommt die Ebbe, und sie erreicht Cayenne bis zum Morgen nicht mehr. Die Sträflinge schielen nach ihren Körben, aber sie bekommen immer neue Befehle. „Vergeßt nicht das Spielzeug für die Kinder, und hier sind ja noch Koffer, beeilt euch doch." Das dritte Klingelzeichen. Noch nie habe ich ein so verzweifeltes Gesicht gesehen wie das des kleinen zusammengeschrumpften Sträflings, als er wieder seinen Korb zudeckte und dann zum Fallreep torkelte. Schon sind alle in der Barke. Abfahrt. Jemand von der „Biskra" ruft noch hinunter. „Floh, bleib gesund, keiner Floh."

Cayenne

Im allgemeinen sagt man Cayenne, wenn man Französisch-Guayana meint. Cayenne lebt in unserer Phantasie als Begriff ganz Französisch-Guayanas. In Wirklichkeit aber ist die Verbrecherkolonie in Saint-Laurent und die auf den Iles du Salut bezeichnender für Französisch-Guayana.

Cayenne ist die Hauptstadt. Wahrscheinlich gibt es keine zweite Hauptstadt in der Welt von so verzweifeltem Elend, aber immerhin ist es eine Stadt, deren Einwohner nicht unbedingt Verbrecher oder Gefangenenwärter sein müssen. Im Gegenteil, die ehemaligen Sträflinge, die „Libérés", die mit so wenig Recht „Befreite" genannt werden, dürfen sich in Cayenne gar nicht niederlassen, dürfen hier keine Geschäfte oder Unternehmungen haben.

Die „Biskra" wirft Anker sehr weit draußen im Hafen. Der Hafen selbst ist vollkommen versandet, und man wird in kleinen Ruderbooten zur Stadt befördert. In diesen Booten rudern zum Teil Sträflinge, die ihre Herren zur „Biskra" bringen oder die beim Löschen des Schiffes helfen. Das ist die besondere Note des Hafens von Cayenne. Auch daß, wenn ein Boot ganz besonders stark schaukelt und dem Kentern nahe scheint, der Schiffer beruhigend erklärt: Das war sicher wieder ein Haifisch.

Am Ufer steht ganz Cayenne und sieht sich die Neuankömmlinge an, wobei nicht mit Bemerkungen über sie gespart wird. Dieses Cayenne, das hier dicht gedrängt steht und das seltene Schauspiel einer Schiffsankunft bewundert, setzt sich zusammen aus Bürokraten, die sich als Verbannte fühlen, und aus Negern, schon in zivilisiertem Zustand.

In der Stadt gibt es Regierungsgebäude, Banken, eine Handelskammer, eine Universität und ein Waisenhaus mit vielen Mulattenkindern, Abkömmlinge von Sträflingen, die jetzt von Nonnen erzogen werden. Das klingt aber alles schöner, als es in Wirklichkeit ist. In den Straßen wächst kniehoch das Gras, eine Wasserleitung gibt es nicht, und die offenen Kloaken verbreiten in der Tropenhitze einen greulichen Gestank. Neben räudigen Hunden sind anscheinend Aasgeier die Lieblingstiere der Stadt. In ungeheuren Massen beleben sie die Plätze und Gassen, kauern schwarz in dichten Scharen auf den Hausdächern rund um den Markt und um die Lager der Gefangenen. Sie scheinen die einzigen lebenden Wesen zu sein, die hier gut gedeihen, denn nicht nur die Gefangenen, auch die Freien sehen bedauernswert aus. Fast jede Negerin leidet an der schrecklichsten Tropenkrankheit: Elephantiasis*. Auf unförmlichsten Beinen schleichen die Negerinnen durch Cayennes Straßen, sie verrichten auch meist die schwerste Straßenarbeit, und ihre mühlradähnlichen Strohhüte schützen nur ihr Gesicht vor den verderblichen Einflüssen der Sonne.

Cayenne hat sogar ein richtiges Café, wo man allerdings keinen Kaffee bekommen kann, wir sind ja in einem Land, wo der Kaffee wächst. Dafür stehen aber draußen zwei runde Tische mit Stühlen, direkt an der „Place des Palmistes". Die Cayenner sagen zwar, das sei kein Platz, sondern ein richtiger Busch, und fassen das nicht als Kompliment für die Stadtverwaltung auf. Hier in diesem Café, es nennt sich „Grand Café Verdun", spielt sich das gesellschaftliche Leben von Cayenne ab, hier treffen sich die Administration und die Intelligenz der Stadt und die seltenen Durchreisenden.

Ein Sträfling, der Rum kaufen möchte, wird von der Besitzerin, einer Negerin, die sehr viel weißen Puder aufgelegt hat, zurückgewiesen. „Quel toupet", sagt sie sehr pariserisch, welche Frechheit, „es gibt keine Disziplin mehr", und wendet sich an die anwesenden Mitglieder der Administration.

Ein echt französischer Typ, kleiner schwarzer Schnurrbart und Spitzbart, spielt mit einem Herrn, der eventuell auch aus Berlin sein könnte, Billard. Einige sehr exotisch aussehende Enten, die nicht aus dem Café zu scheuchen sind, stören die Spielenden. Die französische Type flucht portugiesisch und entpuppt sich als Viehhändler aus Brasilien. Der Herr dagegen, der aus Berlin sein könnte, ärgert sich auf österreichisch. Er behauptet, Direktor eines New Yorker naturhistorischen Museums und beauftragt zu sein, Riesenschlangen aufzukaufen. Zu diesem phantastischen Beruf ist er scheinbar in reiferen Jahren gekommen, er ist ein Wiener und ist wahrscheinlich früher in einer anderen Branche gereist als in Schlangen. Er fragt zwischendurch jeden

---

* *Elephantiasis* – unförmige Verdickung der Haut und des Unterhautbindegewebes, vor allem im Bereich der Beine, als Folge von Entzündungen und chronischen Stauungen in den Lymphgefäßen. Diese Krankheit kann angeboren sein, in den Tropen wird sie wesentlich häufiger durch Infektion mit einem Fadenwurm (übertragen durch Stechmücken) verursacht.

besorgt, was es wohl zu bedeuten habe, daß man ihm auf der Polizei, als er sich meldete, den Paß abnahm. Er möchte doch nicht ewig in Cayenne bleiben.

Jedenfalls beschloß ich, als ich seine Klagen hörte, die Polizei gar nicht in Versuchung zu bringen, meinen Paß zu behalten. Ich konnte mich übrigens nicht beklagen, in Französisch-Guayana von der Polizei viel belästigt worden zu sein, Frauen gegenüber ist man hier nicht so mißtrauisch.

Bei der Table d'hôte, auch das klingt großartiger, als es in Wirklichkeit ist, lernte ich die Administration kennen. Beim Mittagessen die Administration? Nun, ich hatte in Französisch-Guayana amtlich nichts zu erledigen, und doch konnte ich mir ohne Amtsstube durch harmlose Privatgespräche mit Vertretern aus diesen Amtsstuben eine genaue Vorstellung von der Administration machen. Es sind meist liebenswürdige, nette Herren aus kleineren Städten Frankreichs, die man nicht unbedingt auf einer Weltkarte finden muß. Sie bleiben zwei Jahre und zählen die Tage bis zu ihrer Rückkehr, sie haben sehr viel zu tun. Im Amt gibt es ungeheuer viele Akten, sie bringen diese zur Bearbeitung sogar mit nach Hause. Ich frage sie über die Gefangenenlager, die Hospitäler, aber sie haben ja gar keine gesehen. Wie sollten sie dazu Zeit finden bei der vielen Arbeit und den vielen Akten? Sie kennen nicht einmal die nächste Straße, sie kommen nicht einmal dazu, sich Cayenne anzusehen. Sie sehen nur Akten, immer nur Akten, bis die zwei Jahre um sind und ihr Nachfolger erscheint.

Ein Professor der Universität – Universität klingt eigentlich auch etwas hochtrabend – und sein Freund, ein Goldgräber auf Urlaub, die gleichfalls an der Table d'hôte teilnehmen, kennen Französisch-Guayana schon besser. Sie sind bereit, mir die besten und schlechtesten Seiten von Cayenne zu zeigen. Die beste Seite ist die Promenade, ja, die gibt es auch. Die gute Gesellschaft von Cayenne, es sind Neger, sitzen auf den Bänken. Die Damen sehen sich die Modejournale an, die eben die „Biskra" mitgebracht hat. Man hat von hier wirklich einen hübschen Blick auf die Stadt, auf das Meer, auf Felsen und Palmen, auf die farbige Pracht tropischer Blüten und auf eine Insel, die den Namen l'Enfant Perdu,

„das Verlorene Kind", trägt, weil sie von zwei größeren Inseln, den Eltern, entfernt liegt.

Der Goldgräber spricht: „Für mich ist Cayenne Nizza. Ich habe vierzehn Monate lang im Urwald gelebt. Sie können sich nicht vorstellen, wie groß, wie wunderbar Cayenne mir schien, als ich zurückkam. Wenn ich wieder nach Paris komme, wird es mir nach Cayenne nicht soviel größer erscheinen als Cayenne nach meiner Rückkehr aus dem Urwald. Ich war Flieger, flog zwischen Paris und Straßburg hin und her, bis ich plötzlich genug bekam, nicht nur vom Fliegen, sondern überhaupt von der Zivilisation, von der Stadt, von Paris. Goldgräber zu sein im Urwald, das war für mich nicht nur Abenteuer, nicht nur Abwechslung, sondern überhaupt Rettung aus unserer Zeit. Heute muß ich über mich lachen. Wie konnte ich so naiv, so dumm sein. Gerade in den Urwald wollte ich mich retten. Kein Mensch, der es nicht selbst versucht hat, kann es sich vorstellen, was das heißt, vierzehn Monate lang im Urwald zu leben und zu arbeiten. Ein paar Tage, sogar einige Wochen, das ist etwas ganz anderes. Diese Dunkelheit, diese Abgeschiedenheit, dieses ständige Auf-der-Hut-Sein vor dem Tod. Sie lachen über das elektrische Licht von Cayenne, es ist ja ein bißchen dunkel, ein bißchen rötlich, aber es ist Licht. Als ich zurückkam, konnte ich mich stundenlang damit unterhalten, das Licht einzuschalten. Wenn es regnet, muß ich nicht unbedingt naß werden, ich kann mich mit festen Mauern, mit einem Dach über meinem Kopf vor den Naturgewalten schützen, ich kann jeden Tag frisches Brot essen. Begreift man das, was das heißt, Brot, wenn man es lange Monate entbehren mußte? Ich kann in ein Geschäft gehen und alles kaufen, was ich will. Die armseligen Krämerläden Cayennes erschienen mir märchenhafter als die schönsten Warenhäuser von Paris. Ich kann mit Menschen plaudern, ich kann Zeitungen lesen, ich erfahre, was in der Welt vorgeht, bin wieder eingereiht in die menschliche Gesellschaft. Das, was man bei uns in Europa unter Natur versteht, unsere Ausflugsorte mit Aussichtsbänken, Kaffeegärten, mit schön geordneten Waldwegen, aber auch unsere Dörfer, unsere Äcker haben im Grunde mit der Natur genausoviel zu tun wie die Boulevards oder Paris. Ahnen unsere Naturschwärmer auch nur das geringste von ihrer Grausamkeit?

Ich wollte vor unserer Zeit fliehen, ich habe im Urwald gearbeitet, in einem der wenigen Winkel der Erde, die noch unerforscht sind. Und für wen arbeitete ich? Für Aktionäre, für die Börse, für Generaldirektoren. Meine Leute bekommen fünfundzwanzig Francs am Tag, das ist, was sie brauchen, um sich die allernotwendigsten Lebensmittel zu kaufen. Sie arbeiten in ständiger Lebensgefahr. Warum tun sie es? Weil sie nicht verhungern wollen. Ich werde, wenn ich meine zwei Jahre Kontrakt abgearbeitet habe, auch nicht reicher nach Paris zurückkehren, als ich gekommen bin, wenn ich überhaupt zurückkehre. Die Zeit, die mir bevorsteht, scheint mir viel schwerer und unerträglicher als die, die hinter mir liegt. Wenn die Goldtransporte nach Cayenne abgehen, geschieht es im geheimen mit allen Vorsichtsmaßregeln. Schon zweimal wurden unsere Goldschiffe geraubt, die ganze Mannschaft ermordet."

Wenn im Sträflingsland ein Mord oder ein Raub geschieht, ein linksstehender Abgeordneter vergiftet wird, was sagen die Leute? Sagen sie vielleicht, das haben unsere Verbrecher getan, wir haben zu viele von ihnen? Nein, sie sagen, das haben sicher Agenten der amerikanischen Banken getan. Seitdem amerikanische Banken die Konzession in Französisch-Guayana bekommen haben, ist an Gerüchten, Befürchtungen, Hoffnungen kein Mangel. Die Amerikaner suchen nach Erdöl, wird erzählt, sie haben auch genug gefunden, beginnen nur nicht mit dem Bohren.

„Wissen Sie, daß Cayenne auf Bauxit gebaut ist, dem Rohmaterial des Aluminiums?" sage ich. „Ich war vor kurzem auf den Bauxitfeldern Gurinanes, und die Steine sind hier die gleichen." Ich glaubte, eine große Entdeckung zu verraten. „Das wissen wir auch, wir haben überall Gold, Bauxit, das wertvollste Holz, Balata*, aber was machen wir aus all unserem Reichtum? Nichts. Wir versuchen es gar nicht, ihn zu heben, wir lassen ihn verkommen. Die Amerikaner sind wenigstens praktisch. Wenn sie irgendwo Geld anlegen, verstehen sie auch Nutzen daraus zu ziehen." Der Professor sagt das. In seinem alten ausgedienten Ford fahren wir auf einer Straße, deren Holprigkeit kaum zu übertreffen ist. Und

---

* *Balata* – dem Naturkautschuk ähnlicher Stoff, aus dem Milchsaft des Baumes *Mimusops balata* gewonnen, wird es unter anderem als Zusatz zu Kautschukmischungen für die Herstellung von Treibriemen verwendet.

doch hat diese Straße von einigen Dutzend Kilometern mehr Menschenopfer gefordert als irgendeine andere in der Welt.

„Man sollte Ihnen eigentlich gar nichts weiter zeigen, Sie sind Ausländerin, Journalistin, es ist nicht unser Interesse, daß über die Zustände hier berichtet wird. Aber, wenn ich es mir überlege, denke ich doch, es ist auch unser Interesse. Es gibt überall in der Welt genügend Dummheit, Grausamkeit, Sinnlosigkeit. Aber vielleicht ist auf einem kleinen Stück Erde sonst nirgends das alles in so vollständiger Reinkultur zusammen wie hier. Sehen Sie diese Straßen, das Fahren ist fast unmöglich. Ist es ein Wunder, sie ist ja mit Leichen gepflastert. Die Sträflinge, die diesen Weg gebaut haben, sind ohne Ausnahme gestorben. Verhungerte, an das tropische Klima nicht gewöhnte, kranke, der Sonne schutzlos preisgegebene Menschen haben hier gearbeitet mit den primitivsten Mitteln, als existierten nicht die vielgepriesenen Wunder der Technik. Kein einziger hat die Anstrengungen, denen ihr Körper nicht gewachsen war, überlebt. Jetzt kann man die Straße nicht weiterbauen, man wartet auf den nächsten Menschentransport, auf die nächsten fünfhundert."

Teufelsinsel bei Tageslicht

Diesmal erreicht die „Biskra" die Inseln um sechs Uhr morgens. Ich erwache, als wir stoppen. Als ich an Deck komme, sind schon die neuen Passagiere eingestiegen, auch die Arztfrau ist da mit ihrem Mann, aber nur auf Besuch, sie will, wenn auch nur für kurze Stunden, wieder „zivilisiertes Leben" genießen. Auch Sträflinge sind gekommen, aber nicht jene, die das letzte Mal auf dem Schiff waren.

Wir halten vor der Insel Royale, sie ist so nahe, daß man jedes Haus, jeden Strauch, jeden vorbeigehenden Menschen – es sind solche in Sträflingskleidern – klar erkennen kann. Die großen dunklen Häuser sind Gefängnisse, die kleinen wohnlicheren sind die Behausungen der Beamten. Sie sieht nett aus, diese Insel mitten im Ozean; die Wege sind gepflegt, man sieht hübsche Gärten und Anlagen.

Die Sträflinge bieten ihre Erzeugnisse an, heute haben sie Zeit, wir werden, es ist ein besonderer Ausnahmefall, einige Stunden vor den Inseln liegen. Auf der schwarzen Tafel steht die Abfahrtszeit, als wären wir in einem x-beliebigen Hafen und nicht bei den Inseln, die den Ruf haben, die abgeschlossensten und gemiedensten der Welt zu sein, den Inseln, die nur in den seltensten Fällen von regulären Dampfern angelaufen werden. Diesmal fahren höhere Beamte der Inseln nach Frankreich.

„Hier, bitte, kaufen Sie Behälter aus Kokosnuß." Der Sträfling, lang, schmal und von der schimmelfarbenen Blässe, durch die alle Gefangenen gezeichnet sind, hat die Behälter und Sparbüchsen, aus Kokosnüssen gefertigt, um sich herum ausgebreitet. „Souvenir Iles du Salut", „La Guyane Française" ist in die Kokosnußschalen eingraviert, genau wie bei den Souvenirs aus den Bazars der Badeorte, und sie sehen auch genauso aus, als wären sie in Kötzschenbroda in Sachsen verfertigt. „Kaufen Sie bitte", sagt der Sträfling, sein Französisch ist gebrochen, und es stellt sich auch heraus, daß er ein Deutscher ist.

„Wie kommen Sie denn hierher?"

„Ich habe einen Franzosen totgemacht. Hier, diese Körbe sind selbst geflochten aus den hiesigen Palmenblättern, sie sind haltbar. Ich bin lebenslänglich. Ich komme nie mehr von hier fort. Was das ist? Das ist ein Zigarrenabschneider, der ist einer Guillotine nachgebildet. Ja, die Guillotine sehen wir sehr oft. Wir leben hier auf der Insel so zusammengepfercht, dann kommt es manchmal zwischen uns zum Streit. Und weil die Wut so in uns sitzt wegen dem Leben, das wir führen müssen, endet es oft schlecht. Kaufen Sie doch einen Zigarrenabschneider, die werden auch am ehesten gekauft, das ist eine nette Erinnerung zu Hause von hier. Wenn man Geld hat, kann man Kartoffeln kaufen, aber ein Pfund kostet zwei Francs. Ich habe schon seit einem Jahr keine Kartoffeln gegessen. Hier, mein Herr, diese Schale mit Indianerköpfen, besonders preiswert, sie sind bald ausverkauft. Alle, die hier sind auf der Insel Royale, haben jemanden totgemacht, es sind keine anderen. Aber auf der Insel Saint-Joseph, da gibt es verschiedene, die kommen nur hin zur besonderen Strafe. Wenn einer versucht auszurücken oder nicht gehorchen will, die werden strenger gehalten als wir auf der Insel Royale. Die dürfen kaum aus ihren Zellen, aber auch wir haben Strafzellen, da sitzt man tagelang, wochenlang im Dunkeln, und Ketten gibt es auch zur Strafe. Dieser Korb ist besonders billig, kaufen Sie ihn, meine Dame. Das mit mir ist wegen einer Frau passiert, sie war ein Aas, es hat sich nicht gelohnt, aber man kann ja nichts wieder gutmachen." Dieser Sträfling macht die besten Geschäfte, er ist gesprächig und versteht seine Ware anzupreisen, kein Passagier kann ihm widerstehen.

Die anderen sind befangen, sie können vor Erregung kaum sprechen. Der eine ist jung, schmal, er ist erst seit einem halben Jahr hier, er ist aus Paris, er möchte wissen, was in der Welt vorgeht. Alle, die schon längere Zeit hier sind, kümmern sich nicht mehr um die Ereignisse da draußen. Er weiß noch über alles ganz genau Bescheid. Über das Leben auf der Insel spricht er nur ungern. „Man kann hier nichts als Schlechtigkeiten lernen. Wir machen ja diese Gegenstände, aber es ist so dumm, so sinnlos. Ich habe Glück, daß ich mitkommen durfte auf das Schiff. Viele Gefangene haben, seitdem sie hier sind, keinen Fremden gesehen. Nein, einen Brief möchte ich nicht wegschicken, ich will gar nicht, daß man von mir weiß. Manchmal wünsche ich, ich käme auch noch unter die Guillotine, dann wäre endlich alles zu Ende."

Die „Biskra" fährt an der Insel Saint-Joseph vorbei. Hier gibt es nur Gefängnisse. Gefängnisse, die eine Strafe sind für Gefangene, die sonst in Saint-Jean, in Cayenne oder Saint-Laurent gelitten haben. Gefängnisse, die nach diesen Lagern noch eine Strafe sind, müssen unübertreffliche Schreckenskammern sein.

„Hier sind freilich nicht die schlimmsten Verbrecher", sagt der höhere Beamte, „aber es sind die undiszipliniertesten Elemente, solche, die einfach nicht zu lenken sind, die ihre Kameraden aufzuhetzen versuchen, die Verschwörungen anzetteln, die ausgerückt sind, aber wieder eingefangen wurden. Aus Cayenne versuchen manche nach Brasilien hinüberzukommen, aus Saint-Laurent nach Holländisch-Guayana. Wenn ihr Abenteuer mißlingt, kommen sie nach Saint-Joseph. Hier können sie nicht mehr frei herumlaufen, und auch wenn sie es könnten, es würde ihnen nicht gelingen zu entkommen. Die Boote, die Saint-Joseph mit der

Ile Royale verbinden, werden streng bewacht. Weit hinaus könnten sie sich in dem Boot überhaupt nicht wagen. Und dann die vielen Haifische um die Inseln, kein Mensch könnte hier auch nur einen Steinwurf weit schwimmen."

„Sehen Sie, jetzt kommt die Teufelsinsel. Es sieht so aus, als könnten die Gefangenen nach Royale hinüberspringen, aber keiner könnte entkommen."

Auch die „Biskra" ist jetzt so nahe der berüchtigten Insel, daß man fast meint, man könnte, wenn man sich etwas vorbeugt, die Palmen berühren. Die kleinen Häuser der Gefangenen sind sehr deutlich unter den Palmen zu sehen. Wüßte man nicht, was diese Insel bedeutet, alle Passagiere würden entzückt ausrufen: welch eine reizende Insel. So ungefähr stellt man sich das Eiland Robinsons vor, sehr grün, mitten im Ozean, mit hohen, mächtigen Palmen. Das Teuflische würde man erst merken, wenn man hier leben müßte. Die Abgeschiedenheit ist vollkommen, keine Botschaft dringt zu den Gefangenen, sie dürfen nichts über den Lauf der Welt erfahren. Nur in Ausnahmefällen dürfen sie zensurierte Nachrichten von ihren Angehörigen empfangen. Nichts anderes können sie sehen als diese Kokospalmen, die aus der Ferne so idyllisch wirken, und immer quält sie die gleiche Hitze, quälen sie Schwärme von Moskitos und Krankheiten, für die sie im Krankenhaus nie Heilung finden. Es gibt jetzt zwölf Gefangene auf der Insel, darunter auch einen Deutschen, alle zwölf sind wegen Landesverrats verurteilt, alle zwölf lebenslänglich. Zwei Gefangenenwärter sind noch auf der Insel. „Nur zwei?" – „Zwei genügen vollkommen, und es gibt Alarmvorrichtungen, die auf der Insel Royale sofort gehört werden, ausrücken könnte keiner. Und würden sie etwas gegen die Wärter unternehmen, erwartete sie nur die Guillotine."

Es sind auf den Inseln über sechshundert Gefangene. Ich fragte die Frau des höheren Beamten, die von den Inseln kam, ob das Leben, das sie geführt hatte, nicht schrecklich war. „Gar nicht, im Gegenteil, ich werde sicher Sehnsucht haben nach der Ruhe. Hilfe hatte ich im Haushalt soviel ich wollte, und hier kann keiner frech werden, wenn man ihm etwas sagt, wie in Frankreich. Ich machte meine Bestellungen in Paris, und alles kam pünktlich an. Dann haben wir auch eine Kooperative, wo alles Nötige für uns besorgt wird. Um fünf Uhr abends müssen die Sträflinge wieder im Gefängnis sein, und dann herrscht die vollkommenste Ruhe auf der Insel. Die befreundeten Familien der Administration kommen abends zusammen, wir haben Radio, die Zeit vergeht wirklich ganz angenehm."

„Ja, Sie haben es besser auf den Inseln als wir in Cayenne", sagt die Frau eines Verwaltungsbeamten, die auch nach Frankreich fährt. „Cayenne ist wirklich furchtbar, auch für uns. Auf dem Markt in Cayenne kann man nichts Vernünftiges kaufen. Ich war zehn Jahre lang in Neukaledonien, dort war es viel besser."

„Ist dort die Lage der Gefangenen günstiger?"

„Davon weiß ich nicht viel. Aber auf dem Markt dort bekommt man einfach alles, Tomaten, Salate, Äpfel, Birnen, als wäre man in Frankreich."

Noch einmal Saint-Laurent

Erfinder und Gräber

Ich hatte verschiedenen Gefangenen versprochen, wenn ich von Saint-Laurent abfahre, Briefe für sie zu befördern. Keiner hat es vergessen. Es gibt ungelenke Schriften, mancher merkt man aber auch an, daß für ihre Verfasser das Schreiben nichts Ungewohntes ist.

Werden je diese Briefe ihre Adressaten erreichen? Der Deutsche, der mir einen Brief für seine Verwandten in Kanada mitgibt, gesteht mir, seit zehn Jahren von ihnen nichts gehört zu haben. Ein Militärsträfling übergibt mir seine Erfindung, „das fliegende Maschinengewehr", und wünscht von mir, daß ich sie an die amerikanische Regierung verkaufe, weil er mich für eine Amerikanerin hält. Sie haben alle die phantastischsten Ideen, wie sie zu Geld kommen könnten – dann hätten sie die Möglichkeit zu fliehen. Und die Flucht ist die Sehnsucht aller, auch wenn sie wissen, es könnte die Flucht sein in den Tod.

Jetzt bietet sich ein Anblick auf der Straße, der diese Sehnsucht mehr als begreiflich macht. Sträflinge kommen von der

Arbeit im Urwald heim, doch in welchem Zustand. In einem Karren, der von Gefangenen gezogen wird, die sich noch aufrecht halten können, liegen jene, die nicht mehr weiterkönnen. Blutlose Körper durcheinander, übereinander geworfen, als wären sie Gegenstände. Sie sind kaum noch lebendig, schon halbe Leichen. Der Karren wird von hinten von zwei Torkelnden mit verbundenen Köpfen geschoben. „Aber das ist ja grausig, unmenschlich. Kommt das öfter vor?" – „Ja, das kommt alle Tage vor."

Jetzt kreuzt zufällig ein Leichenwagen den Weg, geschmückt mit tropischen Blumen. Auch seine Gefolgschaft ist seltsam. Ministrantenkinder und bärtige Priester in roten Gewändern. Sie alle sind Neger, und sie beten und singen laut nach katholischem Ritus, aber ins Tropische übersetzt. Auch Buschneger, Sträflinge und laut weinende Frauen folgen dem Sarg. „Ein Sträfling?" frage ich. „Es ist ein junger Negerknabe, der starb. Sträflinge werden anders begraben. Wenn Sie mitkommen auf den Friedhof, können Sie es vielleicht sehen."

Bambus, das klingt so poetisch. In jedem exotischen Gedicht werden durch dieses Wort die anmutigsten Vorstellungen erzeugt. Bambus, das ist ein schlimmes Wort in Französisch-Guayana, denn Bambusse umzäunen die Friedhöfe, und unter Bambussen ruhen, bedeutet den Tod. „Hier, das ist der Friedhof der Sträflinge, die Gräber sind alle frisch. Es ruhen hier nur Tote der letzten Monate und die anderen, die früher gestorben sind. Nach einem Jahr werden alle Gräber vollkommen abgebrannt, dann gibt es wieder neue Begräbnisstätten, man hat nicht soviel Platz, um die Toten allzu lange ruhen zu lassen." Wie die Holzstäbe in den botanischen Gärten, auf denen die Pflanzenart verzeichnet ist, so sehen die Gedenkzeichen der Gräber aus. Nur das Datum des Todes und der Familienname stehen darauf, ein internationales Namensverzeichnis: Landfried, Armand, Laifaoui, Slimi, Cavallet, Lheurenz, es gibt auch längere Namen, Lebli Rabah, Jahia ben Seghir.

Es gibt aber auch Gräber, die gepflegt sind, mit Blumen geschmückt, mit bemalten Kreuzen, mit Kränzen. Diese Toten hatten einen Freund. Da ist ein Grab mit einem großen schwarzen Kreuz und zwei Kränzen aus künstlichen Blumen, deren Anschaffung für einen Sträfling ein Vermögen bedeuten mußte. Auf dem schwarzen Kreuz ist mit weißen Buchstaben die Widmung gepinselt: Meinem unvergeßlichen Freund George, dem besten Kameraden.

Dann ist noch da die Reihe offener Gräber. Die Sträflinge schaufeln sie im voraus, wahrscheinlich aus administrativen Gründen. Es kann sein, daß der Gräber selbst von dem Grab, das er gegraben hat, verschlungen wird. Diese offenen Gräber, sie gleichen sich vollkommmen, sie sind genau abgezirkelt. Nichts habe ich in ganz Französisch-Guayana gesehen, das so peinlich ordentlich gehalten worden wäre wie sie.

VI. Entdeckungsreise in Britisch-Guayana, dem Diamantenland

Demerara, eine orientalische Stadt in Südamerika

Wo liegt eigentlich Britisch-Guayana? In Afrika? In Indien? Ach so, es ist in der Nachbarschaft von Französisch-Guayana, da, wo Cayenne ist, in Südamerika also, jetzt weiß man Bescheid. Wenn wir aber Demerara[*], die Hauptstadt – nur im Lehrbuch heißt sie Georgetown, kein Mensch nennt sie so –, zuerst betreten, könnten wir bezweifeln, ob das wirklich Südamerika ist, nicht vielmehr Indien.

Inderinnen, umbauscht von weißen und farbigen Tüchern, gehen durch die Straßen. Männer, den Körper mit weißen, kurzgeschürzten Linnen bedeckt, unzählige Bettler, nur mit einigen Fetzen bekleidet, torkeln an Arkaden entlang oder liegen auf der Erde. Ein mohammedanischer Priester mit brennendrotem Turban, Pumphose und Jacke, seine Stirn ist mit lila Linien bemalt zum Zeichen seiner hohen Würde, liest mit lauter, singender Stimme aus dem Koran den vor ihm kauernden Zuhörern vor. Die „cookshops", die Kochbuden der Ärmsten, locken mit indischen Aufschriften die Hungrigen in ihre dunklen Höhlen. Die dicken Inhaberinnen mit glänzendschwarzem Haar, silbernen Rosetten an der äußeren Nasenwand und klirrenden Armbändern bedienen mit einer dicken Suppe selbst ihre Gäste, verhungert oder, wenn man will, asketisch aussehende Inder.

In den offenen Geschäften unter den Arkaden beugen sich Silberschmiede über die Ohren- und Nasenringe, die Arm- und Knöchelbänder, die die Wohlhabenheit einer Inderin offensichtlich dartun. In einem anderen Laden werden in bronzene Gebrauchsgegenstände Szenen und Gestalten aus der verlassenen Heimat

---

[*] *Demerara* – Name der ersten, im Jahr 1581 von Europäern angelegten Siedlung, ebenso des hier ins Meer mündenden Flusses; die Hauptstadt hatte je nach Besitzer wechselnde Bezeichnungen, als 1814 die Engländer endgültig die Stadt erhielten, nannten sie sie Georgetown.

gehämmert. Emaillearbeiter tragen mit unglaublicher Geduld Farben auf. Die Dosen, Vasen, Schalen sind für Fremde bestimmt.

Auf dem Markt ist das Leben noch lauter, das Durcheinander noch größer. Zwischen den Obstbergen werden viel Reis und Curry feilgeboten, Süßigkeiten aus Guave hergestellt und alle Gewürze, die der indische Gaumen gewohnt ist. Die Käufer sind unter den Marktbesuchern weniger zahlreich als jene, für die der Markt einfach ein gesellschaftliches Ereignis ist, das man mitmacht. Im Kreis hocken Männer und Frauen auf ihren Fersen zusammen und plaudern, oder sie bleiben, wenn der Gesprächsstoff ausgegangen ist, stundenlang schweigend in dieser Lage, die nicht sehr bequem scheint.

Hier sieht man, daß Britisch-Guayana nicht nur indisch, sondern auch afrikanisch ist. Die Neger durchbrechen mit ihrem lauten Lachen die Gelassenheit der Inder. Syrer weben bunte Teppiche und preisen gleichzeitig singend ihre Ware an. Ein Alter, mit langem weißem Bart, strickt mit Zehen und Fingern bunte Wollketten für die Mädchen, die gleich auf die Bestellung warten. Im fliegenden Schönheitssalon lassen die Bettler ihren Bart stutzen und betrachten dann in dem Stückchen eines zerbrochenen Spiegels kritisch das Werk des Haarkünstlers. Manchmal huscht ein Chinese in schwarzem Seidenmantel oder eine Chinesin mit einem riesigen Schirm durch die Menge. Diese Chinesen sind die Aristokraten unter der farbigen Bevölkerung Britisch-Guayanas, denn man läßt nur diejenigen ins Land, die über größere Mittel verfügen.

Wie die Neger nach Südamerika kamen, das wissen wir, das war noch in jenen barbarischen Zeiten, als Sklavenhandel erlaubt war. Wie aber kommen die Inder nach Südamerika?

Import indischer Kulis

Diese indische Kolonisation in Britisch-Guayana ist eine Sache neueren Datums. Im letzten Jahrzehnt fand ganz ohne Sang und Klang eine kleine Völkerwanderung statt. Heute sind weit über die Hälfte der Einwohner von Britisch-Guayana Inder. Allerdings ist dieses Land, das genau den Umfang von Großbritannien hat, mit etwa 400.000 Einwohnern, alle wilden Indianer einberechnet, eines der am dünnsten bevölkerten Länder der Welt. Raum ist hier also genug, während Indien übervölkert ist. Als kurz nach dem Kriegsende die Zucker- und Reispreise in die Höhe schnellten, erinnerten sich die Engländer, daß sich die fruchtbaren, aber bisher gar nicht ausgebeuteten Ländereien in Guayana für die Zuckerproduktion besonders eignen würden. Aber erst müßte Urwald gerodet werden. Arbeitskräfte fehlen? In Indien gibt es genug Menschen. Man holt Kulis aus Indien.

Dieser Ausdruck „Kulis" ist offiziell. Die Inder in Britisch-Guayana werden überhaupt nur als Kulis bezeichnet. Das Wort Kuli ist in die englische Sprache übernommen und bedeutet soviel wie farbige, ungelernte Arbeiter. Die Inder sind aber gar keine ungelernten Arbeiter, es wurden nur solche hierher transportiert, die schon in Indien auf Zucker- oder Reisfeldern gearbeitet haben oder in Zucker- und Rumfabriken. Und doch Kulis.

Ja, nicht nur Kulis im Sinne des englischen Wörterbuches, sondern auch in dem extremen Sinn des Halbsklaven. Denn diese Inder sind nicht frei, wenn sie nach Britisch-Guayana kommen, sie haben einen Fünfjahreskontrakt. Während dieser Zeit müssen sie die Arbeiten verrichten, die ihnen von der Regierungsstelle angewiesen werden. Sie müssen dort arbeiten, wohin man sie schickt, sie genießen keine Freizügigkeit. Entweichen von der Arbeitsstelle wird mit Gefängnis bestraft, auch Annahme einer anderen Arbeit. In den ungeheuren Urwäldern von Britisch-Guayana dürfen die Arbeitgeber nur Arbeiter einstellen, die eine von der Regierung ausgestellte Arbeitskarte besitzen, sonst werden auch sie bestraft. Diese Maßnahmen sind alles andere als beliebt. Man braucht also nicht zu glauben, daß der Bürokratismus ein Vorrecht der zivilisierten Länder ist. Er herrscht auch im tiefsten Urwald.

Ich sprach schon von den vielen Bettlern, die den Straßen von Demerara einen so malerischen Anstrich geben. Man könnte erst annehmen, daß ihre phantastischen, zerlumpten Erscheinungen ihre Zahl größer erscheinen lassen, als sie wirklich ist. Aber die kühlen statistischen Zahlen beweisen klipp und klar, daß der Augenschein nicht trügt. Schon im Jahre 1928, als noch gute Konjunktur war, gab es in Demerara, einer Stadt von fünfzigtausend

Einwohnern, etwa viertausend behördlich genehmigte Bettler. Heute, in der Krisenzeit, hat sich ihre Zahl mindestens verdoppelt, also ungefähr jeder sechste Einwohner ist ein konzessionierter Bettler.

„Ich war Kuli, habe in der Zuckerfabrik gearbeitet, sie ist geschlossen, es gibt keine Arbeit." Die Meisten sprechen etwas Englisch.

„Können Sie denn nicht zurückfahren nach Indien?"

„Bin erst seit drei Jahren hier, Rückfahrkarte bekomme ich erst nach dem fünften Jahr."

Ein anderer: „Ich bin seit sieben Jahren hier mit Familie. Nach fünf Jahren konnte ich statt Reisegeld Land bekommen. Den Rest sollte ich in Jahresraten abzahlen. Ich hatte eine Zuckerplantage, aber es ging gleich alles schief. Die Preise fallen, Zucker kann man überhaupt nicht verkaufen. Ich konnte nichts zahlen, ich habe alles verloren."

Keine Arbeit in diesem Lande, wo doch soviel Raum ist und so wenig Hände? Nein, keine. Man muß die Produktion einschränken, es lohnt nicht, man läßt die Rohrzuckerfelder verkommen. Fabriken werden geschlossen. In den Lagerhäusern ist schon übergenug Zucker aufgestapelt, man weiß nicht, wohin damit. Es wird nichts anderes übrigbleiben, als ihn zu vernichten.

Und was geschieht mit den Kulis? Man hat allein im Jahre 1920 sechzigtausend Inder nach Guayana importiert, nur wenige sind nach Indien zurückgekehrt. Wer weiß, vielleicht werden die Zuckerpreise einmal in die Höhe gehen, vielleicht können sie ihr Glück auch anders machen. – Es gibt ja Diamanten und Gold, nicht nur Zucker, in Guayana.

Wie werde ich reich und glücklich?

Es ist merkwürdig, in dieser Stadt der Bettler so viele große Aufschriften zu sehen, die alle von Diamanten, Gold, Edelsteinen sprechen, „Erste Britische Diamanten-Gesellschaft", „Krakowsky Diamanten GmbH", „Goldverwertungs-AG". Denn Britisch-Guayana ist wirklich reich, es ist nicht nur fruchtbar, hat nicht nur ungeheure, unausgebeutete Wälder, sondern auch viele Naturschätze. Neben Brasilien ist es das bedeutendste Diamantenland

Amerikas. „Seien Sie weise, versäumen Sie nicht, bei uns Ihre Einkäufe zu machen, wenn Sie Diamanten oder Gold graben wollen." „Die besten Ausrüstungen für Diamantengräber hier zu haben." So und ähnlich locken Anzeigen.

Ich war also nicht einmal besonders überrascht, als sich im Hotel ein Herr bei mir melden ließ, der mir ohne viel Umschweife ungeheure Reichtümer versprach. In seiner Rede glitzerten nur so die Diamanten und blinkten die Goldberge. Der Fremde sah exotisch und interessant aus, ein Inder, aber in der weißen Tropenkleidung der Weißen. Leider stellte sich zu schnell heraus, daß er nur ein Fremdenführer war, doch bereit, eine Expedition für mich nach den Diamantenfeldern auszurüsten. Er würde alle Formalitäten erledigen, Diamantengräber für mich verdingen, ein Boot chartern, einen Kapitän und Mannschaften heuern. Er wollte alle nötigen Werkzeuge besorgen, Waffen und Munition, Zelte und Lebensmittel, er berechnete, wieviel Biskuits* und Salzfische, wieviel Konserven, Mehl und Zucker ich mitnehmen müßte. Ich hätte selbst weiter nichts zu tun, als in Diamanten zu wühlen. Nach vier Monaten könnte ich als mehrfache Millionärin nach Europa zurückkehren.

Welche Aussichten! Ich sah mich schon in Hamburg mit Säkken voll Diamanten landen.

Ja, und die Kosten? Der Inder rechnete und rechnete. Etwa zweitausendfünfhundert Dollar müßte ich schon anlegen, um reich zu werden, wirklich nicht viel. Er konnte auch gar nicht begreifen, daß ich diese glänzende Gelegenheit nicht ergriff. Ganz unglaubwürdig schien ihm, daß ich eine so kleine Summe nicht besaß. In Britisch-Guayana haben die europäischen Touristen – sie sind eine große Seltenheit – denselben Ruf wie die Amerikaner in Europa. Niemand will es glauben, daß ein Europäer, der überhaupt auf die Idee verfiel, nach Britisch-Guayana zu kommen, nicht sehr reich sei. Dagegen sind die Amerikaner aus den Staaten und aus Kanada ganz gewöhnliche Erscheinungen. Sie verbrin-

---

* *Biskuits* – Ursprünglich Bezeichnung für Schiffszwieback, erst später wandelte sich die Bedeutung in feines Gebäck; Leitner könnte sich auch auf das englische „biscuit" beziehen, das ebenfalls Zwieback, im amerikanischen Englisch auch weiches Brötchen bedeutet.

gen sehr häufig ihre Ferien hier. Es werden Touristenfahrten mit Aufenthalt im Hotel veranstaltet. Der Rum ist berühmt, im ersten Hotel am Platz gibt es eine große Auswahl von Cocktails, und jeder bekommt so viele Highballs serviert, wie er nur wünscht. Das allein ist schon eine achttägige Seereise wert. Der Inder sah mich immer noch vorwurfsvoll und traurig an. Wirklich, warum soll man leichtsinnig dem Glück aus dem Wege gehen?

„Wo ist denn der Abfahrtshafen der Diamantensucher?"

„Der ist in Bartica, eine Tagesreise von Demerara entfernt."

„Und das kostet?"

„Ungefähr zehn Dollar mit der Eisenbahn."

„Glänzend, soviel kann ich noch für Glückssuche erübrigen. Wenn ich dann in Bartica viele erfolgreiche Diamantengräber treffe, mache ich auch unbedingt eine Expedition. Wenn ich mit Bestimmtheit sehe, daß ich auf diese Weise Millionärin werden kann, würde es mir vielleicht möglich sein, die nötigen Mittel aufzutreiben."

Der Inder zog unzufrieden ab.

Fahrt nach dem Diamantenhafen

Als ich den Essequibo-Fluß mit der Fähre überquerte und die Bahnstation erreichte, konnte ich die erste Freude darüber erleben, eine einfache Reisende und nicht eine Diamantensucherin zu sein.

Eine Menschenmenge in den Tropen wirkt nie phlegmatisch, aber eine so ungeheure Aufregung, wie sie auf dem kleinen Bahnhof herrschte, kann man sich schwer vorstellen. Brüllend und heulend versuchten die Negerträger unförmiges Gepäck zu verladen, wo doch einfach kein Platz vorhanden war. Reisende suchten laut jammernd ihre Gepäckstücke, die in alle Winde verstreut herumlagen. Ich hatte nur einen kleinen Handkoffer mit, er wurde ein wahres Kampfobjekt der zahllosen Träger; es war ein Wunder, daß er doch noch zu mir gelangte. Es meldeten sich auch dann mindestens ein Dutzend Leute um Trinkgelder.

Es war der Anfang der Hauptsaison im Gebiet des Mazaruni. Die Regenperiode hatte eben aufgehört, und die Zeit für die Fahrt auf den Flüssen war jetzt die günstigste. Der Zug war überfüllt, die wenigen Weißen waren Vertreter der Diamantengesellschaften, Angestellte einer Bauxitgesellschaft und Missionare, die in weit abgelegene Indianerdörfer fuhren. Die Farbigen waren nicht nur Diamanten- und Goldgräber, sondern auch Plantagenarbeiter, es fuhren auch mehrere Frauen mit. In meinem Abteil saßen auch zwei Indianer, die nach Hause fuhren. Ich habe einen von diesen letzten Mohikanern schon im Hotel gesehen, wo er „echte" indianische „Curios" verkaufte. Die „Andenken aus der Wildnis", „giftige" Pfeile und Kopfschmuck, sind beliebt, doch werden sie so schlecht bezahlt, daß die Indianer sie in Warenhäusern kaufen müssen, die diese wieder aus Fabriken aus Amerika beziehen.

Einer der Missionare, der neben den Indianern saß, die mit ihm nicht ins Gespräch kommen wollten, begann nun mich über mein Reiseziel auszufragen. Als er hörte, daß ich in Bartica im Hotel wohnen wollte, fand er das den Gipfel der Abenteuerlichkeit. Kein besserer Fremder wohnt dort, besonders wenn er noch obendrein eine Dame ist, er wollte mir eine vornehmere Unterkunft besorgen.

„Ist die auch wirklich soviel besser?"

„Ja, da hätten Sie viel mehr Komfort, und auch die Umgebung wäre weniger gefahrvoll."

„Und wo soll das sein?"

„Im staatlichen Zuchthaus am anderen Ufer des Mazaruni gegenüber Bartica. Sie wären dort sicher gut versorgt."

Ich dachte erst, der Missionar habe jenen englischen trockenen Humor, der auch vom österreichischen Blödeln nicht zu übertreffen ist. Aber davon war keine Rede. Dieses Zuchthaus diente wirklich alleinstehenden Damen oft als Quartier. Man bekam zum Frühstück den echtesten englischen „porridge" (Hafergrütze) und nahm an der Andacht mit den Zuchthäuslern teil. Trotzdem wollte ich es mir noch überlegen.

Die Ankunft in Bartica verlief ebenso dramatisch wie die Abfahrt von Demerara. Endlich aber landeten ich und meine Zehn-Pfund-Handtasche im „Grand Hotel Bartica", eben in jenem Hotel, in dem abzusteigen dem Missionar so unschicklich schien.

Die Hotels in den amerikanischen Tropen sind selten eine reine Freude für Menschen mit empfindlichen Gehörnerven. Sie sind so gebaut, daß auch dem Gast, der sich auf sein Zimmer zurückzieht, kein Laut und kein Wort entgeht. Es gibt meist Rabitzwände und keine Fenster, dafür aber mindestens zwei Türen mit offenen Jalousien. Die amerikanischen Drahtmoskitonetze sind hier wegen ihres hohen Preises nur wenig bekannt, dafür aber breitet sich über das Bett ein mehr oder (meist) weniger weißes Moskitonetz. Im „Grand Hotel Bartica" nun waren alle Unvollkommenheiten in höchster Vollkommenheit vorhanden. Der Stimmenaufwand der Gäste bewies, daß sie gewohnt waren, im Urwald Tiger zu überbrüllen. Das Moskitonetz verriet die reichste Vergangenheit.

Man weiß nie im Leben, wonach man noch Sehnsucht haben könnte. Ich hätte zum Beispiel nie gedacht, daß ich mir einmal heftige Vorwürfe machen würde, doch nicht lieber ins Zuchthaus von Bartica gegangen zu sein.

Der Mann, der wegen ungebührlichen Benehmens im Urwald Strafe zahlen mußte

So laut es in der Nacht im Hotel zuging, so ruhig war es am Morgen, das Haus war wie ausgestorben. Die Diamantengräber waren schon am Hafen, um ihre Weiterfahrt vorzubereiten, oder sie schliefen ihren Freudenrausch aus über ihre Rückkehr in die Zivilisation.

Nur ein einzelner Mann, ein Neger in mittleren Jahren mit rotunterlaufenen, tränenden Augen, saß an einem Tisch, scheinbar hier vergessen seit gestern abend. Er redete halblaut vor sich hin. Erst bei genauerem Zuhören enträtselten sich seine Worte als eine Kette von sich wiederholenden Flüchen: „Donnerwetter, Kreuzsakrament, verdammt noch einmal, Himmelkreuzteufel, verfluchte Pesthölle, Satansgesindel, dreckige Saubande." Das war also zweifellos einer jener Männer, durch die nach Ansicht des Missionars das Zuchthaus ein angemessenerer Ort für Damen wurde als dieses Hotel. „Jetzt hör mal auf." Die Negerbedienerin versuchte vergeblich, ihm bessere Sitten beizubringen. Er fluchte weiter, allerdings in einem sehr leisen und sanften Ton. „Laß mich doch, das habe ich mir vorgenommen, das habe ich mir geschworen, wenn ich aus dieser Hölle von Urwald, von diesem Schweinehund von Sklaventreiber mal loskomme, dann tue ich 24 Stunden lang nichts als fluchen. Hier ist wenigstens ein netter Ort, hier kann man fluchen, ohne Strafe zahlen zu müssen."

„Das bilde dir nur nicht ein, wenn du das Maul nicht halten willst, kannst du auch hier ins Kittchen kommen."

„Unsinn, du willst mir was vormachen. Aber hier, sieh mal her, hier steht es schwarz auf weiß, ich habe Strafe gezahlt, einen Dollar Strafe, weil ich ein bißchen den Mund auftat und Bescheid sagen wollte dem Kerl, der im Urwald den großen Herrn spielen wollte. Einen Dollar Strafe wegen ungebührlichen Benehmens, und zieht sie mir einfach vom Lohn ab, eine gute Idee. Ich bekomme für den ganzen Tag für die Hundearbeit von frühmorgens bis in den Abend fünfundsechzig Cent, aber wenn ich den Mund mal aufmache, kostet es einen Dollar. Nicht übel, was?"

Ich bitte ihn, mir den Zettel zu zeigen. Er wird sofort von geradezu weltmännischer Liebenswürdigkeit und überreicht mir mit einer Verbeugung das merkwürdige Dokument aus dem Urwald, das schon Spuren vieler interessierter Finger aufwies. Es ist eine Abrechnung, lautend auf den Namen John Day, eine Abrechnung über drei Monate Arbeit auf den Diamantfeldern. Hier steht: 90 Tage à 65 Cent = 58 Dollar 50 Cent. Die Ausgaben lauten: 10 Dollar Vorschuß, 15 Dollar Geldanweisung an Frau, zweimal je ein Tabakpaket à 3 Dollar, ein Hemd 4 Dollar und zuletzt 1 Dollar Strafe wegen Gebrauchs lästerlicher Sprache.

„Ich arbeite von morgens um sechs bis zur Dunkelheit wie ein Tier und bekomme dafür fünfundsechzig Cent. Wenn aber dem Herrn meine Sprache nicht gefällt, kostet mich das einen Dollar. Nein, zum Teufel auch, Donnerwetter noch einmal, diese Welt ist nicht in Ordnung."

„Du hättest dich beschweren sollen, oller Knabe, sowas braucht man sich doch nicht ohne weiteres gefallen zu lassen", sagt ein Neuankömmling, dem man anmerkt, daß er sich soeben im Schönheitssalon von Bartica herrichten ließ, so eindringlich riecht er nach Brillantine und Patschuli.

„Hab ich doch sofort getan, ich lief stundenlang durch Gestrüpp zum ‚ward' (dem Regierungsaufseher im Urwald), ich habe alles erzählt, wie es war. Das Fleisch, das ich bekommen habe, war schlecht, und ich sehe nicht ein, warum ich dem ollen Gauner meine Meinung vorenthalten sollte. Er hätte eins in die Fresse verdient und nicht liebliches Säuseln. Was aber sagte der ‚ward'? Mensch, wenn du nicht gleich aufhörst, bekommst du noch einen Dollar aufgebrummt. Wenn mir noch einmal jemand erzählt, im Urwald kannst du wenigstens tun, was du willst, dem sag ich Bescheid."

„Warum gehst du auch als ‚labourer', als Tagelöhner in den Urwald, das würde mir auch nicht passen."

„Und ich möchte kein ‚pork-knocker' sein, ich habe schon so manchen gesehen, der halbverhungert die Tagelöhner um einen Bissen angebettelt hat."

„Aber ein ‚Schweineklopfer' hat wenigstens Mumm in den Knochen, der wagt etwas, es kann schiefgehen, aber er kann auch mal Glück haben."

„Vom Schiefgehen könnte ich dir mehr Geschichten erzählen."

„Aber ich weiß auch einige vom Glückhaben."

Tagelohn, Tribut, Claim

Das Diamanten- und Goldgraben im Urwald ist alles andere als ein freier Beruf. Die Hecke der Gesetze umgibt jeden Stein, jeden Fußbreit Land. Auch das menschenleere Dickicht ist kein Niemandsland.

Um im Urwald Glück zu haben, genügt es keineswegs, ein entschlossener Abenteurer zu sein. Auch hier ist die Hauptsache Geld. Die als Tagelöhner Arbeit nehmen, haben bestimmt keines. Als Kontraktarbeiter in die Diamantenfelder zu gehen, passiert nur einem, dem nicht viel Schlimmeres passieren kann. In Britisch-Guayana liegen die Diamanten ziemlich an der Oberfläche. Man erzählt sich viele Fälle, wo sich einer nur bücken mußte, um einen Diamanten in die Hand zu bekommen. Aber es ist beschwerlich, oft lebensgefährlich, gerade zu den besten Diamantenfeldern zu gelangen. Wasserfälle und Strudel müssen bezwungen werden.

Die Kontraktarbeiter haben an den Diamantenfunden keinerlei Rechte, sie werden streng kontrolliert. Ihr Tagesverdienst ist zwischen fünfzig und achtzig Cent. Außerdem ist ihr Arbeitgeber verpflichtet, ihnen eine bestimmte Lebensmittelration zur Verfügung zu stellen. Sie bekommen wöchentlich ein Pfund Salzfleisch, zwei Pfund Zucker, drei Pfund Mehl, anderthalb Pfund Reis, etwa ein Pfund Erbsen, ein Pfund Schweinefleisch, ein Pfund Biskuits und sieben Rillen Schokolade, manchmal auch statt Schokolade Kaffee oder Tee. Freilich ist es kein Wunder, wenn die Lebensmittel manchmal verdorben sind. Der Transport ist lang, und wir sind in den Tropen. Die Kontraktarbeiter können sich zusammen einen Koch oder eine Köchin halten, die sie aber selbst bezahlen müssen. Ihre Lebensmittel dienen auch vielfach als Tauschobjekte, und es kann vorkommen, daß einer für Mehl einen Diamanten bekommt. Meist aber sind sie froh, wenn sie Schnaps oder Kautabak dafür erhalten. Ein Kontraktarbeiter, der vor Ablauf des Kontraktes seinen Arbeitsplatz verläßt, kann sofort verhaftet werden und wird mit sechs Monaten Gefängnis bestraft. Aus der Ferne sieht es romantischer aus, Diamantengräber zu sein.

Die „pork-knocker", die Schweineklopfer, wie sie im allgemeinen genannt werden, entsprechen schon eher den Vorstellungen von Abenteurern. Was bedeutet eigentlich „pork-knocker"? Auch die ältesten Schweineklopfer wissen nicht, warum sie so heißen, der Ausdruck ist allgemein üblich, aber keiner konnte mir den Sinn erklären. Schweineklopfer, sie klopfen den harten Boden, das ist vielleicht das Schwein. Ganz offiziell heißen die „pork-knocker" „tributors". Der Sinn ist hier schon klar. Sie arbeiten auf einem Claim. Für die dort gefundenen Diamanten zahlen sie dem Besitzer Tribut. Dieser Tribut ist ziemlich verschieden, zwischen fünfzig und achtzig Prozent müssen sie abgeben. Die „pork-knocker" dürfen keinen Diamanten aus dem Bereich ihres Urwaldbezirkes hinaustragen, sie müssen die gefundenen Diamanten sofort den lizensierten Diamantenaufkäufern abgeben.

Die „pork-knocker" bekommen weder Lohn noch Lebensmittel. Wie aber kommen sie denn in den Urwald ohne Geld? Meist besteht ihr Vermögen aus einem „mining-privilege", einer Grabungserlaubnis, die sie für einen Schilling bekommen können.

Dieses „Privileg" gibt ihnen das Recht, aber noch nicht die Möglichkeit, „pork-knocker" zu sein. Die Möglichkeit verschaffen sie sich anders. Wenn sie sich als Ruderer auf einem Correal, das nach den Diamantenfeldern fährt, verdingen, können sie nicht nur umsonst die Fahrt mitmachen, sondern erhalten auch für zwei Wochen die gesetzlich vorgeschriebene Lebensmittelration. Trotz der schweren Arbeit auf dem Boot müssen sie soviel Lebensmittel wie möglich absparen, damit sie für den Anfang im Urwald zu essen haben. Dann aber müssen sie sich beeilen, Diamanten zu finden, sonst bleibt ihnen nichts anderes übrig, als zu verhungern. Der „pork-knocker" läuft ein Risiko, vielleicht hat er Glück, und er findet die großen Diamanten, die ihm viel Geld bringen. Hat er kein Glück, ist es möglicherweise sein Ende. Diamanten oder das Leben!

Ja, und die Claim-Besitzer. Das zu werden, schlug mir der Inder vor, so wird man reich. Man braucht nicht unbedingt Tausende zu haben, um stolz von sich sagen zu können, ich bin Besitzer eines Claims. Ausgerüstet mit einer „prospecting licence" (einer „Absichts-Lizenz"), die man für fünf Dollar beim Grubendepartment erhält, kann man in den Urwald ziehen, sich ein Stück noch freies Land von bestimmter Größe aussuchen, umzäunen und darüber eine genaue Beschreibung dem Minendepartment einschicken. Wenn man dem Gesuch fünfzehn Dollar beifügt und sich das Land als wirklich frei herausstellt, ist man Claim-Besitzer für ein Jahr.

Man kann aber auch auf eine viel weniger romantische Art Claims erstehen. So wie in Berlin alte verfallene Kleider versteigert werden, so versteigert man in Demerara verfallene Claims. Claims mit recht merkwürdigen Geschichten, die nicht gerade von Reichtum und Glück erzählen. Die Claims berechtigen keineswegs zu einer vollen Ausnützung des gemieteten Landes, es gibt Gold- und Diamanten-, Edelholz- und sogar Orchideen-Claims. Ein Claim kann auch ohne weiteres verfallen, wenn das Land an Konzessionäre vergeben wird. Eine Konzession schlägt alle Claims. Erdöl, Bauxit, Balata und Kohle dürfen nur durch Konzessionäre ausgebeutet werden. Auch der glückliche Claim-Besitzer ist nur ein sehr kleiner Mann im Urwald.

Die Geschichte von dem Mann, der auszog, das Gruseln zu lernen

Nachdem ich mich an den Lärm im Hotel gewöhnt hatte, war ich ganz zufrieden, nicht im Zuchthaus zu wohnen. Die Diamantengräber sind Arbeiter, die unter besonders schwierigen Verhältnissen ihr bißchen Brot verdienen. Die Erzählungen über die Trinkgelage und sinnloses Geldverschleudern entpuppten sich als sehr übertrieben. Sie taten natürlich lärmend ihre Freude kund über ihre Rückkehr in die Zivilisation. Jene, die wieder auszogen in den Urwald, konnten nicht genug hören über das Leben dort. Freilich gab es auch manchen, der mehr trank, als ihm förderlich war, aber auch das hatte meist seine besonderen Gründe.

Da gab es einen stämmigen Neger mit einem nervösen Tick. Sein Kopf schüttelte sich in einer immer wiederkehrenden Bewegung. Er erzählte folgende Geschichte: „Ich war vier Monate lang als Kontraktarbeiter auf einem Claim am oberen Mazaruni. Es war eine lange und schwierige Hinfahrt. Wie lange sie dauerte, weiß ich nicht mehr genau, aber es waren mindestens zehn, zwölf Tage. Ich saß am Ruder, abends schmerzten meine Arme, daß ich sie kaum bewegen konnte. Als mein Kontrakt ablief, wollte ich gleich zurück. Mein Arbeitgeber wollte mich auch nicht länger behalten und gab mir keine Lebensmittel mehr. Aber kein größeres Boot fuhr nach Bartica. Nach meinem Kontrakt mußte ich meine Rückfahrt selbst bezahlen, aber der Boß war verpflichtet, mir Beförderungsmöglichkeit zu geben. Da sagte er mir, ich gebe dir ein Kanu leihweise, und du übergibst das Boot in Bartica meinem Agenten. Er verlangte von mir dafür auch Leihgeld. Das Boot war alt und schon beschädigt, die Ruder halb zerbrochen. Ich sagte mir, mein Junge, du siehst dir mal erst das Boot richtig an, bevor du losgondelst.

Ich stieg in das Boot und wollte die Ruder ausprobieren, aber nur dicht am Ufer bleiben. Plötzlich, bevor ich noch recht zur Besinnung kam, geriet das Kanu in einen Strudel. Ich verlor das Ruder, und das Boot sauste stromabwärts. Es war unmöglich, das Boot irgendwie zum Stehen zu bringen, denn schon näherte es sich den Wasserfällen. Weißzischend fiel das Wasser in die Tiefe;

ich dachte, das ist mein Ende. Ich lag langgestreckt im Boot und klammerte mich an die Planken, ich wollte nichts mehr sehen, unten auf den Felsen muß diese Nußschale zerschellen. Die Flut schlug über mir zusammen, ich hörte das Brausen und Heulen des Falles. Ohne daß ich es wußte, versuchte mein Körper, das Kanu ins Gleichgewicht zu bringen, um es vor dem Umkippen zu bewahren. Dann merkte ich, daß das Rauschen leiser wurde, ich war dem Wasserfall entronnen.

Ich wollte versuchen, das Ufer zu erreichen, aber schon tauchte der nächste Wasserfall auf. Wie ein Pfeil lief das Boot in den nächsten Wasserfall, aber wieder war ich gerettet. Ich öffnete nicht mehr die Augen, meine Ohren wurden taub, so flog ich mit dem Boot immer weiter. Mensch, dachte ich nur, du bist verloren. Keine Lebensmittel, keine Möglichkeit, irgendwie zu halten, ich versuchte immer wieder zu berechnen, wie lange die Hinfahrt gedauert hat. Waren es vierzehn Tage oder zwölf, vielleicht auch nur zehn? Aber es war eine lange, beschwerliche Fahrt. Werde ich nun verhungern, oder wird das Boot zerschellen? Später erzählte man mir, daß mehrere Boote vorbeifuhren, man mir zurief und zuwinkte und mir helfen wollte, aber niemandem gelang es, in meine Nähe zu kommen, und ich sah und hörte nichts.

Als ich wieder wagte, mich umzusehen, war es schon ganz dunkel; nur eine dünne Mondsichel stand am Himmel, das Wasser umtobte mein Kanu, als heulte es vor Wut, daß es mich immer noch nicht vernichten konnte. Ich glaube, ich bin dann ohnmächtig geworden. Als ich wieder zu mir kam, sah ich Menschen um mich. Das Boot lag jetzt ruhig auf dem Fluß, der breit war und glatt, ich erkannte die Gegend wieder, das war ja schon in der Nähe Barticas. Wie konnte ich, ohne etwas zu mir zu nehmen, mich tagelang auf dem Boot festhalten? Aber da erfuhr ich, daß diese tolle Fahrt kaum 24 Stunden gedauert hat. Das ging schneller als die Hinreise.

Aber ich mußte tüchtig einen trinken, um mich wieder zu erholen. Das war mein größtes Pech, denn in drei Tagen hatte ich nicht einen Penny mehr von dem Geld, das ich in vier Monaten verdient hatte. Jetzt muß ich zurück in den Urwald, ich kann mich doch nicht ganz ohne Geld zu Hause zeigen.

Die Geschichte von dem Mann, der im Glück Unglück hatte
Unter den Diamantensuchern war ein Mulatte von besonders heller Haut, mit grauen Augen, dessen Hände allein die Merkmale afrikanischer Abstammung zeigten: eine blaßrosa Handfläche, die von dem viel dunkleren Handrücken abstach. Diese Hände lenkten durch einen merkwürdigen Schmuck die Aufmerksamkeit auf sich. Auf dem linken Ringfinger war ein Kieselstein mit dickem Bindfaden befestigt, allerdings erfuhr ich bald, daß der Kieselstein in Wirklichkeit ein roher Diamant war. „Der Kerl hat Schwein, wohin er auch geht, immer findet er Diamanten. Er hat sich diesmal das Geld schwer zusammengescharrt für ein Claim, aber es ist ihm wieder gelungen, er hat für sich Diamanten gefunden."

Außer dem ungewöhnlichen Ring merkt man nicht viel von dem Reichtum des von allen beneideten Glückskindes. Er ist barfuß, und seiner Kleidung sieht man die große Unbill des Urwaldes an. „Den hätten Sie 1923 sehen sollen, da war er wirklich groß, er hatte Lackschuhe und einen Ring mit einem richtig blitzenden Brillanten. Überhaupt das Jahr 1923, damals war es schön hier, da hatten die Diamanten noch einen Wert. Ladies kamen aus England und gingen auf die Diamantensuche und britische Offiziere. Damals war es ein großes Geschäft. Den Betrieb hätten Sie hier sehen sollen. Wir hatten echten französischen Champagner auf Lager. Ich habe an einem Tag mehr Whisky verkauft als jetzt in Wochen. Ja, das waren Zeiten." Der Wirt lächelt wehmütig.

„Wenn man mir für meinen Diamanten nicht mehr zahlen will, behalte ich ihn lieber und trage ihn so", sagt der Mulatte. „Bald wird man von uns verlangen, daß wir die Steine der Regierung schenken und noch was draufzahlen."

„Ich sage eben, 1923 das waren andere Zeiten."

„Aber Pech hatte ich auch damals."

„Mensch, du, dem die Edelsteine geradezu nachlaufen."

„Jawohl, die Steine, die meinen es gut mit mir, aber nicht die Gesetze. Was ich auch tue, die werden mein Pech. Seit 1920 bin ich Diamantensucher. Ich habe lange und schwer gearbeitet, bis ich herausfand, wie man sich auf den Diamantenfeldern im Urwald zurechtfindet. Ich merkte aber auch, daß nicht die Schwerarbeiter viel verdienen, sondern die Aufkäufer. Ich dachte mir, wenn ich nur etwas Geld habe, könnte ich auch so schlau werden wie die, aber da habe ich mich schön verrechnet. Als mir im Urwald einmal Indianer Gold und Diamanten anboten, dachte ich mir, was dem einen recht ist, ist dem anderen billig. Habe anständig bezahlt, war nicht so knickerig wie die Aufkäufer, aber immerhin, es wäre ein gutes Geschäft gewesen, wenn mir nicht die Regierungsaufseher auf die Schliche gekommen wären. Es ist ungesetzlich, von Indianern Gold oder Diamanten zu kaufen. Die Steine fallen an die Regierung und auch das Gold, du aber wirst obendrein noch bestraft. Kann so etwas ein gesunder Verstand verstehen? Nein. Aber mit den Gesetzen kann man nicht rechten, man hat mir alles weggenommen, und ich stand wieder vor dem Nichts.

Dann passierte mir folgendes: Ich wurde von einem Claim-Besitzer als ‚pork-knocker' aufgenommen. Meine Papiere waren in Ordnung, der Claim-Besitzer unterschrieb sie, hier in diesem selben Hotel haben wir den Handel abgeschlossen. Es war die schwierigste Fahrt, die ich je mitgemacht habe zu seinem Claim. Wir waren mitten in der Regensaison und kamen kaum vorwärts. Kaum arbeitete ich einige Tage, erschienen Aufsichtsleute und verhafteten den Claim-Besitzer und alle ‚pork-knocker'. Man erklärte uns, daß der ‚Besitzer' hier sich Rechte anmaßte, die er gar nicht hatte. Der eigentliche Besitzer soll ein hoher englischer Offizier gewesen sein. Aber was ging uns arme ‚pork-knocker' das an? Konnten wir nachforschen, ob das, was man uns sagt, stimmt? Jedenfalls wurden wir alle verhaftet und kamen ins Kittchen. ‚Raiding' – wir haben fremdes Gut geplündert – wird mit mindestens sechs Monaten bestraft, ein Appellieren* dagegen gibt es nicht.

Ich hätte jetzt eigentlich genug haben können von den Diamantenfeldern und dem Urwald. Aber als ich wieder frei war, fiel mir doch nichts besseres ein, als es noch einmal als ‚pork-knocker' zu versuchen. Diesmal sah ich mir genauer die Papiere des Claim-Besitzers an. Feststellen konnte ich freilich doch nicht, ob sie stimmen, aber ich sagte mir, zweimal kann man nacheinander nicht hereinfallen. Anfangs sah es so aus, als ob sich auch nur ein

---

* *appellieren* – veraltet für: Berufung einlegen.

Verrückter ein solches Claim aussuchen wurde. Ich fand nichts, rein gar nichts. Zwei Wochen lang arbeitete ich wie ein Tier und bekam nicht einen Splitter Diamant unter die Finger. Ich hungerte, meine Ration hatte ich schon längst aufgebraucht, aber kaufen konnte ich mir nichts. Mit vieler Mühe gelangte ich aber an eine Stelle, der Urwald war hier am dichtesten, und arbeitete dort den ganzen Tag. Abends dachte ich, es sei alles wieder vergebens, als in meinem Sieb ein Stein hängenblieb, ein Diamant, mindestens zwölf Karat groß. Am nächsten Tag fand ich dort vier kleine Steine, am dritten wieder einen großen. Das bedeutete allerhand Geld, ich sah mich schon als reichen Mann. Am fünften Tag kommt der Besitzer zu mir und sagt: ‚Du kannst mit einem Boot, das flußabwärts fährt, wieder weiterziehen. Deinen Teil zahle ich aus, aber ich brauche dich nicht mehr.'

‚Oho', sage ich, ‚auf einen ganz Dummen bist du nicht geraten, jetzt, wo ich die Stelle gefunden habe, wo die Diamanten sind, möchtest du alles allein für dich haben, ich bleibe.' Ich blieb auch einige Tage, aber dann kam die Regierungsaufsicht, diese verfluchte Buschpolizei, von der ich ohnehin schon die Nase voll hatte und verhaftete mich. Warum? Ja, das ist das Gesetz. Wenn ein ‚claim-holder' dem ‚pork-knocker' erklärt, er kann gehen, dann muß er auch gehen. Strafe hatte ich auch zu zahlen, achtundvierzig Dollar, und für jeden Tag, den ich länger blieb, als der Claim-Besitzer wollte, je einen Dollar extra. Jetzt hätte ich doch endgültig genug haben sollen von den Diamantenfeldern, und doch bin ich noch einmal gegangen, aber diesmal bin ich selbst ein Claim-Besitzer."

„Siehst du, Mensch, du hast doch Glück, immer findest du genug Diamanten. Dieser Stein auf deinem Finger ist doch mindestens acht Karat."

„Ja, aber jetzt fallen wieder die Preise wie toll. Ich sage ja, bald werden wir noch was zusetzen müssen, damit man sie uns überhaupt abnimmt."

Der Totengräber des Urwalds

„Dieser Mann lebt nicht von Diamanten, sondern von den Leichen der Diamantengräber", sagt ein „pork-knocker" und zeigt auf einen kleinen, dünnen Mischling, der alle Weltteile zu verkörpern scheint. Seine Ahnen waren Weiße, Chinesen, Neger, aber zweifellos fließt in seinen Adern auch ursprünglichstes Amerika. Die Haut seines Mongolengesichtes ist kupferfarben wie die eines echten Indianerhäuptlings, und Negerhaare beschatten seine blauen Augen. „Wie schaurig, er lebt von Leichnamen. Ein Menschenfresser also?"

„So schlimm ist es bei weitem nicht, er ist nur ein Totengräber, damit kann man oft mehr verdienen als mit Diamanten. Es sterben viele Menschen im Urwald."

„Werden denn dann feierliche Begräbnisse veranstaltet?"

„Na, gar so feierlich geht es gerade nicht zu, aber es gibt Verordnungen, die eingehalten werden müssen. Wenn Boote kentern und die Menschen ins Wasser fallen und sterben, dagegen kann die Polizei freilich auch nichts tun, aber es ist verboten, eine Leiche direkt ins Wasser zu werfen, die muß begraben werden. Es ist auch genau vorgeschrieben, wie und wo. Eine Sandbank als Grabstätte zu benutzen ist verboten. Die Entfernung des Grabes von einer menschlichen Behausung darf nicht weniger sein als fünfhundertdreißig Schritte. Ein Totengräber aber hat dann auch ein sicheres Einkommen, es werden ihm für jede Leiche zehn Schilling ausbezahlt. Freilich bekäme auch ein anderer dieses Geld für das Begräbnis, aber kein Tagelöhner oder „pork-knocker" macht gern solche Arbeit. Schon deshalb wartet man lieber auf den Totengräber, weil der besser erkennen kann, ob einer wirklich tot ist. Ärzte haben wir nicht im Urwald. Früher, als noch gute Zeiten waren, gab es einige Ambulanzen, aber das hat zuviel Geld gekostet, und die Regierung ließ sie eingehen. Wegen der Hitze müssen die Toten doch schnell begraben werden, man übergibt sie der Erde nicht viel anders, als sie gekommen sind, man kann gar nicht daran denken, einen Sarg zu zimmern. Das Holz des Urwaldes ist hart wie Stein, und die Lebenden haben wenig Zeit für die Toten.

Prostitution im Urwald

Auf den Straßen Barticas, am Hafen und auch im Hotel fiel ein Mann auf mit überraschend großem und vielfältigem weiblichem Anhang. Dieser Mulatten-Maharadschah mit seinem Harem verschiedenartiger und rassiger Frauen erinnerte aber nicht nur an einen indischen Nabob (aus dem Film), sondern auch an einen Mädchenhändler. Er verhandelte mit einem Kapitän sehr aufgeregt und laut wegen eines Bootes, das nach den Diamantenfeldern fahren sollte und in dem sein weibliches Gefolge Platz finden mußte.

Die jungfräuliche Natur, die große Freiheit und der Mädchenhandel, diese Kombination scheint doch unmöglich. Und doch stellte es sich heraus, daß der dicke Mulatte eine Art Mädchenhändler war. Er besaß ein Claim und machte überaus reichlich von der Erlaubnis Gebrauch, Dienstmädchen anzustellen. Auf seinem kleinen Claim hatte er schon etwa vierzig weibliche Angestellte. Diese „Dienstmädchen" waren zum größten Teil Negermädchen in jugendlichem Alter, in allen Farbschattierungen von elfenbeinhell bis ebenholzdunkel, aber alle hatten die gleichen knallrot geschminkten Wangen und eine Puderwolke auf Nase und Stirn. Sie trugen sehr bunte Kleider, künstliche Blumen im Haar und sahen ganz unmißverständlich aus.

Zwei Inderinnen, die gleichfalls zur Gesellschaft gehörten, hatten dagegen die hoheitsvolle Haltung bewahrt, die ihnen die wehenden Tücher, in die sie gehüllt waren, verliehen. Ihre tiefdunklen Gesichter mit den regelmäßigen, harmonischen Zügen waren unbemalt, aber Ringe in der Nase und Rosetten auf Stirn und Nasenflügel hoben die gewöhnliche Natur in Künstlichkeit. Auf den nackten Armen und den schmalen, fast zerbrechlichen Fesseln klirrten unzählige silberne Reifen. Es waren Kulifrauen, deren Männer hier in der Fremde gestorben waren. Sie hatten sich nicht an der Bahre der verstorbenen Gatten verbrennen lassen. Um leben zu können, folgten sie dem Mulatten in den Urwald, sie hatten eine lebensgefährliche Fahrt vor sich und ein lebensgefährliches Dasein.

Unter den Frauen war auch eine Weiße. Die Weißen, die schon längere Zeit in den Tropen leben, sind weißer als die Weißen, die ankommen. Ihre Haut bekommt eine fahle Blässe, eine krankhafte Blutlosigkeit. Isoliert unter fremden Völkern, erhöht sich aber auch ihr Rassenhochmut, auch dadurch werden sie weißer. Immer scheinen sie zu sagen: Ich bin weiß, ich bin mehr, ich bin Herr.

Eine weiße Dirne und farbige Männer, das ist die am tiefsten gesunkene Kreatur, die die Tropen kennt. Eine Seltenheit aber ist sie nicht. Die Weiße also dieser merkwürdigen weiblichen Truppe, weiß gepudert und weiß gekleidet, hielt sich abseits von den anderen und studierte versunken englische Zeitungen. Sie war eine Amerikanerin, besser gesagt, eine aus Polen nach Amerika Eingewanderte, aber sie hatte längere Zeit in New York gelebt. Wie kam sie hierher in den Urwald von Britisch-Guayana?

„Weiß man denn, wie alles kommt und wo man endet? In New York begann ich schon zu merken, daß das Leben nicht glatt läuft für ein Mädchen, das ohne Geld ist und nichts Vernünftiges gelernt hat. Das verfluchte Englisch ist auch so schwer, ich kann es immer noch nicht richtig. Weil ich gerade gewachsen bin und verschiedene Mädchen mir dazu geraten haben, bin ich erst als Chormädel gegangen. Anfangs, als die Revuen überall Mode waren, genügte ein bißchen Hüpfen. Aber später war es unmöglich unterzukommen, ich lief tagelang hungrig herum und wußte nicht, was ich anfangen sollte. Schlange stehen für einen Blechnapf ekelhafter Suppe? Dann schon lieber die Straße. Aber ich war grün und dumm, die Polizei griff mich auf, und ich kam auf die Inseln ins Arbeitshaus.

Ich hatte eine Freundin, die fuhr nach Venezuela als Erzieherin zu einer amerikanischen Familie. Sie fand einen reichen Freund und schrieb mir Wunder von dem Leben dort und schickte mir auch Reisegeld. Ihr Freund hatte sie, als ich ankam, inzwischen links liegen gelassen, und wir saßen beide in der Patsche. Aber damals waren noch gute Zeiten, die Männer hatten Geld. Wir lebten nicht übel und konnten uns auch etwas sparen. Aber dann wurden auf den Ölfeldern Bordelle errichtet, und die Polizei begann ihre Nase in unsere Angelegenheiten zu stecken. Auch hat mir das niederträchtige Klima viel zu schaffen gemacht. Da kam einmal die Freundin meiner Freundin, die uns auf der Durchreise nach New York besuchte, und das wurde mein Unglück. Sie sah aus – ich übertreibe nicht – wie eine Millionärin; ich meine, ich habe noch keine Millionärin gesehen, aber genauso stelle ich mir eine vor.

Sie war über und über mit Brillanten behängt. Dann erzählte sie uns eine Geschichte von Britisch-Guayana, und daß dort die

Diamanten auf der Straße lägen, und man müßte sich nur nach ihnen bücken. Das hat mich nicht ruhen lassen. Aber als ich nach Britisch-Guayana kam, waren die guten Zeiten schon längst vorbei. Doch immerhin, ich konnte schlecht und recht leben. Aber jetzt kam wieder die Polizei. Es wurde verordnet, daß sich keine Frau, die sittlich nicht einwandfrei ist, auf den Diamantenfeldern aufhalten darf. Freilich, wenn ein Claim-Besitzer, der sich mit den Behörden gut steht, Dienstmädchen anstellt, das ist etwas anderes, dann kümmert man sich nicht um die Sittlichkeit, obgleich sich die Polizei wirklich den Kopf zerbrechen könnte, wozu man eigentlich im Urwald, wo kaum ein Zelt steht, soviel Dienstmädchen braucht. Ich wollte dann nicht mehr mitmachen, ich weiß, was das Ende ist. Aber das bißchen Geld, das ich hatte, wurde schnell alle. Was blieb mir anderes übrig?"

Da redet man soviel von Mädchenhandel und vergießt Tränen über die armen Opfer, die man retten möchte. Aber gerade die Polizei treibt sie in die Arme der Mädchenhändler. Wenn sie sich von denen nicht aussaugen lassen wollen, werden sie verfolgt. Polen oder New York, Ölfelder oder Urwald, überall ist es dasselbe.

Diamantenaufkäufer

Bartica liegt an der Gabelung von drei Flüssen, des breiten, trägen Essequibo, des dröhnenden, wasserfallreichen Mazaruni und des Cuyuni-Flusses, an dessen Ufern sich undurchdringliche, unerforschte Urwälder hinziehen. Am Essequibo liegen die Motorboote der Diamantenaufkäufer und Inspektoren, der Aufsichtsbeamten und der Polizei. Sie dienen gleichzeitig als Hausboote, die höheren Komfort bieten können als das armselige Hotel. Zur Weiterfahrt in die Diamantenfelder müssen freilich selbst die höchsten Angestellten die sehr unbequemen Correals in Anspruch nehmen.

Aber auch diese Aristokratie der Diamantenfelder klagt und seufzt nach der schönen alten Stadt. Die fetten Jahre sind auch für sie vorbei, und wenn man ihnen Glauben schenken will, ist auch unter ihnen keiner, trotz aller Mühsal und Gefahr, reich geworden. Ein hypernervöser, kränklich aussehender Holländer, Aufkäufer einer der größten Diamantengesellschaften in Demerara, kann nicht genug über sein bitteres Los klagen. „Man beneidet uns, aber in Wirklichkeit sind wir nicht nur im Urwald unseres Lebens nicht sicher, sondern sogar in Demerara. Die Diamantensucher sind rabiate, brutale Kerle." Seine Frau, die ihn begleitet, nickt bestätigend.

Der Holländer zieht die Aufmerksamkeit schon durch diese Frau auf sich. Sie ist eine Vollblutnegerin, obgleich sie im Gespräch des öfteren ihre weiße und indische Abstammung betont. Sie ist sehr elegant gekleidet, und die Brillanten, die ihre Finger, die Ohren, den Hals schmücken, stimmen nicht ganz mit den bewegten Klagen überein. Sie stammt aus einer vornehmen und reichen Familie, sie betont es, sie ist in England erzogen, England ist ihr Zuhause. Wenn „God save the King" gespielt wird, steht sie ehrerbietig auf. Sie verachtet den Mob, die ungebildeten, streitsüchtigen Arbeiter. Jedes Wort, das sie sagt, ist ein Abglanz des höheren weißen Wesens, sie will würdig sein, der Stellung ihres Mannes gemäß repräsentieren. Sie weiß, daß es nicht schwierig ist, eine weiße Dame nachzuahmen. Aber die Stellung der Weißen zu ihr ist trotz ihrer Wandlungskunst sehr verschieden. Die Holländer kennen bei reichen Farbigen (reichen unterstrichen) keinen Rassenhochmut, die Engländer dulden sie, die Amerikaner verachten sie, ihr Rassenhochmut beugt sich nicht einmal vor Geld, nicht einmal vor Brillanten.

Der Holländer erzählt nun, wie ihn einmal drei Diamantensucher erwürgen wollten. Es handelte sich um einen in Britisch-Guayana wohlbekannten Stein, einen Diamanten von 158 Karat. Drei „pork-knocker" hatten sich zusammengetan und nahmen einen Claim. Schon nach kurzer Zeit fanden sie den Riesendiamanten. Die Kunde von einem solchen Fund verbreitet sich mit größter Schnelligkeit im Urwald.

„Geschehen nicht in einem solchen Falle Raubmorde?"

„Nein, das ist merkwürdig, solche Verbrechen kommen nicht vor, jedenfalls sind mir keine bekannt, und durch meine Inspektionsreisen hätte ich genügend Gelegenheit gehabt, davon zu erfahren. Es liegt wohl daran, daß im Urwald das Solidaritätsgefühl zwischen den Menschen, die den Naturkräften ganz preisgegeben sind, stärker lebt."

„Aber Sie begannen doch damit, daß diese Diamantensucher Sie erwürgen wollten?"

„Ja, das war in Demerara. Den Diamantensuchern wurden im Urwald große Summen angeboten für den Stein. Einer versprach ihnen elftausend Dollar, aber sie bildeten sich ein, er wäre mindestens fünfzigtausend Dollar wert, ja ich glaube, sie träumten sogar von hunderttausend Dollar, ihre Phantasie war trunken vor Glück. Als sie zu mir kamen, konnten sie ihre Forderungen nicht hoch genug stellen. Ein so großer Stein ist natürlich eine Seltenheit, er war auch schön, ohne Fehler. Aber was nützt der schönste Stein, wenn man weiß, es gibt keine Käufer mehr dafür. Die früheren europäischen Potentaten, die indischen Fürsten, die amerikanischen Milliardäre haben heute andere Sorgen, als Steine zu kaufen, von denen kein Mensch weiß, ob sie noch morgen irgendwelchen Wert haben. Aber das geht nicht in den Kopf der Diamantensucher, die nur den einen Traum haben: Ein großer Stein ist das große Glück, ein großer Stein macht uns steinreich. Als ich ihnen viertausendfünfhundert Dollar anbot für den Diamanten, da dachte ich wirklich, meine letzte Stunde hat geschlagen. Sie brüllten, warfen sich auf mich." Die Hand des Holländers strich wieder über seinen Hals.

„Zum Glück kam schnell Hilfe, ich habe nicht einmal die Polizei benachrichtigt, aber ich rief gleich alle Diamantengesellschaften in Demerara an. Alle versprachen, den Preis nicht zu überbieten, im Gegenteil, sie boten weniger. Am nächsten Tag erschienen die Kleinlautgewordenen und waren froh, als sie nicht viertausendfünfhundert – worüber sie sich gestern noch erregt hatten –, sondern viertausend Dollar bekamen." So so, wie wird man reich und glücklich? Das Rezept des Inders schien nicht ganz zu stimmen.

Kapitäne und Correalmannschaft

In Bartica bot sich mir Gelegenheit, ohne große Kosten auf einem Correal zu den nächsten, wenn auch nicht sehr ertragreichen Claims mitzufahren. Die Correals sind Einbaum-Boote, die von den Eingeborenen aus den härtesten Urwaldhölzern hergestellt werden. Nur sie eignen sich für die Fahrten durch reißende Gewässer. Die Mannschaft besteht aus Indianern und Negern, hauptsächlich aber aus Negern, unternehmungslustigen „porkknockers" und Kontraktarbeitern, deren Kontrakt abgelaufen ist, ohne daß sie genug verdient hätten, um in ihre Heimat zurückkehren zu können. Die Mannschaft besteht aus zusammengewürfelten Gelegenheitsarbeitern, aber die Kapitäne sind Mitglieder einer Innung, sie sind eine Gesellschaft für sich.

Diese Kapitäne sind leicht erkennbar an einer Stimme, die immer brausende Wasserfälle zu übertönen scheint, an einem etwas unsicheren Gang, der Neigung für Alkohol verrät, und an einem Regenschirm von außerordentlichen Dimensionen, den sie unter den rechten Arm geklemmt tragen. Der Regenschirm ist überhaupt ein Zeichen der Zugehörigkeit zur höheren Klasse. Ich erfuhr auch schnell, als der Correal losfuhr, den Grund. Ein Regenschirm ist im Urwald überaus nützlich, denn entweder brennt die Sonne – und sie brennt auf eine grausam stechende, höllische Art –, oder es regnet. Und Regen in den Tropen bedeutet immer eine kleine Sintflut. Es ist nun klar, daß, so große Dienste auch ein Schirm leisten kann, dieser nicht für die armen Schlucker da ist, die rudern, aus dem Boot springen müssen, wenn das Wasser zu seicht wird und das Boot an den Felsenklippen zu zerschellen droht, die die ganze Ladung der Correals löschen müssen, wenn ein Wasserfall naht, und die dann die ganze schwere Last bis zur neuen Ladestation tragen.

Ruhig unter dem Schirm sitzen können nur die Passagiere, aber sehr bequem ist es trotzdem nicht. Der Kapitän, der auch seinen Schirm aufgespannt hat, gebraucht ihn wie ein Seiltänzer, um sich im Gleichgewicht zu halten. Ohne Pause gibt er Anordnungen, beobachtet das Wasser; seine Stimme scheucht nicht nur die Ruderer auf, sondern auch die Affen, die Faultiere, die Papageien am Ufer. Wenn er gerade nicht zu kommandieren braucht, wird er Sänger und Chorführer. „Fliegt dahin, Jungens, he-ho, he-ho (das He-ho wird besonders laut von allen gesungen). Zeigt es den Kolibris, daß wir schneller sind. Zeigt es ihnen, he-ho, he-ho." Er improvisiert immer neue Lieder, was ihm nicht schwerfällt, da er auf irgendwelche Dichterregel keinerlei Wert legt.

Aber so ein Kapitän eines Correals hat es sicher schwerer als der eines Ozeanriesen, jedenfalls ist das die Meinung unseres Kapitäns. Er erzählt, wie schwer es ist, eine Lizenz als Kapitän zu erhalten und daß nur besonders Befähigte es soweit bringen könnten wie er selbst.

Fahrt in den Urwald

Treibhauslandschaft in ungeheuren Dimensionen, der phantastische, raffinierte Luxus eines Wintergartens, wohin das Auge blickt. Es ist wirklich Luxus, diese ungeheuren Gebiete, die sich vor dem Menschen verschließen, ihn nicht ernähren, die nur winzige Teile ihrer Reichtümer sich entreißen lassen, und mit welcher Mühe. Alle, die gezwungen sind, im Urwald zu arbeiten, hassen ihn. Nur die Buschneger und die wenigen Indianer, die sich ganz seinen Gesetzen fügen, fühlen sich befriedet in seinem Schoß.

Die Forscher aber haben es hier gut. Die tausendfältigen Blumen und Bäume sind zum größten Teil noch nicht wissenschaftlich registriert. Der Kapitän, den ich nach dem Namen der rubinfarbigen, winzigen Blüten, der riesigen violetten Kelche frage, gibt immer die gleiche Antwort: „Buschblumen haben keinen Namen." Die unzähligen Insekten, die Schmetterlinge, die feuerfarbenen und blauschimmernden Vögel, sie alle warten nur darauf, entdeckt zu werden und einen gebührenden Platz in den Lehrbüchern einzunehmen.

Unser Boot wird überholt von einem Correal, in dem amerikanische Botaniker nach dem Urwald fahren. Vielleicht wird ihr Name einmal mit neubenannten Pflanzen verbunden werden. Sie haben sicher entbehrungsreiche Monate vor sich, aber die schwierigste und undankbarste Arbeit haben auch bei Expeditionen die Namenlosen, die Lastträger, Ruderer und Führer.

„Ein Boot ist gekentert, fünf Leute der Correalmannschaft sind umgekommen, als sie das Boot über einen Wasserfall bringen wollten", ruft man von einem Boot, das uns entgegenkommt.

„Ja, das kommt alle Tage vor, deshalb aufpassen, Jungens, aufpassen." Die Mannschaft singt.

Leben auf einem Claim

Den siegreichen Vormarsch der Zivilisation und Kultur im Urwald verkünden weit sichtbar Konservenbüchsen. Nicht nur jene, die irgend etwas Eßbares oder Nützliches enthalten, sondern vor allem auch die leeren Dosen.

Wie entsteht ein Claim? Man nimmt vier leere Drei-Pfund-Biskuitdosen, zerschneidet sie, zieht sie zu einem geraden Stück und verwandelt sie in vier Pfähle, die die Grenze des Claims anzeigen. Diese Pfähle werden weiß gestrichen, und darauf kommt der Name des Claim-Besitzers, der Name des Claims und die beiden Lizenznummern. Das sieht nicht gerade romantisch aus. Aber das Leben auf dem Claim hat noch weniger Ähnlichkeit mit Knabenträumen.

Das Claim, das wir während der Rast besuchen, heißt „Letzte Hoffnung". So wenig optimistische Benennungen der Claims sind sehr verbreitet, viele heißen „Prüfungen", „Letzter Versuch", „Schicksalsschläge, vergeht nun". Die englische Regierung fand diese Benennungen, die sich immer wiederholen, zu lang und gab eine ganze Liste aus von vielen hundert Namensvorschlägen. Aber auch hier wurden immer nur die gleichen ausgesucht, und neben „Vamp" und „Faun" hatte „Rum" einen durchschlagenden Erfolg.

Wie groß ist ein Claim? Im Durchschnitt soll es nicht umfangreicher sein als 600 Schritte lang und 320 Schritte breit.

Wer für primitives Leben schwärmt, hier ist von der Verderbnis der Kultur nichts zu spüren. Aber die Blume der Bürokratie blüht auch hier. Jeder Claim-Besitzer ist verpflichtet, Buch zu führen, und das Auge der Regierung wacht über jeden Schritt, über jedes Stäubchen Gold, über jeden Splitter Diamant.

Alle klagen: Das Leben ist schwer und voller Gefahr, aber die Diamantenpreise, die fallen. Sie zeigen uns die Diamanten. Im Rohzustand sehen sie aus wie leuchtende Kieselsteine. „Bald werden sie auch keinen größeren Wert haben", sagt der eine „pork-knocker", der mehrere Steine gefunden hat, aber keine Möglichkeit sieht, sie verkaufen zu können. Ja, mit dem Traum, reich zu werden durch Diamanten, ist es zu Ende.

VII. Haiti, die Insel der Negerrepubliken

Neger gegen Napoleone

Haiti, die Insel voller Geheimnisse, mit hohen, von grünen Dschungeln bewachsenen Bergen, mit Kaffeewäldern und Königspalmen am Ufergestade, entfaltet sich immer vielfältiger vor den bezauberten Augen der Schiffspassagiere.

„Ein Paradies aus der Ferne, aber in der Nähe ist es die Hölle", sagt der Kapitän, der mindestens zwei dutzendmal Haiti besucht hat.

„Wieso die Hölle?" Der Haitianer, der von einer Studienfahrt in Frankreich heimfährt, stimmt keineswegs mit der Ansicht des Kapitäns überein.

„Vierzig Grad Hitze macht auch das schönste Paradies zur Hölle."

„Ja, für die Weißen, das ist möglicherweise gut so, das beweist unsere Vergangenheit, und vielleicht wird es auch noch die Zukunft zeigen."

„Nichts kann man schaffen in diesem Höllenklima."

„Nichts schaffen? Sehen Sie dort diese ungeheure weiße Zitadelle hoch oben im Gebirge. Können Sie sich überhaupt vorstellen, daß Menschenhände dieses Werk fertigbringen konnten? Neger haben es geschaffen."

Der Himmel ist sehr klar, die Konturen der Berge erscheinen scharf gezeichnet, deutlich erheben sich über den grünen Höhen die ungeheuren gelben Quader eines der größten Baumonumente der Welt, die Festung des Negerkönigs Christophe Henri I.

„Viel Mühe und Arbeit, aber wofür?"

„Für unsere Selbständigkeit, dafür wäre nichts zuviel."

„Aber als ihr eure Selbständigkeit erkämpft hattet, konntet ihr damit nichts Besseres anfangen, als Napoleon nachzuäffen.

Dessalines*, der Negerkaiser, der Neger-Napoleon, bewies er nicht, daß auch ein Neger die Neger tyrannisieren kann?"
„Die Neger haben mit ihm abgerechnet."
„Sie haben ihn ermordet, dann kam ein anderer Negertyrann, König Christophe**."
„Er hat wenigstens bewiesen, daß auch Neger Großes schaffen können. Aber auch dieses Tyrannen entledigten sich die Neger. Sie schufen sich eine Republik, sie könnten sich selbst regieren, sie könnten etwas vollbringen, wenn man sie nur in Ruhe gewähren ließe. Früher kamen die Heere der Bourbonen und dann die Napoleons, heute die der Yankees. Die Franzosen haben wir in die Flucht geschlagen, wie es den Amerikanern ergehen wird, wollen wir noch abwarten. Denn hier ist ja die Hölle, die Hölle des weißen Mannes. Sehen Sie dort das längliche, schloßartige Gebäude, dort hielt Pauline, die Schwester Napoleons, Hof, dort starb am gelben Fieber Leclerc, ihr erster Mann, Napoleons Schwager. Er starb nicht allein, fast die ganze französische Armee wurde von Tropenkrankheiten hingerafft, soweit sie nicht geschlagen wurde von den verachteten Negern. Der unbesiegbare Napoleon holte sich auf Haiti eine Niederlage. Ja, die Neger gaben überhaupt erst Moskau das Beispiel. Sie glauben es nicht? Als die Franzosen gegen die Negerrebellen von Saint-Domingue auszogen, ließ der Führer der Aufständischen, Toussaint l'Ouverture, die ganze Stadt Cap-Haïtien in

---

* *Jean-Jacques Dessalines* (vor 1758 bis 1806) kämpfte im haitianischen Bürgerkrieg unter Toussaint L'Ouverture gegen die Franzosen, die 1803 kapitulieren mußten, allerdings erst nachdem Toussaint L'Ouverture gefangengenommen worden und in Frankreich gestorben war. 1804 rief Dessalines den ersten „Negerfreistaat" der Welt unter dem alten Namen Haiti aus, erklärte sich aber schon bald, nach dem Vorbild Napoleons, zum Kaiser. Seine Diktatur rief vor allem bei den Mulatten Widerstand hervor. 1806 wurde er bei einer Revolte seiner ehemaligen Mitstreiter, unter anderen Henri Christophe, ermordet. Erneut gab es (kurzfristig) eine Republik.

** *Henri Christophe* ließ sich 1806, nach einer Revolte gegen Dessalines, zum Präsidenten wählen, bald darauf geriet er in Auseinandersetzungen mit seinen Gegenspielern, Haiti zerfiel in zwei Teilstaaten. Henri Christophe errichtete in seinem (nördlichen) Herrschaftsbereich eine Monarchie mit Cap-Haïtien als Hauptstadt und führte schließlich als König Henri I. ein Leben in absolutistischer Manier. Wie auch Leitner etwas später erwähnt, kreierte er, da ein König Adelige um sich haben muß, zum Teil äußerst skurrile Titel.

Flammen aufgehen. Als die Franzosen landeten, fanden sie nur Ruinen."*

Die Landung auf Cap-Haïtien wird auch für den heutigen Reisenden eine Enttäuschung sein. Die verfallenen Hütten verraten nicht viel von der heroischen Vergangenheit, aber ihre Bewohner reden über sie, als wäre alles gestern geschehen.

Zwischen den armseligen Häusern der Eingeborenen stolzieren frisch gebügelt, gepflegt, Vertreter der gegenwärtig größten Macht der Welt, amerikanische Marineleute. Ihre Offiziere sausen in eleganten Autos durch die krummen, schmutzigen Straßen. Es hebt das Selbstbewußtsein der zerlumpten Neger, wenn sie beim Anblick dieser neuen Eroberer an ihre Vergangenheit denken.

„Sie müssen Sans-Souci sehen, und die Zitadelle", raten alle Haitianer. Ein Schloß Sans-Souci, gibt es das auch auf Haiti? Ja, in einer Autostunde erreicht man von Cap-Haïtien aus das Dorf Milot. Dort liegt das verfallene Schloß des Negerkönigs, ein riesiger Marmorpalast zwischen Strohhütten.**

Der Negerkönig, der einst Kellner war und nur seinen Namen schreiben konnte, hatte in Sans-Souci eine Verlagsanstalt gegründet, in der die Werke seiner Minister, die alle „hommes de lettres", Literaten, waren, veröffentlicht wurden. Sein Außenminister, der Comte Limonade de Prevost, vor allem aber der Minister des Inneren, Valentin Pompo Baron de Vastey, schrieben sehr interessante Bücher über die Negerfrage.

---

* *François Dominique Toussaint L'Ouverture* (1743 bis 1803), genannt der schwarze Napoleon, wurde ab 1791 der Führer der haitianischen Revolutions-Regierung (im Anschluß an die Französische Revolution hatte sich auch die Bevölkerung Haitis erhoben), im Dienst der französischen Revolutions-Regierung wurde er zum Oberbefehlshaber der französischen Kolonie Saint-Domingue (Haiti) ernannt, und es gelang ihm die Abwehr britischer und spanischer Invasionsversuche. 1803 wurde er jedoch vom Führer der napoleonischen Truppen Leclerc gefangengenommen.

** Henri Christophe ließ ab 1807 unweit des Dorfes Milot inmitten einer lieblichen Berglandschaft nach dem Vorbild französischer Schlösser den prunkvollen Palast Sans-Souci errichten, der mit allem erdenklichen Pomp ausgestattet war (daneben acht weitere derartige Residenzen). Die gewaltige Festung Citadelle la Ferrière wurde in der Nähe in einer schwer zugänglichen Berggegend gebaut, aus Angst vor einer erneuten Invasion Frankreichs aufgrund ausstehender Entschädigungszahlungen. Nach dem Freitod von Henri Christophe verfiel das Schloß aus Geldmangel, schließlich wurde es 1842 durch ein Erdbeben weiter zerstört.

Jedenfalls sagt man, daß die Einwohner von Cap-Haïtien mit vollem Recht die Titel Graf, Baron oder Herzog tragen können, denn der König war seinen Getreuen gegenüber mit Titeln nicht knauserig. Aber die heutigen Einwohner der einstigen Königsstadt legen keinen Wert auf vornehm klingende Namen. Wenn sie viel von der Vergangenheit sprechen, so denken sie dabei an die Gegenwart, an die Amerikaner ...

US-Marine und Wuduzauber

„Tritt ein in die Marine und sieh die Welt!" Diese Plakate blicken in allen Städten der Union auf die amerikanischen Jungs. Wenn Joe oder Jim keine Arbeit haben und kein Geld, kann es leicht passieren, daß sie den Marinesoldaten, der neben dem Plakat steht, anreden. Der gibt ihnen Auskunft und bringt sie zur nächsten Anwerbestelle. Wenn Jim und Joe stark sind und gesund, dürfen sie auch wirklich eintreten in die Marine, und sie sehen die Welt.

Eine ganz andere, fremde Welt. Sie kommen zum Beispiel nach Haiti, was ein besonderer Vorzug ist (so scheint es wenigstens anfangs), mit Extrazulagen und einer wichtigen Kulturmission. Erst geht auch alles gut. Die Jungs aus Iowa, aus Ohio, aus New Jersey und Pennsylvania entdecken die Tropen und die Annehmlichkeiten eines Landes, das keine Prohibition kennt. „Tafia", das ist echt haitianischer Rum mit Ginger Ale (der Rum auf Haiti ist der beste), schmeckt anders als das Gebräu der Alkoholschmuggler. Auch die Mädchen sind anders und die Sonne.

Langsam merken die blauen Jungs, die hier Weiße sind, daß diese Insel, die anfangs so verführerisch tut, voll bösen Zaubers ist. Sie bekommt den Marineleuten aus den Staaten ganz und gar nicht. Offiziell werden zwar keine Verlustlisten herausgegeben, aber man erfährt es trotzdem, es ist nicht geheuer in der Marine. Immer tauchen Neue auf, die Alten verschwinden. Es gibt viele Unglücksfälle. Die Haitianer sind hinterhältig, sagen die Amerikaner, sie locken die Marineleute ins Verderben. Viele gehen um die Ecke, noch größer ist die Zahl jener, die krank werden, sterbenskrank.

Die Amerikaner haben für diese Erscheinungen eine Erklärung, die dem einfachen Menschenverstand vielleicht etwas abwegig erscheint: Der Wuduzauber ist schuld. Wudu sind die Zauberkünste, die die Haitianer aus Afrika mitgebracht haben und die ihnen ermöglichen, durch Zaubersprüche und Formeln, durch besondere Getränke und böse Blicke ihre Feinde aus dem Weg zu räumen.

Ganz ernsthaft gesprochen, man kann sicher Reste afrikanischer Religionen auf Haiti entdecken. Aber Wudu nehmen die Amerikaner viel ernster, als die Haitianer selbst. Amerikanische Journalisten und Gelehrte schreiben gruselige Geschichten über die haitianische Magie. Aber noch viel schauerlicher als diese wissenschaftlichen Märchen sind die flüsternd verbreiteten Geschichten, die unter den Mitgliedern der amerikanischen Kolonie, vor allem unter den Seeleuten umgehen. Ein Direktor einer amerikanischen Zuckergesellschaft stirbt plötzlich auf unerklärliche Weise, ein anderes Mal der Aufseher der Ananasfelder. Keinem Arzt gelingt es, die Todesursache festzustellen. Aber man erfährt, sie hatten einen Zusammenstoß mit Eingeborenen. Es wird jetzt klar, Teufelszauber hat ihren Tod verursacht.

Die amerikanische Marine erringt einen durchschlagenden Sieg über aufständische Haitianer. (Im ganzen wurden etwa dreitausend Haitianer von den Besatzungstruppen getötet.) Aber die Siegreichen werden auch vom Tod heimgesucht, die Soldaten sterben wie die Fliegen. Die Ärzte stehen hilflos vor der Krankheit. Da beginnt wieder das Raunen in der Marine: der Wuduzauber.

Die Krankheiten auf Haiti sind überhaupt eine besonders geheimnisvolle Sache. Die Amerikaner haben auf der Insel viele Ambulanzen errichtet (für die Haitianer und von dem Geld der Haitianer), aber sich selbst können sie nicht helfen. Die Insel ist verseucht, jeder Einwohner hat Malaria und fast jeder die Syphilis, sie bleibt aber für die Eingeborenen ohne die schlimmsten Folgen. Die Paralyse* war auf der Insel unbekannt, darauf wurde

---

* *Paralyse* – Spätfolgen der Syphilis, ausgelöst etwa acht bis zehn Jahre nach der (unbehandelten) Erstinfektion; sie geht unter anderem mit Lähmungen oder Ausfallsleiden einher und kann letal enden.

sogar eine besondere amerikanische Theorie gegründet, die Kombination Syphilis und Malaria schließe Paralyse aus. Bei den Amerikanern hat sich aber diese Theorie nicht bewahrheitet, jeder, der über ein Jahr auf Haiti ist, bekommt mit tödlicher Sicherheit Malaria, aber die Paralyse tritt unter ihnen doch auf. Flüsternde Erklärung: Wudu.

Als schlagender Beweis der schwarzen Magie wird folgende Begebenheit kolportiert: Harry und Bill, beide Untermaate der amerikanischen Marine, sind unzertrennliche Freunde. Einmal geraten sie in Streit mit Dorfbewohnern und verwunden einen Eingeborenen, der im Ruf eines „Papalois", eines Negerzauberers, steht. Einige Tage später sitzen die beiden in einem kleinen, übel beleumdeten Café und trinken in ausgiebigem Maße „Tafia". Zu ihnen gesellt sich ein schönes Negermädchen, genannt Amethyst, mit dunkelsamtenen Augen, wie man sie auch auf Haiti nur selten findet. Diese Amethyst lacht mit den beiden, tut so, als ob sie jeden besonders bevorzugen würde, hält sie zum Narren. Was tun aber die guten Freunde, benebelt von „Tafia" und dem aufreizenden Lachen Amethysts? Sie ziehen die Revolver und schießen aufeinander, treffen sich tödlich.

Harry und Bill waren beide verheiratet, man konnte ihren Frauen nicht gut die ganze Wahrheit mitteilen. So schrieb man ihnen, daß Harry und Bill in Ausübung ihrer Pflichten für Amerika den Heldentod starben.

Wuduzauber?

Ukulele, Tomtom und Arbeit

Die Amerikaner behaupten, daß vor der Besetzung Haitis 1915 auf der ganzen Insel nur ein einziges Auto existierte. Ich bin überzeugt, daß der Ford, der mich von Cap-Haïtien nach Port-au-Prince bringen sollte, dieses historische Auto war; jedenfalls scheint dieses einzige Auto auch damals nicht mehr neu gewesen zu sein. Meine Sorge, ob man in diesem Auto auf den durchaus nicht guten Wegen vorwärts kommen könnte, erhöhte sich bei der dramatischen Szene, die sich bei der Tankstelle abspielte.

Der Schofför hob seine Arme gegen den Himmel und rief mit lauter, verzweifelter Stimme etwas in die Gruppe, die ihn umstand. Der Tankstellenbesitzer, der gleichfalls von einem Teil der Straßenjugend von Cap-Haïtien umringt wurde, jammerte gleichfalls laut, mit großen Gesten. Dann schien es, als wollten sich die beiden in Haß aufeinanderstürzen. „Es scheint, aus der Autofahrt wird nichts", sagte ich zu dem Deutschen, der bis Aux Cayes mitfahren wollte, „die beiden wollen sich ja umbringen, was ist passiert?"

„Es ist gar nichts passiert, sie machen nur den Preis ab. Die Haitianer lieben die dramatische Belebung ihres Alltags." Als das Auto sich dann auch tatsächlich in Bewegung setzte, fand ich wiederholt die Bestätigung dieser Bemerkungen. Es kommen Bäuerinnen mit riesigen Körben, von Baumwolle überquellend, auf dem Kopf, und singen. Sie singen mit verteilten Rollen solo und im Chor, als trügen sie eine Oper vor. Sie gehen zum Ortskaufmann, um die Baumwolle gegen Kattun umzutauschen.

Von den Zuckerrohrfeldern dröhnt eine merkwürdige, dumpfe Melodie, die Musik der Tomtoms[*]. Die afrikanische Trommel dient hier nicht zur Weiterverbreitung von Nachrichten, sondern nur zur Erheiterung der Arbeiter auf den Zuckerfeldern. Sie engagieren selbst die Trommler und bezahlen sie von ihrem sehr niedrigen Lohn, denn die Haitianer finden, daß Arbeit angenehmer wird, wenn man sie nicht allzu ernst nimmt.

Ein anderes Bild. Vor den Kaffeelagerhäusern stehen die Arbeiter mit Säcken auf dem Rücken und warten, bis die ganze Kolonne sich zusammengefunden hat. Dann marschiert eine richtige Musikkapelle mit Flöte, Ukulele und Trommel los, und die Lastenträger folgen im Tanzschritt. Die Schauerleute[**] verdienen zwar wenig, aber sie wollen doch ein bißchen Vergnügen an der Arbeit haben. „Die Amerikaner wollen nicht begreifen, daß die Haitianer Kinder sind", sagte der Deutsche. Er fuhr zu der ame-

---

[*] *Tomtom*, auch *Tom-Tom* oder *Jazzpauke* – eigentlich Bezeichnung für eine in den 1920er Jahren (vielleicht aus China) in die westliche Jazz- und Tanzmusik eingeführte Trommel.

[**] *Schauerleute* – Hafen-, Schiffsarbeiter.

rikanischen Ananasgesellschaft, die inmitten unübersehbarer Ananasfelder eine Konservenfabrik errichtet hat.

Der amerikanische Fabrikleiter zeigte stolz die rationell eingerichtete Fabrik. Auf dem laufenden Band wurden die Früchte geschält, zerschnitten, gekocht und verpackt. Jede Bewegung der Arbeiterinnen und Arbeiter war genau berechnet, und diese Bewegungen durften alles eher als zu langsam sein. Aber es gab Schwierigkeiten, obwohl die Fabrik so praktisch und hygienisch eingerichtet war, obwohl die Früchte und auch die Arbeitskräfte fast nichts kosteten. Da war die Absatzkrise, und die Arbeiter, die unzufrieden waren, obgleich sie doch höhere Löhne bekamen als anderswo, blieben einfach aus, wenn es ihnen paßte, oder sie stifteten Unruhe.

Als ich allein weiterfuhr, wurde der Schofför gesprächig. Er hatte seine eigene Meinung über die neu eingerichtete Fabrik. „Die Amerikaner halten uns für sehr dumm, sie wollen den Arbeiterinnen täglich drei bis vier Gourdes zahlen (das sind zehn bis zwanzig Cent). Dafür sollen sie zehn bis zwölf Stunden arbeiten, und wie! Die Amerikaner sind verrückt mit ihren Maschinen. Kein Mensch kann bei dieser Hitze in solcher Eile arbeiten, und für den Lohn. Von den paar Gourdes kann man nicht anständig essen, nur Mango und Bananen. Aber die Amerikaner wollen doch, die Leute sollen hier genausoviel schaffen wie die Arbeiter in Amerika. Und Musik gibt es nicht mehr, nur Maschinen."

Der alte Ford vollbrachte wahre Wunder auf dem schlechten Weg. „Unsere Straßen sind holprig, und doch sind sie neu, die Amerikaner haben sie bauen lassen, von uns, von unserem Geld, damit die amerikanische Marine schneller den Kriegshafen, den sie auf unserer Insel errichtet haben, erreichen kann. Kein Haitianer wollte diese Arbeit verrichten, da wurden Haitianer von den amerikanischen Soldaten festgenommen und zum Wegebau gezwungen. Weil sie nachts ausrückten, wurden die Arbeiter nachts eingesperrt; die sich wehren wollten, sogar in Ketten gelegt."

Unter meinen Weggenossen gab es auch einen Weißen, einen englischen Missionar. Er stieg in Jérémie ein, wo noch das alte, verfallene Haus steht, in dem Vicomte Dumas, der Stammvater der beiden dichtenden Dumas', mit seiner Frau, der schönen Negerin Marie Cesette, gelebt hatte.* Der Missionar führte als Gepäck eine Bibel und ein Erbauungsbuch mit, er sah aus, als besuchte er seine Pfarrkinder in einer stockenglischen Landschaft. Doch schon sehr bald entpuppte er sich als echter Abenteurer, allerdings ganz englischer Art. Er hatte Afrika vom Osten nach dem Westen zu Fuß durchquert und kam eben von einer weltabgeschiedenen Insel, die zu Haiti gehört, Ile de la Tortue genannt, wo er zwei Jahre lang gelebt hatte. Warum? Um die „Wilden" in „Normalmenschen" zu verwandeln, wie sie in der Vorstellung eines Normalengländers leben.

„Auf la Tortue war es viel schwieriger, ich hatte mehr Entbehrungen zu erleiden als auf meiner Fußwanderung durch Afrika. Zwei Jahre lang habe ich nur von gedörrtem Fisch und Bananen gelebt. Brot ist unbekannt. Dann die vollkommene Einsamkeit. Die Inselbewohner haben mir nichts Böses getan, aber sie haben mich immer scheel angesehen. Ihre Gewohnheiten, ihr Totenkult sind ganz afrikanisch. Jeden Sonnabend tanzten sie bis zum Morgengrauen; die ganze Nacht hörte ich die Trommeln, aber sie ließen mich nie in die Nähe ihres Tanzplatzes."

„Hatte Ihr Aufenthalt auch einen Erfolg?"

„Ja, die Mühe und die Entbehrungen haben sich gelohnt. Damals, als ich vor zwei Jahren nach la Tortue kam, gab es auf der ganzen Insel nur eine einzige Frau, die verheiratet war, und das war eine Witwe aus Port-au-Prince. Jetzt aber gibt es schon drei gesetzlich getraute Paare, deren Ehe ich gesegnet habe."

Port-au-Prince, die Hauptstadt

Auf dem Hauptplatz von Port-au-Prince, einem riesigen Viereck, umsäumt von Palästen, hört Afrika auf, der Sieg der Zivilisation ist hier vollkommen. Obgleich in der Mitte die Statue des Neger-

---

* *Vicomte Dumas* – eigentlich Alexandre Davy de la Palleterie, der Vater des berühmten Romanschriftstellers Alexandre Dumas; er wurde 1762 in Jérémie geboren.

führers Dessalines steht. Er hat sich allerdings in dieser Darstellung aus dem wilden Afrikaner in einen banalen Denkmal-Europäer verwandelt. Die Amerikaner aber fürchten sogar noch in dieser Form den großen Weißenhasser und möchten ihn so umstellen, daß er nicht mehr wie jetzt drohend nach dem Gebäude der Marineverwaltung zeigt. Die Haitianer aber meinen, es wäre einfacher, die amerikanische Marineverwaltung übersiedelte ganz nach Washington. An Washington erinnern übrigens die Anlage des Platzes und vor allem der weiße Palast des Präsidenten mit Säulengang und Kuppeln. Besonders großstädtisch wirkt auch das Villenviertel, wunderbar gelegen auf Hügeln, die einen weiten Blick auf die Bucht und das Meer gestatten. Die schönsten Häuser, die gepflegtesten Gärten, einst Sitze der haitianischen Aristokratie, werden jetzt von den höheren amerikanischen Beamten bewohnt.

„Sie können es sich leisten von unserem Geld", sagte mir der junge haitianische Redakteur, der mir Port-au-Prince zeigte. So sehr er die amerikanische Fremdherrschaft beklagte, verriet er doch immer den Wunsch, der Fremden nur die besten Seiten von Port-au-Prince zu präsentieren. Wenn ich die Elendsquartiere, die man nicht besonders suchen mußte, innen ansehen wollte, machte er mich immer auf ein besonders stattliches Haus, das viel sehenswerter sei, aufmerksam.

Er führte mich auch in das Haus seiner Eltern, das mitten in einem Rosengarten stand. Es war mit schönen alten Möbeln aus der französischen Zeit eingerichtet. Die Bibliothek, die die haitianische Literatur vollständig umfaßte, bewies, daß nicht nur Afrika, sondern auch Paris Haiti seine besondere Note gibt. Viele Intellektuelle, Ärzte, Juristen, die meisten Politiker haben in Paris studiert; man könnte sie mit ihren Spitzbärten, mit ihren pariserischen Redewendungen für Franzosen halten, mit einem etwas südlichen Einschlag. In den Restaurants tragen die Kellner nach französischer Sitte weiße Schürzen, auf dem Tisch stehen Wein und Brot wie in Frankreich. Das Menü besteht aus vielen kleinen Vorspeisen und Zwischengerichten. Die Gäste sprechen über Politik und Literatur, man könnte meinen, man befinde sich irgendwo im Quartier Latin.

Hört man die Redner im Parlament, die Advokaten im Talar, man muß sich oft fragen, sind das wirklich Neger? Beim Englischen hört man auch beim gebildeten Neger den Dialekt leichter heraus als im Französischen. Aber auch die Haltung des haitianischen Negers unterscheidet sich von der des amerikanischen. Hier ist er Herr, trotz der Besatzung. Die Amerikaner beklagen sich auch, daß sie ihnen ihre Frechheit nicht abgewöhnen können. Frechheit? Ja, sie wagen es, sich dagegen aufzulehnen, Sklaven zu sein.

Proletarier am Grabe Kolumbus'

Wenn ein Dominikaner der herrschenden Klasse (ich meine natürlich einen Bürger der Dominikanischen Neger-Republik auf Haiti und nicht einen Ordensbruder) lesen sollte, daß ich es wage, die Dominikanische Republik mit Negern in Verbindung zu bringen, würde er mich zweifellos fordern, denn die Dominikaner wollen im Gegensatz zu den Haitianern alles eher als Neger sein. Ja, auf Santo Domingo müssen Neger eine besondere Landungsgebühr bezahlen.

Diese Dominikanische Republik nimmt etwa zwei Drittel der Insel Haiti ein, ihre Einwohnerzahl aber ist nur etwa ein Drittel der dichtbevölkerten Schwesterrepublik. Rasse und nationale Vorurteile sind sehr dazu geeignet, die Geschwister, wenn auch nicht gerade zu Feinden, so doch zu Fremden zu machen. Die Großmächte, die nie die strategische Wichtigkeit der Insel übersahen, haben mit Bedacht die Gegensätze verschärft.

Ein Dominikaner von ziemlich heller Hautfarbe, der aber keineswegs heller war, als sehr viele Haitianer, versäumte in den Straßen von Santo Domingo nie die Bemerkung, wenn ein Neger von dunklerer Farbe vorbeiging: „Das ist ein Haitianer." Die Wahrheit aber ist die, daß in Haiti genauso alle Schattierungen von dunkel bis zu ganz hell zu finden sind wie in Domingo.

Die Amerikaner aber, die hier übrigens genauso wenig beliebt sind wie dort, verstehen der Eitelkeit der Dominikaner zu schmeicheln. „Ihr seid keine Neger, mit euch können wir anders verhandeln, als mit den Haitianern." Allerdings besetzten sie trotzdem

Domingo, und sie verließen es nicht deshalb, weil die Einwohnerschaft hier heller ist, sondern weil die geschützteren Häfen Haitis sich nützlicher und bedeutungsvoller erwiesen, als die den schweren Stürmen preisgegebenen offenen Buchten Domingos.

Aber wenn auch der rassische Unterschied zwischen den beiden Republiken sehr zu bezweifeln ist, der „nationale" ist unleugbar. Haiti ist französisch, Domingo ist spanisch, es ist überspanisch. Es wird ein wahrer Kult getrieben mit der spanischen Vergangenheit. Ahnherr aller Dominikaner ist Kolumbus, Christóbal Colón, wie er hier überall nach spanischer Art genannt wird. In der Hauptstadt Santo Domingo ist noch der Baum zu sehen, an dem Kolumbus landete. (Garantiert echt.) In der Kathedrale werden seine Gebeine gezeigt. (Gleichfalls garantiert echt, die Echtheit ist hier allerdings schon auf ziemlich komplizierte Weise erklärt.) Aber warum skeptisch sein? Jedenfalls ist es sicher, daß er hier starb, verbittert und schon halb vergessen, der große Entdecker.

Es ist auch sicher, daß in der barocken, spanisch überladenen Kathedrale alle großen Abenteurer, die auszogen, neue Welten und Gold zu erobern, den Sieg ihrer Waffen erfleht haben, Cortez, Pizarro, alle großen „Bukaniers"* zogen von hier mit Kreuz und Schwert gegen die Ungläubigen. Es gibt wohl kaum einen anderen Fleck der Erde mit so blutig grausamer Vergangenheit wie diese Insel. In Port-au-Prince wird noch heute der einstige Sklavenmarkt gezeigt, wo Millionen und aber Millionen Neger verschachert wurden. Im Laufe von vierhundert Jahren erreichten hundert Millionen Afrikaner den amerikanischen „Markt". Aber von der „Ware" wurden in Afrika selbst und unterwegs ungeheure Mengen verschleudert. Sie mußte erjagt werden; es kamen einige Tote auf jeden Gefangenen. Das „Wild" überstand sehr oft nicht die Überfahrt, es brachen auch Selbstmordepidemien aus, dann wurde die „Exportware" in Ketten gelegt, damit sie nicht ins Meer springen konnte. In Cap-Haïtien gibt es noch die „Place des Armes", wo die Hinrichtungen der Neger unter fürchterlichsten Folterungen stattgefunden haben.

---

* *Bukanier*, auch *Flibustier* – Freibeuter und Seeräuber an den Küsten Mittel- und Südamerikas vom 17. bis zum 19. Jahrhundert; auch Bezeichnung für gesetzlose Abenteurer und Plünderer.

„Heute haben wir doch bessere Zeiten", sagte mir ein dominikanischer Dichter, der wiederholt während der amerikanischen Besatzungszeit verhaftet wurde und der auch jetzt, während die Regierungen durch Putsche abwechseln, Verfolgungen befürchten muß. „Unsere Verluste gingen während der amerikanischen Zeiten nur in die Zehntausende, dafür wurden aber auch unsere Zuckerplantagen glänzend modernisiert. Das amerikanische Kapital arbeitet anders, als unsere kleinen Bauern es getan haben. Wir produzieren jetzt soviel Zucker, daß wir ihn verbrennen müssen. Aber freilich hat sich unsere Lage trotz der technischen Fortschritte der letzten Jahre kompliziert, genau wie überall in Westindien, Mittel- und Südamerika, wohin amerikanisches Kapital drang. Man enteignete die Kleinbauernschaft und das mittlere Bürgertum. Dafür schuf man ein Proletariat, das in unseren bisher primitiven Ländern unbekannt war. Die neu auftauchenden Arbeiterfragen bedrängen aber auch die Eroberer. Ob kupferfarben, schwarz oder weiß, dieses Problem bleibt überall das gleiche."

VIII. Erdölland

Curaçao, die Insel der einstigen Sklavenhändler

Aus der Ferne wirken die Forts, die Häuser der Insel wie holländisches Spielzeug, lieb und nett. Auch die unzähligen Segelboote, die von den Nachbarinseln Lebensmittel nach dem unfruchtbaren Curaçao bringen, lassen an das Mutterland denken. Freilich, die Sonne ist greller und die feilschende Menge auf dem Markt ein Gemisch von allen Rassen.

Nachts aber verwandelt sich die farbige Idylle. Und die schreckliche Fratze, zu der alle Kolonialländer verurteilt sind, wird offen sichtbar. Auf den Segelbooten kauern die Neger, die tagelange stürmische Fahrten hinter sich haben, als schlafende Bündel. Sie haben nicht einmal Geld für eine Hängematte. Brot ist für sie ein unbekannter Luxus. Auf den Straßen liegen Schlafende ohne Unterschlupf. Die Geschäftsviertel haben sich in Schluchten des Lasters verwandelt. Die farbigen, chinesischen und europäischen Dirnen stehen gespenstisch geweißt, mit roten Backen vor den schmutzigen Spelunken, aus denen die abgestandenen Schlager Europas und Amerikas kreischen. Nur die Viertel der Patrizier haben ihre Vornehmheit bewahrt, die kristallenen Leuchter werfen dämmeriges Licht auf die alten Seidenmöbel, die venezianischen Spiegel, die Ölgemälde, die zwischen dicken goldenen Rahmen die Züge der Ahnen bewahren.

Die Patrizier, die sich stolz Curaçaoer nennen und deren holländisches Blut reichlich mit portugiesischem, aber auch mit dunklem afrikanischem gemischt ist, sind stolz auf diese Ahnen. Sie waren die geschicktesten Sklavenhändler, die mit unzähligen Schiffsladungen die neue Welt mit Menschenmaterial versorgten. Auch als solches Tun schon gesetzlich als unmoralisch gebrandmarkt wurde, haben sie weiter ihr Gewerbe, das viel Gold nach der Insel brachte, ausgeübt. Ihre Tüchtigkeit, die ihnen erlaubte, den Gesetzen ein Schnippchen zu schlagen und Sklaven in großen Mengen weiter zu schmuggeln, wurde reich belohnt, wie ihre schön ausgestatteten Häuser beweisen.

Heute aber gelingt es ihnen nicht mehr, sich auf die neuen Formen des Sklavenhandels umzustellen, ihre Macht wankt, und sie müssen neuen Herren weichen. Auf diese neuen Herren der Insel sind die alten schlecht zu sprechen. Sie sind gezwungen, alle Macht ihnen auszuliefern. Nur die regieren noch die Insel, während die Patrizier haßerfüllt nach den dicken Rauchschwaden blicken, die sogar bis in die Viertel der Vornehmen eindringen und die Sauberkeit der weiß- und blaugekachelten Häuser mit dicken Schichten von Öl verschmieren. Denn die neuen Herren sind die Gebieter des Erdöls. Die neuen Herren, das sind die Royal-Dutch-Shell-Company, Deterding[*] und ihre Aktionäre.

Die ganze Insel, auch in jenem Teil, wo sie nur Wüste ist, wird von Röhren, die aussehen, als wären sie dicke Adern, durchzogen. Diese Röhren schlucken Erdöl, Erdöl, das aus dem südamerikanischen Kontinent in flachen Tanks in riesigen Mengen herbeigeschafft wird. Sie leiten es in die gefräßigen Maschinenbäuche einer der größten Erdölraffinerien der Welt. Wenn das Rohöl in Benzin und Heizöl geschieden wird, speien sie es in die Schiffsräume aus aller Welt, die im Hafen von Curaçao Erdöl tanken.

Besuch auf der Isla

Nach der Isla – so werden die riesigen Anlagen des Royal-Dutch-Shellschen Unternehmens genannt – benutzt man die Fähre, aber das ist gar nicht so einfach. Zahlen braucht man zwar nicht, aber wenn man sich nicht als Angestellter oder Arbeiter von Shell ausweisen kann, braucht man eine besondere Erlaubnis der Zentrale; eine Erlaubnis benötigt man auch, wenn man die Stacheldrähte, die die Isla umfangen, als wäre es

---

[*] *Deterding* – Der niederländische Industrielle Sir Henri Deterding (1866 bis 1939) war von 1902 bis 1936 Generaldirektor der „N. V. Koniklijke Nederlandsche Maatschappij tot Exploitatie van Erdölbronnen in Nederlandsche-Indie"; er betrieb die Fusion seines Unternehmens mit der „Shell Transport & Trading Co.", wodurch die „Royal Dutch/Shell-Gruppe" entstand, eines der größten Industrieunternehmen der Welt.

Kriegsgebiet, passieren will. Keine Grenzfestung wird schärfer bewacht als die Ölraffinerien. Mit Karabinern bewaffnete Werkpolizei steht vor den Eingängen, man trifft sie überall vor den Betrieben, vor den silberhellen Tanks, die Benzin, und vor den dunklen, die das Heizöl bergen.

Welche Geheimnisse werden hier gehütet? Es sind wirklich Geheimnisse, denn das Verfahren, wie man Benzin und Rohöl auf das Wirtschaftlichste scheidet, ist Patent und Kampfobjekt der miteinander konkurrierenden Erdölgesellschaften.

Scheinbar befürchtete man auch in mir eine Spionin der Amerikaner. Bei jedem Schritt mußte ich mich legitimieren, und als ich beim Ausgang meinen photographischen Apparat zurückbekam und die Arbeiterhäuser der Isla zu photographieren versuchte, erschienen vor mir, wie aus der Erde gestampft, zwei handfeste, mit Schießgewehren ausgestattete Neger und wollten mich verhaften. Obwohl ich ihnen eine Unmenge gestempelter Papiere zeigte, sämtliche ärztlichen Atteste, die ich unterwegs gebraucht hatte, wollten sie mir nicht glauben, daß ich die Erlaubnis zum Photographieren hätte, denn eine solche Erlaubnis gebe es überhaupt nicht.

Die Direktion aber erklärte, daß ihr nichts unerwünschter sei als irgendeine Art von Publizität, sie wünsche nicht, daß man über sie schreibe, nicht einmal über die neue Angestellten- und Arbeiterstadt, die sie errichtet habe, obgleich sie doch so komfortabel ist, mit Klubs und Tennisplätzen, die nachts taghell erleuchtet werden. So privat sie sich selbst betrachten, das Leben, das ihre Angestellten führen, ist keineswegs deren eigene Angelegenheit. Auch über Freunde oder Bekannte, die sie auf der Isla besuchen, wünscht die Leitung Genaues zu erfahren. Niemand kann unbemerkt ein Arbeiterhaus betreten. Kein Angestellter hat das Recht, Besuche ohne Erlaubnis zu erhalten, auch nicht nach der Arbeitszeit.

Die Arbeiter aus Deutschland, aus den Staaten, aus Italien, aus Holland oder Schweden, sie wiederholen so ziemlich wörtlich immer die gleiche Geschichte: „Da hat mir ein Freund (es kann auch der Bruder oder Vater, Vetter oder Sohn sein) geschrieben, daß man hier Arbeit bekommen soll. Arbeit – da überlegt man nicht mehr lange, wie es sonst noch werden kann, auf Arbeit kommt es an. Mit solcher Aussicht ist es auch mit Mühe und Not möglich, Reisegeld geliehen zu bekommen. Wie ich gehört habe, ich soll nach Curaçao, den Tropen, schien mir das noch ganz besonders wunderbar, das wird etwas ganz anderes werden als die alte Knochenmühle zu Hause. Aber ist man einmal hier, dann merkt man schnell, daß es genau der gleiche Dreh ist, den man schon so gut kennt. Die Maschinen, der Lärm, der Dreck, der Gestank und die Aufseher, für die man nie schnell genug arbeiten kann.

Tag und Nacht wird gearbeitet. Jede Stunde ist Schichtwechsel. Viele von uns haben einen Zehnstundentag, sogar wenn sie nachts arbeiten, obwohl auch hier abgebaut wird und Arbeiter entlassen werden. Tropisch sind nur die ewige Hitze und die vielen Moskitos. In der Lohntüte haben wir zwar etwas mehr Geld als zu Hause, aber das Leben ist auch teurer, und wenn man krank wird oder keine Arbeit mehr hat, kann man betteln gehen. Der Arbeiter kann hier überhaupt nicht den Mund aufmachen. Wir haben zweihundert schwerbewaffnete Werkpolizisten, die tun, was die Direktion ihnen befiehlt; ob es gesetzlich ist oder nicht, danach fragt keiner. Die Regierung hat auf der Isla überhaupt nichts zu sagen.

Man redet uns weißen Arbeitern ein, daß wir mehr sind als die Neger, und es gibt unter uns so manchen, der das auch gern glaubt. Aber die Werkpolizei besteht aus lauter Negern, und obgleich uns die Werkleitung für soviel höher hält, läßt sie doch ohne Skrupel die weißen Arbeiter, die es vielleicht gewagt haben, allzu laut ihre Rechte zu fordern, von den Negern verprügeln. So leben wir in der großen Freiheit, fern von der Kultur."

Abenteuer und Abenteurer auf Curaçao

Es gibt nicht nur Gegensätze zwischen Arbeitern und Arbeitgeber, sondern auch zwischen den Konkurrenzgesellschaften. Auf Curaçao nahmen diese Intrigen besonders abenteuerliche Formen an. Dazu gehörte die „Delgado-Falke-Rebellion". Wie man sich vielleicht noch erinnert, spielte das deutsche Schiff „Falke" in dieser Tragikomödie eine besondere Rolle.

Eingezwängt zwischen den Stacheldrahtzäunen der Shell-Company und den Kreidebergen Curaçaos, liegt ein armseliges Proletarierviertel, ein Gewirr primitivster Holzhäuser. Hier lebte unter anderen venezolanischen Emigranten einer der Hauptakteure des „Falke"-Abenteuers, ein früherer General namens Urbano. Er schien es darauf abgesehen zu haben, die Polizei zu reizen. Er führte so lange beleidigende Reden über den holländischen Gouverneur*, bis man ihn als Gefangenen in die Festung von Curaçao einlieferte. Diese Festung liegt am Eingang des Hafens. Sie gibt vor, die holländischen Häuser Willemstads, aber auch die Ölraffinerien der Shell-Company und den Hafen zu schützen. Aber trotz Zugbrücken, Wachen und Munitionslager wirkt sie nicht übertrieben seriös.

Dem General Urbano schien die Festungshaft gut zu gefallen; er freundete sich mit den Soldaten, mit den Wachen und Gefangenenwärtern an. Freilich war diese Freundschaft nicht ganz billig, denn auch hier mußte sie durch kleine Geschenke erhalten bleiben. Aber der General hatte Geld wie Heu, er hatte Lebensmittel, Zigaretten, Getränke. Auffallend war nur, daß ein scheinbar so einflußreicher Mann nichts unternahm, um seine Strafe abzukürzen.

Aber wahrscheinlich interessierte ihn das Leben auf der Festung, denn er fragte nach allen Details, und auf Grund seiner sachverständigen Fragen wußte er bald besser Bescheid als selbst der Festungskommandant. Er kannte die Aufbewahrungsstellen der Munition, die Aufstellung der Maschinengewehre, er wußte, wieviel Gewehre sich in der Festung befanden, aus wieviel Personen die Wache bestand und wann sie abgelöst wurde.

Und so geschieht an einem schönen Augustabend folgendes: Bei einbrechender Dunkelheit nähert sich ein Schiff dem Hafen von Curaçao (später stellte sich heraus, daß es einer amerikani-

---

* *holländischer Gouverneur* – Curaçao, die größte der Niederländischen Antillen, gelangte im 17. Jahrhundert in den Besitz der Niederländer, 1954 wurde es teil der selbstverwalteten Antillen-Förderation im Königreich der Niederlande. Auch heute noch gibt es einen von der Königin ernannten Gouverneur, der diese als Staatsoberhaupt vertritt, da 1993 in einem Referendum die Unabhängigkeit der Insel abgelehnt wurde.

schen Gesellschaft gehörte) und wirft ganz in der Nähe der Festung Anker. Die Hafenpolizei findet nichts Auffälliges daran. Um Mitternacht werden auf den Wällen die Wachen abgelöst, gleichzeitig brechen General Urbano und seine Freunde aus ihren Zellen. Es bleibt bis heute rätselhaft, wie es Urbano und seinen paar Anhängern gelang, alle Soldaten und Gefängniswärter der Festung zu entwaffnen und sich selbst und seine Getreuen zu bewaffnen. Zwei Schüsse und zwei Tote als Ergebnis des ersten Widerstandes gegen Urbano mögen den Soldaten gezeigt haben, daß es nicht geraten sei, gegen ihren „Freund" Urbano zu kämpfen. Der Weg zu den Munitionslagern ist plötzlich frei.

Mittlerweile kommt das Schiff, das in der Nähe ankerte, dicht an die Festung heran. In aller Ruhe und ohne Übereilung wird Munition geladen. Urbano dampft nach ein paar Stunden schnurstracks auf Cumaná zu, um zusammen mit dem „Falken" den Kampf gegen die venezolanische Regierung aufzunehmen. Seine Getreuen, kein halbes Dutzend Mann, halten die Festung Curaçao besetzt.

Aber in Cumaná stellt sich der genial angelegte Überfall als völlig nutzlos heraus, denn die geraubte Munition knallt zwar heftig, aber sie schadet niemandem. Was Urbano und seine Leute stahlen, waren – Platzpatronen und leere Übungskartuschen. Die holländische Regierung gab später eine Erklärung heraus: Die von Urbano geraubte Munition wäre nur für Manöverzwecke bestimmt gewesen, die echte Munition hätte wohlverwahrt im Geheimlager geruht. Aber es gibt böse Zungen auf Curaçao, die davon munkeln, daß es überhaupt keine brauchbaren Waffen auf der Festung gab außer dem Revolver, den sich General Urbano ins Gefängnis schmuggeln ließ.

General Urbano aber gelang es, mit den Überlebenden der Cumaná-Schlacht nach Kolumbien zu fliehen. Er lebt jetzt mit seinen Mannen in den Urwäldern, die an Venezuela grenzen, und beunruhigt von dort aus öfter die Grenzposten. Ein letzter Abenteurer alten Stils, ein „Bukanier", ein Nachfahr der Seeräuber, die Amerika nach seiner Entdeckung heimsuchten.

Interessanter aber als dieser Abenteurer sind die Hintergründe dieser Revolte, die nur scheinbar an eine Operette erinnern.

Wer hatte Urbano und Delgado die sehr bedeutenden Geldmittel, die sie für ihre Unternehmungen brauchten, zur Verfügung gestellt? Wer hatte ein Interesse daran, Curaçao, diesen wichtigen strategischen Stützpunkt, diesen bedeutendsten Ölhafen des tropischen Amerika, in anderen Besitz zu bringen? Eine klare Antwort konnte die Untersuchung um so weniger bringen, weil sehr vorsichtig untersucht wurde. Aber das Mißtrauen der Shell-Company dem großen Konkurrenten, der Standard Oil, gegenüber wird einigermaßen begreiflich.

„Sie müssen nach Maracaibo fahren, dort können Sie die größten Ölfelder Südamerikas sehen, dort haben die amerikanischen und englischen Gesellschaften dicht nebeneinander ihre Interessensphären, dort kann man am besten sehen, wie sie miteinander arbeiten und wie sie sich bekämpfen."

Sankt Bürokratius in Venezuela

Jede Reise beginnt, sofern man die sträfliche Absicht hat, eine Grenze zu überschreiten, auf der Polizei, auf Ämtern und Konsulaten, und das ist gut so, das gibt Gelegenheit, Leute und Sitten eines Landes kennenzulernen, bevor man es noch betreten hat.

Da ist zum Beispiel Venezuela. Von Curaçao fahren täglich Dampfer nach Maracaibo, eine Reise dorthin scheint also ganz einfach zu sein. Aber bald muß man merken, daß auch eine tropische Republik in Erfindung bürokratischer Schikanen Unübertreffliches leisten kann.

Zunächst: Ein Paß genügt nicht, man muß auch einen Heimats- und Geburtsschein haben, dann eine Bescheinigung der Polizeibehörde des Wohnortes, daß der Reisende keinerlei Verbrechen begangen hat, die das venezolanische Gesetz als solche ansieht und bestraft, und ist schließlich eine Strafe verbüßt, aufgeschoben oder erlassen worden, so ist eine Bescheinigung über die moralische Wiederherstellung beizubringen.

Noch nicht genug? Oh nein, bei weitem nicht. Daß man das Zeugnis eines Amtsarztes beibringen muß des Inhalts, daß der

Reisende nicht an Lepra, Trachom*, Geisteskrankheit, epileptischen Anfällen oder anderen gefährlichen Krankheiten leidet, ist in Ordnung. Auch eine neuerliche Pockenimpfung könnte man über sich ergehen lassen.

Aber Venezuela will noch mehr. Der Paß, der Geburts- und Heimatschein, die ärztlichen Atteste genügen noch nicht, man muß auch einen Identitätsschein beibringen, auf dem millimetergenau die Größe und Breite des Delinquenten, Pardon Reisenden, angegeben ist.

Immer noch nicht genug? Nein. Man muß auch noch ein beglaubigtes Zeugnis von dem Geschäftsführer, Direktor oder Prinzipal des Betriebes beibringen, in dem man die letzten sechs Monate gearbeitet hat. Das Zeugnis soll über die Führung, Ehrlichkeit, guten Sitten und das Verhalten gegen die Vorgesetzten Auskunft geben.

Aber jetzt ist's genug. Mehr kann nicht einmal Venezuela verlangen. Ein Irrtum, denn zu guter Letzt müssen auch zwei Zeugen vor einem Gericht unter Eid folgendes beschwören: 1. daß der Reisende während seines Aufenthaltes in Venezuela nicht die öffentliche Ordnung stören oder die internationalen Beziehungen der Republik gefährden wird, 2. daß er keiner Vereinigung angehört, die der öffentlichen und bürgerlichen Ordnung entgegengesetzte Zwecke verfolgt, und 3. daß er nicht die gewaltsame Zerstörung der konstitutionellen Regierung oder die Ermordung von Staatsbeamten oder Fremden im Lande plant.

Ist das nicht staunenswert? Zeugen müssen unter Eid aussagen, was du in Zukunft zu tun und zu lassen gedenkst. Die Zeugen müssen dem Konsulat bekannt sein. Weniger wichtig ist es, daß sie dich kennen, denn es kommt ja nur auf die Formalität an, auf die Formalität und auf die Gebühren. Ausreichende Geldmittel sind fähig, die Strenge des Gesetzes zu mildern.

---

* *Trachom* – Chronische infektiöse Augenkrankheit, die jahrelang andauert und unbehandelt zur Erblindung führt. In den Industrieländern mittlerweile nahezu ausgerottet, leiden weltweit fast 150 Millionen Menschen daran. Früher war die Krankheit auch in Europa verbreitet und zu Beginn unseres Jahrhunderts in den USA so gefürchtet, daß Einwanderer darauf untersucht und bei Erkrankung zurückgewiesen wurden.

Zwischen Curaçao und Venezuela

Es ist merkwürdig, die größten Schwierigkeiten können die Erwerbslosen, die noch etwas Geld für eine Reise haben, nicht davon abhalten, ihr Glück dort zu versuchen, wo sich ihnen noch irgendeine Arbeitsmöglichkeit bietet. Wie finden es Leute in einem Dorf in Thüringen oder in Bayern, in New York oder in Tokio heraus, daß irgendwo am anderen Ende der Welt Arbeitskräfte benötigt werden? Nirgends brauchen die Industriebetriebe zu befürchten, ohne Arbeiter zu bleiben. Mitten im Ozean wird auf einer Wüsteninsel mit größter Eile eine Stadt, ein großes Industriewerk errichtet, und schon strömen die Arbeiter aus aller Welt herbei, um am Aufbau teilzunehmen.

Da ist die Insel Aruba, sie liegt zwischen Curaçao und Maracaibo. Vor kurzem war sie nur von einigen Negern bewohnt, die kaum ihr Auskommen fanden. Die Insel ist dürr, nur wenn es regnet, gibt es Wasser; aber es regnet fast nie, und die Zisternen und Regentonnen warten mit trockenen Mäulern vergeblich auf Feuchtigkeit. Der Hafen, soweit man von Hafen überhaupt sprechen kann, wird nur im seltensten Fall von einem Schiff angelaufen. So war es noch vor wenigen Jahren.

Dann aber kam die plötzliche Wendung: Die Amerikaner, die zusehen müssen, wie sich die Shell-Company auf Curaçao vergrößert und ihnen selbst die Möglichkeit nimmt, sich dort niederzulassen, ließen sich von den Holländern für die Insel Aruba eine Konzession geben. Man lachte nur darüber. Das war sicher nichts weiter als ein verrückter Einfall eines amerikanischen Millionärs. Doch bald stellte sich heraus, daß die Amerikaner ganz genau wußten, was sie wollten. Mit größter Beschleunigung begannen sie die Arbeit auf Aruba. Ein ganzes Arbeiterheer erbaute eine Stadt aus dem Nichts und errichtete Erdölraffinerien, die an Vollkommenheit und rationalisierten Methoden noch die Shell-Company übertrafen. Der Hafen wurde ausgebaut für die Öltanks, die nun aus Maracaibo kamen. Der große Coup war gelungen, die Amerikaner konnten ihr Erdöl aus Venezuela noch nutzbringender verwerten als die Shell-Company.

Es gibt nichts zu essen auf der Insel? Man brachte Lebensmittel in Hülle und Fülle aus Amerika. Der Küchenzettel der Angestellten und Arbeiter wird im Marine-Department von New York auf das genaueste zusammengestellt, und die nötigen Zutaten schwimmen jede Woche auf mächtigen Schiffen zur Insel. Es gibt kein Wasser? Man brachte dann eben das Trinkwasser aus New York. Ein bißchen teuer? Die Angestellten und Arbeiter bezahlen ja die Lebensmittel und das Wasser. Auf die Weise freilich lösen sich die Löhne und Gehälter, die so verlockend aussahen, schnell in nichts auf. Und genau wie überall verdienen sie auf der Wüsteninsel trotz schwerster Arbeit nur soviel, um das nackte Leben zu erhalten.

Jetzt ist die Stadt fertig, eine sehr zweckmäßig gebaute Stadt; doch da ihr Zweck, den Menschen nur schlecht und recht Unterkunft zu geben, so mäßig ist, wirkt sie alles eher, nur nicht schön. Schlimmer aber, nachdem der Aufbau der Stadt beendet war, blieb ein großer Teil der Arbeitermassen, die Erbauer, ohne Arbeit. Diese Arbeitslosen fahren nun trotz aller Paßschikanen und trotz der Kosten, solange sie noch den kleinsten Betrag besitzen, von einer Insel zur anderen, von einem Land zum anderen, um Arbeit zu suchen. Eine Reise von vier oder fünf Tagen ist eine Kleinigkeit, kaum erwähnenswert. Ist sie mißlungen, um so schlimmer. Ist auch der letzte Rest der Ersparnisse verbraucht, bleibt nichts übrig, als die Bettelei bei den Schiffsgesellschaften, sich hinüberarbeiten zu dürfen. Die Schar der Ausgewanderten, die auf eine solche Gelegenheit wartet, die immer seltener wird, vergrößert sich ständig. Sie warten auf ein Schiff oder den Tod, denn die meisten haben, bis sie soweit sind, ihre Gesundheit vollständig eingebüßt.

Unter den Passagieren unseres Schiffes ist einer, der durch seinen merkwürdigen Tropenanzug die Heiterkeit der Mitreisenden erregt. Er stammt aus einem württembergischen Dorf, spricht schwäbisch, und er wäre sehr gemütlich, wenn er nicht aussehen würde wie ein Gespenst. Blaß, mit fiebrigen Augen, ragt sein Gesicht aus den alten Leintüchern, die wahrscheinlich seine Mutter mit viel Liebe, aber wenig Fachkenntnis in einen Anzug verwandelt hat. „Er hat nichts gekostet" – das heißt, er kostete Kopfzerbrechen und unverhältnismäßig viel Arbeit. Seine ganze Reise sollte nichts kosten. Seine Konstitution fragte aber nicht danach, ob er sparen wollte, er wurde krank und so „reist" er nun nach Arbeit.

Maracaibo, eine neue Hauptstadt im Erdölreich

Noch vor einem Jahrzehnt war Maracaibo eine verschlafene, altspanische kleine Stadt am Ufer des sumpfigen Maracaibosees, einer Meerbucht des Atlantischen Ozeans. Heute ist sie eine der wichtigsten Zentralen des Weltölgeschäftes, sie wäre vielleicht die wichtigste überhaupt, wenn der verschlammte Hafen nicht das Befahren durch größere Schiffe unmöglich machen würde. So müssen die flachen Öltanks erst nach Curaçao und Aruba fahren. Doch die Zukunftsmöglichkeiten Maracaibos sind sehr groß.

In den letzten Jahren wurde hier ungeheuer viel gebaut. Zu dem Altspanischen kam das Neuamerikanische, es kamen Flugzeuge, Autos, Wege wurden angelegt, der Urwald, der bis an die Stadt heranreichte, mußte amerikanisierten Siedlungen weichen. Statt der Urwaldbaumriesen erheben sich nun Bohrtürme, Bohrtürme ragen auch aus dem See, aus den Sümpfen, denn Erdöl quillt weit und breit im Wald und aus dem Wasser, überall in der ganzen Umgebung von Maracaibo.

Die Luft ist ölig, eine schwere, fettige Luft, das Thermometer zeigt im Schatten vierzig Grad, Moskitoschwärme entsteigen den Sümpfen, und nur die feinen teuren Drahtnetze, die die Wohnhäuser der höheren Angestellten schützen, können sie ausschließen. Zu den anderen, wo nur leichte Mullnetze die Menschen zu schützen vorgeben, gelangen sie mit Leichtigkeit. Besonders am Anfang der Arbeiten blühte hier das gelbe Fieber, aber es gibt wohl wenig Menschen in Maracaibo, die von Malaria verschont bleiben. In den Klubräumen der verschiedensten Nationen, in allen Speisehäusern steht auf den Tischen wie Zucker Chinin. Alle fressen sie Chinin, aber es nützt ihnen nichts, das Fieber ergreift von ihnen Besitz und läßt sie nie wieder ganz frei atmen.

Aber die Kranken räumen nicht freiwillig das Feld, den Abbau fürchten sie mehr als den Tod. Auch hier wird, obgleich die Produktion noch steigend ist, rationalisiert. In diesen Methoden sind sich beide Erdölmächte, die Standard Oil genau wie die englisch-holländische Gruppe, trotz aller anderen Gegensätze einig.

Die Amerikaner zeigen offen das, was sie geschafft haben; sie sind stolz auf die neuen Häuser und Wege, auf die Kinos und Bordelle im Urwald von gestern, auf ihre Polizei, die sogar mit Maschinengewehren ausgestattet ist. Auch die Engländer haben alle diese Errungenschaften, sie sind nur weniger stolz auf sie und hüten sie wie Geheimnisse.

Man kann sich schwer vorstellen, mit welcher Genauigkeit die Büros der Erdölgesellschaften jede Nachricht, die sich auf das Öl bezieht, registrieren. Farbige Tabellen werden jeden Tag, jede Stunde umgeändert, um die momentane Lage augenfällig zu zeigen. In Maracaibo und seiner Umgebung wird etwa soviel Erdöl erzeugt wie in Sowjetrußland. 1930 stand Venezuela an zweiter Stelle unter den Erdöl erzeugenden Ländern. Erst 1931 wurde es von der Sowjetunion überflügelt. Aus allen Börsen der Welt kommen die Nachrichten über die Kurse der Erdölpapiere, jede Schwankung wird auf das genaueste verfolgt. Jede Erdölquelle,

Ein Ölfeld an der Küste von Venezuela.

sei sie auf den Nachbarerdölfeldern von Lagunillas, in Baku, in Mexiko oder Kolumbien in Betrieb gesetzt, steht sofort auf der Weltkarte aller Bohrtürme.

Auf einem Atlas sieht man die Erdölerzeugung der Welt graphisch dargestellt. Die Vereinigten Staaten führen bei weitem, sie liefern 65 bis 70 Prozent der gesamten Weltproduktion, in weitem Abstand folgen Sowjetrußland mit 10 bis 12 Prozent und Venezuela ungefähr mit gleichfalls soviel. Auch beim Verbrauch des Erdöls besetzen die Staaten einen besonderen Platz. Sechzig Prozent des Weltbedarfs wird von ihnen in Anspruch genommen.

Wie anders aber sieht jene Karte aus, auf der die Erdölvorräte abgebildet sind. Der riesige Pukt, der die Produktion der Staaten anzeigt, ist ganz zusammengeschrumpft, nur zehn Prozent der Weltvorräte befinden sich in den Staaten, fünfunddreißig Prozent in Südamerika und Mittelamerika, fünfzehn Prozent in Sowjetrußland.

Gespräch mit einem amerikanischen Erdölsachverständigen

„Ja, kann man denn überhaupt die Vorräte feststellen?" fragte ich ihn. „Ganz genau nicht, nur ungefähr. Die Schätzungen ändern sich auch sehr oft. Aber es ist nicht wahrscheinlich, daß das Verhältnis für die Staaten viel günstiger sein könnte. In Südamerika gibt es noch viele unentdeckte Quellen."

„Auch in Paraguay?"

„Wahrscheinlich auch dort. Auch die Bohrungen in Peru, Kolumbien und in den Guayanas stehen erst in ihren Anfängen."

„Wie aber ist es in Nordamerika? Wenn trotz der geringen Vorräte so viel produziert wird, können dann nicht die Erdölquellen langsam versiegen?"

„Viele sehen das in Amerika voraus. Man macht Propaganda für die Streckung der Vorräte. Schon seit Jahren wird darüber geschrieben, daß Amerika schlimmen Schwierigkeiten entgegengeht, wenn sich die Erdölpolitik nicht ändert. Der Erfolg war: Die Produktion stieg ständig weiter. In diesem Jahr wird sie gering fallen, aber nur aus rein finanziellen Gründen, weil man die Preise halten will. Da sehen Sie zum Beispiel Mexiko. Im Jahre 1925 war es nach den Staaten noch das wichtigste Erdöl erzeugende Land. Seit diesem Höhepunkt fällt die Produktion rapide. Keineswegs, weil man sie einschränken will, sondern weil bald kein Öl mehr da ist. Der rücksichtslose Raubbau beginnt sich zu rächen. Tampico, noch vor einigen Jahren eine der wichtigsten Erdölquellen, sinkt langsam zu vollkommener Bedeutungslosigkeit. Der aufsteigende Stern ist Maracaibo."

„Ist das Versickern der mexikanischen Ölfelder nicht auch für die kalifornischen und jene in Texas ein schlechtes Vorzeichen?"

„Beim Erdöl kann man nichts prophezeien, aber es gibt ja genug Schwarzseher in Amerika, die behaupten, es sei sogar möglich, daß es schon in fünf Jahren mit den Erdölvorräten zu Ende ginge."

„Was würde dann aber geschehen?"

„Nun, man muß ja nicht ein unverbesserlicher Pessimist sein und gleich an das Schlimmste denken. Die Quellen können natürlich nicht so plötzlich versiegen. Man malt die Lage mehr aus propagandistischen Gründen so dunkel, gerade weil schon ein verhältnismäßiges Fallen der Produktion fühlbar werden müßte, denn die Vereinigten Staaten sind nicht Mexiko, und sie könnten nicht tatenlos zusehen. In Mexiko fällt die Währung, verschlechtert sich die Handelsbilanz, aber das starke Fallen der Erdölerzeugung übt doch keine entscheidende Wirkung aus. Für die Staaten aber ist das Erdöl eine Lebensnotwendigkeit. Die Industrie, der Verkehr brauchen Benzin, die ganze Kriegsflotte wird mit Öl geheizt. Zum größten Teil verdankt Amerika seinen industriellen Aufschwung dem Erdöl."

„Gibt es denn einen Ausweg für die Staaten?"

„Sicher. Sie haben ja die wichtigsten Erdöl-Konzessionen in Südamerika. In Peru besitzen sie einundachtzig Prozent der Erdölfelder, in Venezuela vierzig Prozent, in Kolumbien sogar hundert Prozent." (Die Geschichte dieser hundert Prozent wäre auch ein Roman für sich, der ölsachverständige Amerikaner enthüllte sie nicht.) „Die amerikanischen Gesellschaften haben mit Bohrungen in Brasilien, Argentinien, in den Guayanas und Paraguay begonnen und schon bedeutende Funde gemacht, Amerika braucht also einen Mangel an Erdöl auch im schlimmsten Fall nicht zu befürchten."

Das sagte der Amerikaner. Über die Befürchtungen der südamerikanischen Völker sprach er nicht. Über die Gefahren, die die Rivalität zwischen Amerika und England um die Erdölschätze hervorrufen muß. Denn die restlichen Prozente der Ölkonzessionen in Südamerika besitzt ja zum größten Teil England. Der Hintergrund der blutigen Revolutionen und Kriege in Südamerika sind zum größten Teil noch unsichtbare Erdölfelder.

Doch wie kämpft man hier in Maracaibo?

Indianer, o wie romantisch!

In Maracaibo gibt es noch echte wilde Indianer. Ihre Kleidung besteht aus farbigen Tüchern, und ihre Gesichter sind mit roten und lila Strichen bemalt. Freilich wirken sie bei weitem nicht so echt und wild wie Indianer in einem besseren Knabenroman, obgleich manche von ihnen sogar lange Pfeile bei sich tragen, die wirklich aussehen, als wären sie von Karl May erfunden.

Aber mit diesen Pfeilen durchbohren sie nicht die fremden Eindringlinge, sie tragen sie vielmehr in Geschäfte, in denen Grammophone von frühmorgens bis spätabends ununterbrochen spielen. Sie sind eiserner Bestandteil jedes besseren Kaufladens, und während der Marsch aus den drei Musketieren, die Mariquita*, die Señorita oder ähnliche Meisterwerke heruntergeschnarrt werden, tauschen die Indianer die Pfeile gegen Sardinen oder Büchsenkonserven. Die Pfeile schmücken dann später die Quartiere der amerikanischen, englischen und deutschen Angestellten und geben ihnen einen gewissen romantischen Beigeschmack und die Illusion, in einem wilden Land zu leben.

Leider aber ist der Bedarf an Pfeilen doch nicht so groß, daß die Indianer, die durch die Ölgesellschaften aus ihren Wäldern

---

* *Mariquita* – populärer argentinischer Tanz, er wird von mehreren, einander gegenüberstehenden Paaren mit einem weißen Tuch in der Hand getanzt, begleitet werden sie von einem Gitarristen und Sänger.

vertrieben wurden, nun davon leben könnten. Was tun sie nun, die Abkömmlinge des „großen Adlers"? Sie stellen sich vor den „employment offices", den Personalbüros der großen Ölgesellschaften auf, und wenn sie besonderes Glück haben, dürfen sie ihre Wälder roden, Baumaterial schleppen oder nach Öl bohren. Wenn die Ölgesellschaften besonderes Glück haben und die Erdölquelle ergiebiger wird, als man erwartet hatte, wird das oft ihr Ende, denn sie können leicht mit zerschmetterten Gliedern in die Luft fliegen.

Ein Deutscher, der seit sechs Jahren in Maracaibo arbeitet, kann allerlei erzählen. „Wieviel Menschenleben die Ölfelder in Maracaibo gekostet haben, niemand könnte das sagen, darüber führt man keine Statistik, es ist ja auch nicht so wichtig. Ich habe mich schon so an Verunglückte, an Leichen, an Brand, an Katastrophen gewöhnt, daß ich gar nicht mehr aufmerke, wenn ich einen Toten in den Ölfeldern sehe. Das alles gehört einfach zu dem Betrieb. Am schlimmsten sind jene dran, die in den Sümpfen arbeiten müssen und die Öltürme im Meer errichten. Sehen Sie dort die ‚Käseglocken', das sind besondere Vorrichtungen für die Bohrarbeiten unter Wasser."

Ingenieure haben ein wunderbares Meisterstück der Technik erschaffen, um die Ölschätze am Meeresgrund zu heben. Die Arbeiter mit ihren Werkzeugen setzen sich auf die Bänke, die in der Glasglocke angebracht sind, die durch Kräne und Hebel hinabbefördert wird. Sie verdrängt das Wasser und schafft so einen luftleeren Raum. Von oben wird wie bei den Tauchern den Arbeitern Sauerstoff zugeführt. Wenn alles glattgeht, ragen bald die Öltürme aus dem Wasser, wie durch ein Wunder hingezaubert. An der Hinzauberung dieser Wunder beteiligen sich auch die „wilden Indianer".

Wehren sie sich? Es werden auch einige gruselige Geschichten über die Indianer im Urwald kolportiert. Da ging ein amerikanischer Ingenieur mit seinem Stab auf der Suche nach Erdöl tief in den Busch. Plötzlich erschienen Indianer und begannen giftige Pfeile gegen sie zu schleudern, als wären sie wirklich einem Indianerbuch entsprungen (und als gingen die Amerikaner ohne Waffen in den Urwald). In dieser Geschichte schien das aber tatsächlich der Fall zu sein, sie haben nicht auf die Indianer geschossen, sondern liefen fort. Der Führer der Amerikaner blieb aber stehen, und schon durchbohrte ein giftiger Pfeil seine Brust, und er fiel tot hin. Dann zogen die Indianer einen Kreis um seinen Leichnam und schrieben eine furchtbare Warnung an jeden, der es wagen würde, noch einmal zu ihnen vorzudringen. Dieser Vorfall wurde in der Öffentlichkeit mit immer neuen Einzelheiten ausgeschmückt und besprochen, und der Angestellte, der für ein mäßig hohes Dollargehalt wie ein Karl-May-Held starb, bekam einen Ehrenplatz auf dem Friedhof von Maracaibo. Natürlich will seitdem kein Angestellter mehr diesen gefährlichen Ausflug wagen.

Böse Zungen aber behaupten, daß hinter der giftigen Pfeilgeschichte nicht die Indianer, sondern die Konkurrenzgesellschaft steckt. Man stritt um die Konzession dieses Gebietes, und der kleine Trick sollte ein Abschreckungsmittel sein. Den Tod verursachte kein giftiger Pfeil, sondern eine ganz gewöhnliche Revolverkugel. Räubergeschichten? Ja, Räubergeschichten.

Sankt Gómez

Die Ölfelder gehören den Amerikanern und den Engländern, das mag wenig günstig sein für Venezuelas Untertanen, aber Gómez, der Präsident Venezuelas,* wird für den reichsten Mann Südamerikas gehalten. Sein nachweisbares Eigentum schätzt man auf einen Wert von 40 Millionen Dollar. Dieses 75 Jahre alte Staatsoberhaupt versteht Propaganda für sich zu machen. Gómez läßt Photographen, Maler, Bildhauer (ich bin verschiedenen von ihnen unterwegs begegnet) auf seinen Landsitz nach Maracay kommen, damit sie ihn würdig darstellen.

Es wird von ihm erzählt, daß er seine Karriere als Viehtreiber begann. Aber man muß ein Stratege von besonderem Rang sein,

---

* General *Juan Vicente Gómez* (1857 bis 1935) regierte von 1908 bis 1935 auf die Armee gestützt als Diktator bzw. als graue Eminenz Venezuela, als wäre es sein Privateigentum. Seine konziliante Politik gegenüber den USA und den europäischen Mächten ermöglichte einen großzügigen Ausbau der Erdölgewinnung; jedoch verkaufte er die Ölförderrechte bei gleichzeitiger persönlicher Bereicherung an die ausländischen Trusts weit unter Wert.

wenn man die Herde von den Savannen durch Urwälder und Wasserkatarakte erfolgreich heimführen kann. Diese Begabung erkennen auch seine Feinde an, sie sind nicht wenig zahlreich. Aber ihre Versuche, ihn zu stürzen, blieben immer erfolglos.

Auf dem Schiff, das uns nach La Guaira bringt, dem Hafen, der der Hauptstadt Caracas am nächsten liegt, fällt bald eine mollige, hübsche Passagierin auf, die sich besonders fromm gebärdet. Sie schlägt bei jeder Gelegenheit Kreuze, ruft Heilige an, und neben den bekannten Namen taucht auch ein neuer auf, nämlich Sankt Gómez. Mehrere Passagiere haben es deutlich gehört, und da man auf dem Schiff doch nichts Wichtigeres zu tun hat, befragte man den Kapitän ob dieses sonderbaren Heiligen. War er eine venezolanische Spezialität und etwa identisch mit dem bekannten Staatsmann?

Der Kapitän, ein Mann von Humor, freute sich nicht wenig über diesen neuen Heiligen, und er gab gleich eine kleine Geschichte von der molligen Dame zum besten. Auf der Hinfahrt war er mit ebendieser Dame nach New York gefahren. Damals hatte sie ihre vier Kinder, sämtlich unehelich, mit. Der Kapitän kennt die Gesetze der Vereinigten Staaten, und aus diesem Grunde weigerte er sich, die Dame samt Kindern mitzunehmen. „Nicht etwa, weil ich so borniert wäre oder weil ich auch nur das Geringste gegen Sie einzuwenden hätte", erklärte er ihr. „Aber gegen die sogenannten moralischen Einwände der Einwanderungsbehörden ist bestimmt nichts zu machen, man würde Sie auf keinen Fall landen lassen."

Darauf griff die Dame in ihren Busen und holte ein Bündelchen heraus. Dieses entpuppte sich vor den erstaunten Augen des Kapitäns als ein ansehnliches Paket von Tausenddollarscheinen. Mit der selbstverständlichsten Miene der Welt entnahm die Dame der Rolle einen Tausenddollarschein und überreichte ihn dem Kapitän. „Genügt Ihnen das als Sicherheit, als Kaution?"

„Wie sollte das nicht genügen." Der Kapitän hatte, wie alle gewöhnlichen Sterblichen, wenn sie nicht gerade Bankangestellte sind, noch nie im Leben einen ganzen Tausenddollarschein in der Hand gehabt. Aber an die Landung der Frau glaubte er doch nicht.

Doch wer waren die ersten, die den Boden von New York betraten? Es war die Mollige mit den vier Unehelichen. Noch nie zuvor hatte der Kapitän so ehrfürchtige Mienen von Angestellten der Einwanderungsbehörde gesehen, wie in dem Moment, als sie die Dame passieren ließen.

„Ja, aber was soll das alles mit Sankt Gómez zu tun haben?" frugen wird den Kapitän.

„Ist die Sache nicht klar? Gómez hat den nicht übel verdienten Ruf, buchstäblich der Vater seiner Nation zu sein."

Von der Zahl der Gómezschen Kinder werden wahre Legenden erzählt. Er hat über hundert anerkannte uneheliche Kinder und eine noch stattlichere Anzahl solcher, die er zwar offiziell nicht anerkannt hat, die er aber unterstützt. Wie es bei reichen Leuten geht, bringt ihm letzten Endes auch die Kinderschar nur Nutzen. Sobald sie erwachsen sind, werden sie in einflußreichen Ämtern eingesetzt, und Vater Gómez hat die beste Kontrolle über alle Unternehmungen des Landes, nicht zu seinem Schaden.

Trotz allem Reichtum des Landes sind die meisten seiner Einwohner genauso arm, wie Gómez reich ist. Nur an Kindern sind auch sie reich. Von Geburtenregelung weiß man in Venezuela nichts, teils, weil die Macht der katholischen Kirche sehr stark ist, teils, weil es den Venezolanern auf ein paar Familienmitglieder mehr nicht ankommt. Man schläft in Hängematten, und es ist ganz unglaublich, wie viele Hängematten auch in der kleinsten Hütte Platz haben.

Die jungen Mädchen aus den sogenannten guten Kreisen werden ganz nach spanischer Sitte gehütet, nie dürfen sie mit einem jungen Mann allein ausgehen. Die Fenster der vornehmeren Häuser sind sorgfältig vergittert, und das junge Mädchen darf sich mit dem Freund nur getrennt durch diese Gitterwand unterhalten. Und doch passiert es oft, daß vierzehn-, fünfzehnjährige wolbehütete Mädchen zum Mißvergnügen ihrer Eltern ohne vorherigen kirchlichen Segen Mütter werden. Man geht dann in die Kirche, betet für die Sünderin, aber da die anerkannten unehelichen Kinder dieselben Rechte wie die ehelichen haben, ist bald wieder alles in Ordnung.

Dieses Gemisch von Religiösität und Sinnlichkeit ist überhaupt charakteristisch für Venezuela. Auf dem Markt von Caracas werden Heiligenbilder und die „pikantesten" Postkarten, Gebetbücher und erotische Literatur, bunt durcheinandergewürfelt, zusammen verkauft. Bei den mondänen Tanztees von Caracas werden Fächer an die tanzenden Damen verteilt mit dem Bild der heiligen Jungfrau, damit sie gleich Absolution erbitten können für die Sünden, die sie möglicherweise begehen werden.

Polizei, Kasematten und Rekrutenfang

Die Polizei in Venezuela ist ein Kapitel für sich. In La Guaira strömen ihre Vertreter mit Reitpeitschen in der Hand auf das Schiff. Reitet man hier noch? Nein, das nicht, sie sind im Auto gekommen. Diese Ausrüstung gehört nur zur Unterstreichung ihrer Schneidigkeit. Auf dem Wege von La Guaira nach Caracas wird das Auto, in dem ich fahre, dreimal von der Polizei angehalten. Aber das ist keine Ausnahme, das gehört zu jeder Autofahrt. Legitimationen werden verlangt, die Nummer wird aufgeschrieben, alles mit großer Wichtigtuerei. Ein deutsches Ehepaar, das in der Nähe von Maracay diese Sache nicht ernst genug nahm, konnte einige Wochen lang in den wenig komfortablen Gefängnissen über die speziellen venezolanischen Verkehrsvorschriften nachdenken.

Übrigens sind die Wege im allgemeinen sehr gut, und der zwischen Caracas und La Guaira gehört sicher zu den schönsten der Welt. Die Serpentinen schlängeln sich über unergründliche, schwindelerregende Abgründe. Der Weg wendet sich abwechselnd gegen die menschenleere, ungeheure Steinwüste, über die nur hochfliegende Adler ihre Schatten werfen, um dann wieder den Blick auf den Ozean freizugeben, der hier von wahrhaft südlicher Bläue ist, und auf die tropische Vegetation, auf Kokospalmen, Bananenplantagen und rot aufglühende Bougainvilleen.

Was für ein reiches, schönes Land ist dieses Venezuela. Man findet hier nicht nur Erdöl, sondern auch die üppigsten, reichsten Kakao- und Kokospalmenplantagen, unübersehbare Kaffeefincas. In den Urwäldern gibt es Gold und Gummi, und auf den unendlichen Savannen, den Almen des Urwalds, findet das Vieh die beste Weide. Auf dem Markt von Caracas werden die herrlichsten Früchte ausgebreitet, duftende Berge von Ananas, hunderte Arten von Mangos, Melonen, Papayas, Avocados, zuckersüße Mispelarten, Sapotillas* genannt.

Aber trotz des Reichtums sieht man überall furchtbarste Armut. In der Kakaofabrik, die ich besuchte, waren die meisten „Arbeiter" acht- bis zwölfjährige Kinder, deren magerer, ausgezehrter Körper nur mit einem Badehöschen bekleidet war, in denen sie die Kakaokörner sortierten. Bei den Wegearbeiten klopfen vielfach Frauen in der glühenden Sonne Steine. Die Hütten der ärmeren Bevölkerung bestehen nur aus einigen Holzlatten. Um so prunkvoller sind allerdings verschiedene Klubs und die öffentlichen Gebäude von Caracas.

In Puerto Cabello fällt das große Gefängnis, das mitten im Meer liegt, auf. In Venezuela gibt es keine politischen Prozesse. Die Todesstrafe ist schon seit vielen Jahren abgeschafft, und man wagt es nicht, sie wieder einzuführen, also werden alle unbequemen politischen Gefangenen nach Puerto Cabello gebracht. Mittelalterliche Grausamkeiten gehören zur Gefängnisordnung. In Zellen ohne Fenster, in Zellen halb unter Wasser werden die Unbequemen verbannt, nicht auf bestimmte Jahre, denn es gibt ja keine Verurteilungen, nein, man wartet ab, wie lange sie es aushalten.

Das Gefängnis ist nur einige Ruderschläge weit vom Ufer, es kommen und gehen Boote mit Gefangenen und ihren Wächtern, die Soldaten sind. Die Gefangenen arbeiten in verschiedenen Plantagen und beim Wegebau unter Aufsicht. Es ist leicht, sie anzureden. „Sind Sie ein Politischer?" fragt der Argentinier unseres Schiffes einen Gefangenen, der uns freundlich zulächelt. „Gott sei Dank, nein", erwidert er ganz verletzt.

„Er ist ein Raubmörder", sagt der Soldat, der ihn beaufsichtigt. „Die Politischen dürfen gar nicht heraus, sie arbeiten nicht,

---

* Sapotillas, auch *Breitäpfel* – die 6 bis 7 cm großen, eiförmigen bis kugeligen, sehr süß schmeckenden Früchte des Sapotillbaumes (auch Breitapfelbaum, *Manilkara zapota*), der in Mittelamerika beheimatet ist.

aber sie kommen auch nicht an die Luft. Alle die Gefangenen, die Sie hier sehen, sind gewöhnliche Verbrecher."

„Ja, wir wollen nichts mit Politik zu tun haben", erklärt der beleidigte Raubmörder noch. Auf jeden Gefangenen, der arbeitet, kommt ein Soldat, der zusieht.

Man braucht viele Soldaten in Venezuela. Der Rekrutenfang ist eine komplizierte Sache trotz der strengen Polizeikontrolle und des Meldesystems. Venezuela ist zweimal so groß wie Deutschland, und von seinen drei Millionen Einwohnern kann es so manchem gelingen, außerhalb der Städte, wo gleich die Urwälder beginnen, unangemeldet zu leben. Doch die Obrigkeit kennt den Zauber der Kultur, der früher oder später die versteckt Lebenden in Kinos und Spielstuben lockt. Es kommt deshalb oft vor, daß die Kinos von der Polizei umstellt werden, und dann werden sämtliche jungen Männer in militärpflichtigem Alter, die nicht ein bestimmtes Einkommen nachweisen können, als Soldaten eingezogen.

Schuhe haben weder die Gefangenen noch die Soldaten, und die Soldaten sind auch Gefangene, nur daß sie das Bewußtsein haben können, eine hohe Aufgabe zu erfüllen.

Cumaná, ein Kriegsschauplatz aus der neueren Geschichte

Kein größeres Schiff fährt nach dem Hafen von Cumaná, aber auch unser Dampfer von wenig ansehnlichem Format ankert vorsichtigerweise weit draußen im Hafen. Die Landungsbrücke ist so morsch, das jede stärkere Schiffsbewegung sie zersplittern könnte. „Gerade darauf warten sie", sagt der Kapitän, „dann müßte die Schiffsgesellschaft die Brücke neu bauen lassen."

Vorläufig aber erfüllt sich noch nicht diese Hoffnung der Hafenbehörden. Die Mole von Cumaná ist noch die gleiche wie zu jenen Zeiten, als Delgado mit seinen Truppen hier landete. „Der ‚Falke' ankerte ungefähr auf derselben Stelle wie wir", sagt der Kapitän. Die indianischen Schiffer, die uns an Land bringen, wissen sie überhaupt, was sich hier vor einigen Jahren abspielte? Ja, sie wissen es, sie sind bereit, gegen Eintrittsgeld den Kriegsschauplatz von Cumaná zu zeigen.

In Cumaná sieht man einige „bessere" Häuser und sehr viele armselige Hütten. Die Stadt hat inzwischen auch durch ein Erdbeben gelitten.

Der Kriegsschauplatz liegt weit draußen zwischen Kokospalmenplantagen. Diese Palmen, die kaum die schwere Frucht tragen zu können scheinen, sehen sehr tropisch, sehr üppig aus, aber die Plantagen sind mit Stacheldraht umzäunt und zeigen so an, daß sie nur für einen bestimmten Besitzer Früchte tragen, genau so, als wären sie ein gewöhnlicher Obstgarten irgendwo.

Es wird sehr eifrig gearbeitet. Die Arbeiter der Plantagen sind Kinder, Männer, alte Frauen, es arbeiten ganze Familien zusammen. Nur so können sie irgendwie ihr Leben fristen. „Zwei Bolívar am Tage, wie soll man davon leben?" sagt ein altes Weibchen, eine Indianerin, die Kokosnüsse sammelt und zu einem Wägelchen trägt, das von einem Maulesel gezogen wird. „Ob ein General oder der andere, für die Armen bleibt es gleich schlecht", sagt der Indianer, der uns führt.

„Was verdienen die Kokosabschneider?" Diese müssen wahre Akrobatenkünste vollführen. Junge Indianer klettern mit affenartiger Geschicklichkeit die Bäume hinauf, während sie zwischen den Zehen riesige scharfe Messer festhalten, aber ganz ohne kriegerische Absicht. Wenn sie oben in der Baumkrone angelangt sind, schwingen sie kunstvoll das Messer und hauen die Kokosnüsse hinunter vom Baum. „Nicht mehr als die anderen. Alle verdienen kaum so viel, daß sie sich sattessen können."

Die Nationalspeise der südamerikanischen Armen ist Reis, zusammen mit roten Bohnen gekocht, viele leben von nichts anderem. Schuhe und Betten sind ein Luxus, den nur die wenigsten kennen, auch die Arbeiter in der Fabrik, in der Kopra* und Kokosöl hergestellt werden, stehen sich nicht besser. Wahlrecht haben sie nicht. Eine große Anzahl von ihnen sind Analphabeten. Das

---

* *Kopra* – getrocknetes, grob zerkleinertes Nährgewebe der Kokosnuß; Kopra ist sehr fettreich und liefert durch Auspressen Kokosfett, das als Rohstoff für zahlreiche Produkte dient, etwa für Koch- und Bratfett, Margarine, Süßwaren, Seife und Shampoo.

ist der Hintergrund der Schlachtfelder von Cumaná, auf denen gekämpft wurde für die heiligen Interessen der Erdölmagnaten.

Trinidad, die Insel des Asphalts und des Erdöls

Trinidad, die karibische Insel, wirkt mit ihren blumenprangenden Tälern, mit den von Urwäldern durchzogenen Höhen so paradiesisch, daß man sich schwer vorstellen kann, daß auch hier das Erdöl Herrscher sein soll. Aber bald merkt man, daß in dieser britischen Kolonie* das Paradies ganz neuzeitlich und der Urwald ein hochkapitalistischer, industrialisierter ist. Die Mahagoni- und Zedernbäume werden von einer Edelholzverwertungsgesellschaft ausgebeutet. Die Kakaowälder mit den Früchten, die riesigen Erdnüssen ähneln, gehören der amerikanischen Schokoladefabrik Hershey (in New York habe ich in seiner Fabrik einmal einige Tage lang Schokolade in Stanniol gewickelt, so klein ist die Welt). Die Kokoshaine sind Eigentum einer englischen Copra-GmbH. Die saftig strotzenden Zuckerfelder, auf denen indische Kulis arbeiten, sind Besitz javanisch-holländischer, englischer und amerikanischer Aktiengesellschaften.

Hinter der Hecke der rotglühenden Hibiskussträucher tauchen Bohrtürme auf, englische und amerikanische Bohrtürme. Den Amerikanern ist es gelungen, auch auf dieser Insel wichtige Konzessionen zu erhalten. Auch hier stehen die beiden größten Erdölinteressenten der Welt neben- und gegeneinander. Nur der Asphalt ist noch ganz englisch, obgleich er auch Öl enthält. Der „Asphaltsee" ist die Hauptsehenswürdigkeit Trinidads, eine Sehenswürdigkeit, an der man überhaupt zunächst nichts Sehenswertes entdeckt. Es ist ein ungeheurer Tümpel, ein seichter Sumpf, von Wasser leicht bedeckt. Aber mitten auf dem Tümpel stehen Gestalten, bücken sich, tragen Lasten, und eine

---

* *Trinidad,* ursprünglich eine spanische Kolonie, wurde 1797 von den Briten erobert, mit der Kolonie Tobago 1888 zu einer Kronkolonie vereinigt; 1962 wurden die Inseln als parlamentarische Monarchie unabhängig, 1976 gab sich der Inselstaat eine republikanische Verfassung.

kleine Feldbahn rollt sicher über die scheinbar weiche, dunkle Masse.

„Wollen wir hingehen und sehen, wie sie den Asphalt gewinnen?" Es ist ein merkwürdiges Gefühl, buchstäblich über einen Vulkan zu wandern, denn der Asphaltsee füllt einen Krater aus. Die Sohlen spüren das leichte Schaukeln, das Brodeln unter der dünnen Kruste.

Die Arbeiter sind in der Nähe der Feldbahn postiert. Neger, Inder, Chinesen, halbnackt, stechen mit gleichmäßigen, genau berechneten Bewegungen den Asphalt, als wäre er Torf. Die Asphaltblöcke werden zu den Waggons getragen, die, sobald sie gefüllt sind, in Lagerräume rollen, in Fässer gefüllt werden und auf einer Schwebebahn befestigt, direkt zum Transport bereit, zum Hafen gleiten.

Plötzlich kommt ein Schauer. Auf Trinidad regnet es mindestens ein dutzendmal täglich, der Regen ist jedesmal eine Flut. Schon in den ersten Augenblicken ist man vollkommen durchnäßt. Das Wasser trieft von den Arbeitern, aber sie blicken überhaupt nicht auf. Die Arbeit geht trotzdem am laufenden Band weiter, sie ist schwer und schlecht bezahlt, diese Arbeit über dem Krater, mit dem Blick auf Urwälder, Bohrtürme und Erdöltanks. Die Arbeiter leben in Abgeschiedenheit, in armseligen Hütten, in einer Luft, die schwer ist von Pech- und Erdölgestank.

Vor den Arbeitern stehen immer nur wenig leere Waggons. „Sie sollen nicht das Gefühl haben, gehetzt zu werden", sagt der Aufseher, „eine lange Reihe von leeren Wagen läßt die Arbeit, die noch vor ihnen liegt, schwerer erscheinen." Aber dieses liebevolle Eingehen auf die Psychologie der Arbeiter schließt die Berechnung der Möglichkeit der Arbeitsleistung nicht aus. Es ist genau festgestellt, wieviel Asphalt ein Arbeiter stechen kann, jede Armbewegung wird genau gemessen und berechnet.

Das Merkwürdige an diesem Asphaltsee ist nur, daß hier die Natur trotz aller Kontrolle nach Gesetzen waltet, die die Wissenschaft noch immer nicht lösen konnte. Auch sie arbeitet am laufenden Band, nur konnte man nicht herausfinden, wie sie das macht. Abends nach Sonnenuntergang beginnt die Oberfläche an den Stellen, wo gearbeitet wurde, leicht zu brodeln, und bis zum nächsten Morgen füllt sich der Boden, der noch abends Lücken aufwies, mit neuer Asphaltmasse. Wenn die Arbeiter antreten, ist der See wieder ein gleichmäßiger Tümpel, der aussieht, als hätte ihn noch nie Menschenhand berührt.

So ist der Asphalt, obgleich Sinnbild der Überkultiviertheit in den Augen der Schollenliebhaber, unveränderte und immer noch unerklärliche Natur in diesem sonst so zivilisierten Urwald.

Ein deutscher Angestellter dieser Asphalt-Gesellschaft erzählt von den „Falke"-Abenteurern, die hier auf der Insel in Port of Spain gefangengehalten wurden. „Ja, den Engländern gefiel diese ganze Geschichte nicht. Nachdem die Besatzung freigelassen wurde, ist es einem der Offiziere gelungen, hier auf den englischen Erdölfeldern eine Stellung zu finden. Aber als man erfuhr, daß er zu den ‚Falke'-Leuten gehörte, wurde er fristlos entlassen. Allerdings hat er später doch sein Glück gemacht, er kam nach Amerika und hat jetzt bei einer großen amerikanischen Ölgesellschaft einen einträglichen Posten."

Im Hafen liegt der „Falke", etwas ramponiert und umgetauft auf einen unverdächtigen Mädchennamen (inzwischen allerdings hatte er bei der Revolution in Havanna neue Abenteuer bestanden).

Ein kleiner Ausschnitt aus den Rebellionen und Revolten in Südamerika. Die Feuerfunken, die aus den Erdölfeldern immer wieder Kriege entfachen müssen, könnten nur durch eine Wirtschaftsordnung, die nicht durch Konkurrenzkämpfe gelenkt wird, im Keime erstickt werden.

Helle Lichter durchzucken den dunklen tropischen Himmel. Es wetterleuchtet.

Nachwort

Das Interesse am „Land der unbegrenzten Möglichkeiten" war in den 1920er Jahren in Europa groß, denn die Vereinigten Staaten von Amerika galten vielen als Symbol des Fortschritts, mit ihrer raschen Industrialisierung, den neuen Entwicklungen im Produktionsbereich, mit Rationalisierung und Fordismus. So manchen zog es deshalb in dieses faszinierende Land, nach Jahren der kriegsbedingten Isolation stand eine Reise nach Amerika für einen Schritt in die Freiheit, war symbolisch für die Öffnung; und auch viele deutschsprachige Schriftsteller/innen machten sich, diesem Trend folgend, dorthin auf, und mit dem „Amerika-Reisefieber" erlebten auch die deutschsprachigen Reisebücher über die Vereinigten Staaten einen wahren Boom, der – so ein Rezensent im *Uhu* 1927 – „schon einer Ueberschwemmung" glich.

Denn in der Ersten Republik Österreichs und in der Weimarer Republik war die wirtschaftliche und politische Lage im Gefolge des großen Krieges prekär, die Inflation hatte viele um ihre Existenzgrundlage gebracht, die begehrlichen, ein wenig von Neid erfüllten Blicke richteten sich auf die Neue Welt, ihr schien, wie – so meinten einige – der Sowjetunion, die Zukunft zu gehören, mit ihrem industriellen und dem darauf begründeten wirtschaftlichen Aufschwung. Die USA avancierten als prosperierende Wirtschaftsmacht Mitte der 20er Jahre zum gesellschaftlichen Leitbild, dem es galt, in Europa nachzueifern, um ähnliche Erfolge zu erzielen. Nicht nur wirtschaftlich, sondern auch, was das Ziel einer wahrhaft demokratischen, friedlichen und freien Welt betraf. Als „Mekka der Europamüden" bezeichnete deshalb der *Uhu, Das neue Ullstein-Magazin*, in der Überschrift zu Maria Leitners erster Reportage die USA, und im Vorspann zu diesem Artikel wurde die vorherrschende Stimmung auf den Punkt gebracht: „Der Ausgang des Weltkrieges, der eine wirtschaftliche und politische Niederlage für den ganzen europäischen Erdteil bedeutete, die immer deutlicher offenbar wird, hat Amerika mit einem goldenen und lockenden Schimmer umgeben und es zum

Ziel der Sehnsucht aller Arbeitslosen und wirtschaftlich Entwurzelten gemacht."

Amerika bot aber noch ein weiteres Faszinosum: seine Metropolen. Die Stadt kann als ein prägendes Element der Kultur der 20er Jahre gesehen werden, die großen Städte, als Inbegriff der Moderne, rückten ins Zentrum des Interessen. Die fremde Großstadt wurde zum „Raum neuer (Reise-)Erfahrungen", ging man durch eine Stadt, war das gleichzusetzen mit einer „Reise in die Wahrnehmung der Moderne". Der Reisende als Großstadtflaneur trat auf den Plan.* Zahlreiche Schriftsteller/innen besuchten, etwa von Berlin aus, wo auch Leitner damals lebte, die amerikanischen Metropolen, allen voran einer der bekanntesten Amerikareisenden der Weimarer Republik, Alfred Kerr, der den neuen Erfahrungsraum, die Metropole mit ihren Zivilisationsphänomenen, entsprechend dem gängigen Amerikabild durchwegs positiv wahrnimmt. Der Bestseller über seine dritte Reise durch das „Yankee-Land" erscheint erstmals genau in jenem Jahr, in dem sich Maria Leitner dorthin aufmacht. Etwas weniger enthusiastisch, obwohl ebenso geprägt von einer gewissen Faszination, ist die Darstellung eines anderen Großstadtflaneurs, des „rasenden Reporters" Egon Erwin Kisch, dessen Blick auf die Großstadt durch das Anliegen des Reporters, soziale Realität zu erfassen, etwas kritischer ausfällt. Allerdings ist hier anzumerken, daß zu der Zeit, als Kisch „sich beehrte", sein „Paradies Amerika" darzubieten,** die Amerikabegeisterung in der Folge der Weltwirtschaftskrise von 1929 bereits am Abflauen war – ein nüchterner Blick auf die Segnungen der amerikanischen Zivilisation setzte sich zunehmend durch.

Maria Leitner hingegen gehört nicht zu den reisenden Flaneuren. Völlig anders fällt das Amerikabild aus, das sie uns präsentiert: Sie will die Schattenseiten von Industrialisierung und technischem Fortschritt, die tatsächlichen sozialen Verhältnisse in deren Gefolge von „innen" kennenlernen, von „ganz unten" – wie

---

* Vgl. dazu Gleber, Anke: Die Erfahrung der Moderne in der Stadt, in: Peter Brenner (Hg.): Der Reisebericht, Frankfurt a. M. 1989.

** Der Titel des Buches lautete: Egon Erwin Kisch beehrt sich darzubieten: Paradies Amerika, Berlin 1929.

dies viel später einmal, aber durchaus vergleichbar, der Schriftsteller Günter Wallraff mit seinen Reportagen aus der Arbeitswelt bezeichnen wird. Die Auswirkungen auf die Lebensbedingungen der „kleinen Leute", auf jene, die die unterste Sprosse der gesellschaftlichen und ökonomischen Stufenleiter bevölkern, stehen im Mittelpunkt ihres Interesses. Tatsächlich steht Leitner hier in einer Tradition journalistischer Arbeiten, die in den letzten Jahrzehnten des 19. Jahrhunderts einsetzt. Immer wieder versuchten sozialkritisch engagierte Autoren und Autorinnen unerkannt Einblicke in die Lebensrealität der Arbeiterschaft und der Armen zu erlangen, um Stoff für ihre Sozialreportagen, die in den Jahrzehnten vor und nach der Jahrhundertwende eine erste Blütezeit erlebte, zu sammeln. Etwa Viktor Adler, der 1888 heimlich in die Wienerberger Ziegelwerke eindrang, um auf die dort herrschenden katastrophalen Zustände hinzuweisen, oder auch Kitty Sweetman, selbst bürgerlicher Herkunft, die sich im Jahr 1903 unter Verschleierung ihrer wahren Identität „acht Tage als Fabriksarbeiterin" verdingte.[*] Ebenso wie diesen frühen Sozialreportern und -reporterinnen war es Maria Leitner ein Anliegen, soziale Mißstände aufzuzeigen, um letztendlich zu deren Beseitigung beizutragen – und wie sollte das besser und einprägsamer gelingen, als durch Texte, die auf unmittelbarer Anschauung und persönlichen Erfahrungen beruhten? Denn ihr ging es beim Schreiben – wie dies Anna Seghers 1932 für sich selbst definieren sollte – nicht darum „zu beschreiben, sondern um beschreibend zu verändern".

Als besonders geeignete literarische Genres zur Veränderung gesellschaftlicher Verhältnisse galten in kommunistischen Schriftstellerkreisen die Reportage, der Reisebericht und der Reportageroman, daneben auch Märchen und Kinderliteratur und das proletarisch-revolutionäre Theater. Außer dem Theater widmete sich Leitner im Laufe ihrer Karriere all diesen Genres, so erschien 1930 der ebenfalls auf ihren USA-Erfahrungen beruhen-

---

[*] Diese und weitere Sozialreportagen finden sich in dem von Brigitte Fuchs herausgegebenen Band „Reisen im fremden Alltag. Sozialreportagen aus Österreich. 1870 bis 1918", Wien 1997; zur Sozialreportage vgl.u. a. das darin enthaltene Vorwort der Herausgeberin.

de Reportageroman „*Hotel Amerika*", bereits im Jahr 1923 als ihre erste Buchveröffentlichung „*Tibetanische Märchen*", von ihr übersetzt und kommentiert; ihr Hauptaugenmerk lag jedoch zweifelsohne auf der Reportage, und eine gelungene Kombination stellt sicherlich der 1932 erstmals unter dem Titel „*Eine Frau reist durch die Welt*" erschienene Band mit Reisereportagen aus Amerika dar.

Die Versatzstücke einer Amerika-Zivilisation, die in den Reisebüchern der Zeit nicht fehlen durften, sind auch in Leitners Reportageband zu finden, etwa die Wolkenkratzerschluchten, gehetzte Menschenmassen, die Erfolg und Vergnügungen nachjagen, ungeheure Verkehrsströme in den Straßen, der Lärm und die Staus, der Jazz, der mit „verrenkten Gliedern" assoziiert wurde, und das spektakuläre „laufende" oder „fließende Band" – dies alles häufig allerdings mit einer spezifischen Gewichtung. So geht Leitner auf das Verhältnis der Geschlechter ein, zeigt aber keineswegs einen freieren Umgang, sondern vielmehr eine verstärkte Abschottung von Männern und Frauen; und das sportliche Amerika ist nur etwas für die Männer aus gehobenen Gesellschaftsschichten. Henry Ford, der mit seiner Autobiographie 1923 auch in Deutschland eine äußerst positive Resonanz erzielt hatte, war ein gerne behandeltes Thema, doch Leitner zerstreut den Mythos des großen Wohltäters und zeigt die wahren Hintergründe seiner „arbeiterfreundlichen" Politik auf.

1925 schickte also der Berliner Ullstein-Verlag Maria Leitner als Reporterin nach New York, um für das Monatsmagazin *Uhu*, 1924 erstmals erschienen – heute würde es vermutlich in die Kategorie der „Lifestyle-Magazine" eingereiht – Berichte zu liefern. Maria Leitner kam der Auftrag sicherlich gelegen, vielleicht hatte sie auch selbst diese Reise angeregt, denn einer ihrer beiden Brüder, Johann – bekannt auch unter der ungarischen Version seines Namens János Lékai – lebte, mittlerweile schwerkrank, in New York; bereits im Juni 1925 starb er an einem Lungenleiden, kurz nach der Ankunft seiner Schwester.

Nicht als Touristin sollte sie die USA erkunden, sondern „Innenansichten" von der Arbeitsrealität liefern, um den Mythos vom „Land der unbegrenzten Möglichkeiten" zu entzaubern und ins rechte Licht zu rücken. Denn dieses Land war nicht nur Wunschbild, Inbegriff von Fortschritt und Zivilisation, sondern auch „Schreckensbild", und seine Metropolen, allen voran natürlich New York, verkörperten auch alle Nachteile der neuen Zeit, sie waren Symbol von Massengesellschaft und Anonymisierung, von Konsumrausch, Hektik, Lärm, Verarmung und sozialen Mißständen. Einen Blick hinter die Kulissen versucht Leitner mit Hilfe ihrer zahlreichen Jobs zu ermöglichen, um das Bild Amerikas als „Arbeiter- und Wohlstandsparadies", das in Europa so gerne kolportiert wurde und vor allem Anreiz für die zahlreichen Auswanderungswilligen war, auf seinen Wahrheitsgehalt abzuklopfen. Diese Perspektive der Arbeiterin prägt ihre Reportagen aus den Vereinigten Staaten, sie zeichnet sich selbst nie als die Reporterin oder Intellektuelle, die von einer übergeordneten Warte beobachtet, sie reiht sich ein in das Heer der Arbeiterschaft, deren Sorgen und Nöte sie teilt, ebenso wie die kleinen Freuden. Anhand von persönlichen Problemen, seien es die eigenen oder die ihrer Kolleginnen, zeigt sie das Los der Werktätigen auf, doch basierend auf diesen individuellen Schicksalen werden gesellschaftspolitische und ökonomische Zusammenhänge durchleuchtet und durchsichtig. – In diesen Reportagen wird also das Persönliche im besten Wortsinn als Politisches deutlich (gemacht). Da ist die Rede von den viel zu geringen Löhnen, von Übervorteilung und Fehlinformation durch die Arbeitgeber, von fehlendem Arbeitnehmerschutz, aber auch von unerfüllten und unerfüllbaren Träumen, von ständig drohender Arbeitslosigkeit, Dehumanisierung im Arbeitsprozeß (die bis in die Freizeit reicht), von mangelnder Solidarität innerhalb der arbeitenden Bevölkerung und vom Verlust jedweder Individualität. Leitner wird bereits bei der ersten Beschäftigung zur Nummer degradiert. – Der Traum vom Land der unbegrenzten Möglichkeiten, davon, daß es hier jeder vom Tellerwäscher zum Millionär schaffen kann, platzt wie eine Seifenblase.

Maria Leitner schreibt zwar über die Arbeitswelt und das Leben der Arbeiterschaft, aber nirgends finden sich bei ihr Verklärungstendenzen, in denen das „Pathos der Arbeit" und kämpferische Arbeiterheroen verherrlicht werden – wie so oft bei Arbeiterdichtern früherer Jahre, die in dieser Schreibposition eine identitätsstiftende Wirkung sahen, sollte doch die Arbeiterliteratur den Ausgebeuteten und Unterdrückten den Weg in eine bessere Zukunft weisen. Ihre Beschreibung des Dichters auf dem Dach des Hotel „Pennsylvania" verweist auf die Weltfremdheit einer derartigen Position. Eine Mystifizierung und Romantisierung der Technik findet bei Leitner ebensowenig Platz – für sie haben Technik und Rationalisierung keine demokratisierende Auswirkung auf die an den Maschinen arbeitenden Menschen – wie für so manchen unkritischen Technikbegeisterten ihrer Zeit –, ganz im Gegenteil. Die in die automatisierten Prozesse eingebundenen Menschen werden selbst zu gesichtslosen Maschinen, ein Leben nach der Uhr und eine Unterwerfung der Körper unter die Gesetzmäßigkeiten des Arbeitsprozesses sind die Folge. Erschöpfung und Abstumpfung sind das Resultat der Arbeitsroutine und von kaum tragbaren Lebensbedingungen. Und nicht zuletzt droht vielen durch technische Neuerungen der Verlust ihres Arbeitsplatzes, wie etwa den Zigarrenmacherinnen, die sich in mühevoller langjähriger Tätigkeit ihre Fertigkeiten angeeignet haben, die zunehmend wertlos werden.

Ebenso wie die Person Leitners bleibt auch die Reise selbst bis zu einem gewissen Ausmaß im Dunkeln. Die Reporterin hat sich, so lesen wir im Einleitungstext zu einem ihrer Artikel im *Uhu*, drei Jahre lang, also von 1925 bis 1928, in Amerika aufgehalten und mehr als 80 verschiedene Stellungen angenommen – ihrem Reisebericht sind derartige Daten nicht zu entnehmen, weil die Autorin davon abgesehen hat, sie uns zu liefern. Sie nennt weder den Zeitpunkt der Abreise, noch gibt sie Auskunft über die Dauer ihres Amerikaaufenthaltes, auch der Reiseverlauf läßt sich nur sehr grob nachvollziehen, und es ist kaum feststellbar, wie lange sie an einem Ort blieb und ob sie eine Reisestation mehrmals ansteuerte. Daß sie manche Orte besucht hat, läßt sich oft nur aus winzigen Details ihrer Reportagen, etwa aus ihren „Kleinen Aufzeichnungen unterwegs", ersehen.

Neben den im Buch beschriebenen Beschäftigungen – die zweifelsohne ein weites Spektrum ihrer Arbeitserfahrungen abdecken – hat sie, wie im *Uhu* zu lesen ist, auch als Erntearbeiterin, Erzieherin und als Laufmädchen gearbeitet, oder auch als Bäckerin in einer Imbißkette – „Beim amerikanischen Aschinger", so der Titel eines Artikels, der 1928 in der *Berliner Morgenpost* erschien – und als „Cleaner", „halb Scheuerfrau, halb Zofe", wie dem Artikel im *Ullstein-Magazin* vom August 1928 „Unbekanntes aus Amerika" zu entnehmen ist (Tagebuchnotizen, die zum Teil ihren „Kleinen Aufzeichnungen unterwegs", abgedruckt im Buch, entsprechen und die skizzenartig zentrale Beobachtungen und Themenbereiche ihrer Amerika-Reportagen aufgreifen). Unveröffentlichten Manuskripten und Artikeln, die in dieser Zeit in diversen Pressemedien erschienen, jedoch nicht in ihr Buch aufgenommen wurden (das andererseits zahlreiche zuvor noch nicht publizierte Reisereportagen enthält), sind weitere Informationen zu entnehmen, etwa über ihre Erfahrungen in einer Fabrik, in der Seide gesponnen wird,* oder auch, wie sich die „Jagd nach Arbeit in den USA" gestaltet, ein Artikel, der im Juli 1928 in der Berliner *Grünen Post* erschien und in dem sie die Praxis der Stellenvermittlungsbüros aufs Korn nimmt.

Einsam scheint sie – zumindest drängt sich dieser Eindruck bei der Lektüre ihrer Reisenotizen auf – während der drei Jahre gewesen zu sein. Sie ist zwar Teil einer großen Gruppe von Leidensgenossen, gab es aber Freundschaften, länger andauernde Beziehungen oder Menschen, denen sie sich – war doch der Arbeitsalltag sicherlich nicht immer einfach zu verkraften – anvertrauen konnte? Nirgends im Text finden sich Hinweise auf mögliche Anlaufstellen, hatte ihr Bruder doch schon seit 1922 in den USA gelebt, und auch dieser selbst wird im Buch nicht erwähnt. Die persönlichen Erfahrungen bleiben – vielleicht von der Autorin bewußt so gewählt und dadurch noch einprägsamer – im Bereich der Arbeitswelt angesiedelt.

---

* Einige dieser unveröffentlichten Manuskripte sind ebenso wie zahlreiche in den 20er und 30er Jahren erschienene Reportagen mittlerweile zugänglich, da sie in der 1985 von Helga Schwarz herausgegebenen Teilsammlung der Werke Maria Leitners „Elisabeth, ein Hitlermädchen. Erzählende Prosa, Reportagen und Berichte" enthalten sind. Hier findet sich außerdem eine Bibliographie der Schriften Leitners.

Allerdings hat Leitner vermutlich nicht nur aus „Studienzwekken" die Kombination von Reisen und Arbeiten gewählt, vermutlich war dies unerläßlich, um ihren Lebensunterhalt bestreiten zu können. In ihren Aufzeichnungen werden auch immer wieder Geldsorgen deutlich. Da zwischen 1925 und 1928 im *Ullstein-Magazin* nur vier Artikel erschienen, scheint es unwahrscheinlich, daß Leitner aus dem ihr zur Verfügung gestellten Budget die gesamten Reisekosten bestreiten konnte; und auch in anderen Medien erschienen in dieser Zeit nur wenige Reportagen, sodaß die Honorare sicherlich nicht allzu reichlich flossen. Und über freie finanzielle Ressourcen hatte Leitner auch vor der Reise kaum verfügt. Jedoch sollte keineswegs die Tatsache geschmälert werden, daß es für Leitner das zentrale Anliegen ihrer Reisen in den Vereinigten Staaten war, aus eigener Anschauung die Arbeitsbedingungen zu studieren und möglichst viele Erfahrungen zu sammeln, um authentische Berichte liefern zu können; anders etwa als Egon Erwin Kisch: Auch er mußte während seines bereits erwähnten USA-Aufenthaltes aufgrund finanzieller Engpässe Geld verdienen, er beschrieb dies jedoch als „Zeitverschwendung" und nicht als Möglichkeit, spezifische, ungebrochene Erfahrungen und Erkenntnisse daraus zu gewinnen. Er konnte deshalb – im Gegensatz zu Leitner – die touristische Warte des unbeteiligten, außenstehenden Beobachters letztlich nicht verlassen.

Wie aufreibend diese Erkundung der Arbeitsrealität war und welche Anstrengungen sie für diesen speziellen Erkenntnisgewinn in Kauf zu nehmen bereit war, illustrieren zahlreiche Passagen in Leitners Buch. Sie schuftet bis zur Erschöpfung, manchmal in gefährlichen, die Gesundheit schädigenden Jobs, und verdient dabei oftmals nicht einmal genug, um die Unterkunft bezahlen zu können. Und dennoch ist sie nicht bereit, sich mit Haut und Haaren zu verkaufen: Langsames Arbeiten und Boykott sind Hilfsmittel (und das Ergebnis eines rasch einsetzenden Lernprozesses), um den Arbeitsalltag erträglicher zu gestalten. Und wenn es ihr zuviel wird, schmeißt sie die Arbeit hin – etwa, weil sie keine lebenden Hühnchen für den Kochtopf vorbereiten, nämlich abschlachten kann, oder weil sie den mondänen Teil von Palm Beach mit einer Arbeitskollegin erkunden will und genug davon hat, unleidliche ältliche Millionärinnen zu bedienen. Hier gewinnt die Person Maria Leitner etwas an Kontur – auch dadurch, daß ihre Arbeitsversuche häufig von Debakeln begleitet werden und sie ihre eigene Unfähigkeit und ihren Dilettantismus – im Vergleich zu den versierten Arbeiterinnen, die allerdings oft Kinder oder Jugendliche sind – mit viel Humor und Selbstironie kommentiert.

Maria Leitner zeigt aber auch ein anderes Amerika, in dem nicht Hektik und Großstadtgetriebe den Takt vorgeben: In der amerikanischen Provinz, in Pennsylvania, den beiden Carolinas, in Virginia und Georgia findet sie eine völlig andere „Neue Welt" vor, zum Teil zum Gähnen langweilig, wo – so scheint es – das „amerikanische Tempo" (wie Kisch es bezeichnete), kaum zu finden sein wird; aber auch dort ist die „zwingende Maschine", mit ihrem forcierten Produktionstempo, das zur Entmenschlichung der an ihr Arbeitenden führt, allgegenwärtig. In den traditionsgebundenen Südstaaten beschreibt Leitner besonders vielfältige und allgegenwärtige Formen von Rassismus und Segregation, die das gesamte Leben strukturieren, mit absurden Auswüchsen, aber auch extremer Ausformung wie der Lynchjustiz. Zu entdecken sind hier aber auch Strukturen, die an feudale Verhältnisse erinnern, etwa in den Fabrikdörfern – die Menschen, die hier leben und arbeiten, sind absolut von ihrem Arbeitgeber abhängig, ihr Alltag und die (kaum vorhandene) Freizeit sind bis in die letzten Winkel kontrolliert und nivelliert – sie alle, samt ihren Kindern, gehören dem Fabriksherrn. Auch hier versucht die Reporterin, die individuellen Schicksale und Geschichten, die hinter der anonymen Masse der Arbeitenden verborgen liegen, zu beleuchten, und manchmal entdeckt sie Versuche, sich gegen Unmenschlichkeit und Ausbeutung aufzulehnen, um eine Veränderung der ökonomischen und politischen Strukturen herbeizuführen, die einzige Möglichkeit für Maria Leitner – wie vor allem in den Reportagen aus dem südlichen Amerika deutlich wird, wo sie die weltweite Verflechtung dieser Wirtschaftsordnung aufzeigt – zur Verbesserung der Lage. Nur durch die Solidarisierung der Betroffenen und das gemeinsame Ringen um die eigenen Rechte – so das Credo der Autorin – wird sich die Lage verbessern; zwar sieht sie Ansätze dazu, diese sollen jedoch durch die Bemühungen der Konzerne unterbunden werden.

Schließlich bereist Maria Leitner das nördliche Südamerika und die Westindischen Inseln: die Guayanas, Venezuela, Curaçao, Haiti und Trinidad. Ob diese Reportagen ebenfalls in der Zeit von 1925 bis 1928 oder auf späteren Reisen entstanden, ist nicht gewiß, publiziert wurden die ersten in diversen Periodika vor allem des linken/kommunistischen Spektrums erst ab 1931 (nur noch zwei über Südamerika finden sich 1931 im Ullstein-Magazin *Uhu*); diese Berichte behandeln etwa auch Puerto Rico, das nur scheinbare Tropenparadies, denn es befindet sich in den Fängen des US-amerikanischen Imperialimus – „Tropenüppigkeit plus USA" also –, oder Surinam, das in den in Buchform publizierten Reportagen nur kurz erwähnt wird.

Auf den ersten Blick erscheint der Reportageband zweigeteilt, hier nun muß Leitner die „Innenperspektive" der am Arbeitsprozeß beteiligten verlassen, berichtet sie als außenstehende Beobachterin. Parallelen und Überschneidungen gibt es dennoch – etwa die Nomaden der Moderne, die Heere von Arbeitslosen, die auf ihrer verzweifelten Jagd nach einem Broterwerb keine Landesgrenzen kennen; bei genauerem Hinsehen selbst zwischen den Lebensbedingungen der Arbeiterschaft des Nordens und jener der Häftlinge in der Sträflingskolonie von Französisch-Guayana. Und, Leitner hat es in gemilderter Form selbst erlebt, jede/r aus den unteren Gesellschaftsschichten kann, aufgrund gesetzlich verankerter Kriminalisierungsstrategien, rasch in eine ähnliche Lage gelangen. In ihren Reportagen aus dem nördlichen Südamerika und aus der Karibik wird ihre Kritik an den an Profitmaximierung orientierten (Industrie-)Unternehmen, die ihre Gewinne auf Kosten der arbeitende Bevölkerung und durch deren Ausbeutung erzielen, besonders deutlich. Und sie schreibt letztlich auch hier an gegen die ungebremste Fortschrittsgläubigkeit, gegen die Welt des Kapitalismus, verweist auf dessen Auswüchse und Nachteile für die Unterprivilegierten und Armen, und auch für die ärmeren Länder, die heutige „Dritte Welt". Hier wählt sie also einen größeren Kontext, die Parallelen in Thematik und Aussage sind dennoch augenscheinlich. Der Bezugspunkt und der Focus der Auseinandersetzung bleiben vielfach die USA und auch die europäischen Mächte, mit Kolonialismus, Imperialismus und deren Auswirkungen auf die Kolonien.

Letztlich ergänzen sich beide Teile: die Warte der involvierten Augenzeugin wird durch eine analytische Perspektive erweitert, etwa wenn sie darlegt, wie der Konkurrenzkampf um Rohstofflizenzen der westlichen Mächte zur politisch instabilen Lage in den Ländern Mittel- und Südamerikas führt, oder wenn sie die weltweite Verflechtung und den Machtkampf international agierender Trusts aufzeigt. Die politische Positionierung der Autorin wird hier in vielen Passagen besonders deutlich.

Maria Leitner hat zweifelsohne kein Buch speziell für eine weibliche Leserschaft geschrieben, eine derartige Behauptung würde ihrem sozialkritischen Anspruch und ihren politischen Anliegen nicht gerecht werden. Doch der Feststellung eines Rezensenten ihres Reportagebandes in der Monatszeitschrift „Der Sozialdemokrat" vom Jänner 1933, man habe „eigentlich nur hie und da in diesem Buch den unbedingten Eindruck, daß es eine Frau ist, die von ihren Erlebnissen und Beobachtungen berichtet", muß doch widersprochen werden. Eine bewußt weibliche Perspektive ist für Maria Leitner – im Gegensatz zu einigen linken Schriftstellerinnen ihrer Zeit, die dies nicht einlösen konnten – von zentraler Bedeutung: Die Welt der Frauen, ihr Alltag, ihre Arbeitsbedingungen, ihre spezifischen Probleme stehen immer wieder im Zentrum der Betrachtung. Dies setzt sich auch in den Arbeiten der folgenden Jahre fort, so ranken sich ihre Romane um Frauenfiguren, und in ihren Reportagen wird das Schicksal von Frauen beleuchtet, etwa in der Serie „Frauen im Sturm der Zeit", die 1933 in der *Welt am Abend* erschien und wo sie mit viel Einfühlungsvermögen acht weibliche Geschichten in Zeiten von Wirtschaftskrise und Massenarbeitslosigkeit skizziert. Außerdem thematisiert Leitner als eine der wenigen Autorinnen bestimmte frauenspezifische Problembereiche, etwa Prostitution und deren gesellschaftspolitischen Rahmenbedingungen oder ungewollte Schwangerschaft und deren erzwungenen Abbruch. Den Frauen, häufig ganz unten in der sozialen Hierarchie angesiedelt, gehören Maria Leitners Sympathie und Anteilnahme.

Auch der folgende Lebensweg Maria Leitners ist geprägt von ihrem Eintreten für sozialpolitische Anliegen durch ihre journalistische und literarische Tätigkeit. Und sie war weiterhin auf Authentizität bedacht, wie etwa ihre mehrfachen illegalen Reisen in der zweiten Hälfte der 30er Jahre ins nationalsozialistische Deutschland zeigen, die ihr Stoff für Reportagen für die Exilpresse, aber auch für den Roman *„Elisabeth, ein Hitlermädchen"* lieferten. Dazu gehörte ebenso, wie schon in den frühen Jahren in Ungarn, der Kampf für Freiheit und gegen Krieg und Faschismus. Seit den 20er Jahren ist ihr Leben deshalb geprägt von Vertreibung und Exil, viele ihrer Arbeiten, jedoch auch zahlreiche Details ihrer Biographie sind deshalb verlorengegangen. Nur den unermüdlichen Recherchen von Helga Schwarz, die für das vorliegende Buch ein Geleitwort geschrieben hat, ist es zu verdanken, daß einiges zu Maria Leitners Lebensgeschichte aufgedeckt werden konnte und Leben und Wirken nicht vollständig der Vergessenheit preisgegeben blieben.

Eine besondere Tragik weisen Maria Leitners (vermutlich) letzten Lebensjahre im französischen Exil auf, wie ihren dramatischen Briefen an die „American Guild for German Cultural Freedom" zu entnehmen ist, einer Hilfsorganisation, die sich zum Ziel gesetzt hatte, emigrierte deutsche Intellektuelle durch Arbeitsstipendien zu unterstützen oder durch ein USA-Visum vor dem Nazi-Regime zu retten. Trotz bitterster Armut und Krankheit, selbst in der Zeit ihrer Internierung im Frauenlager Gurs in den Pyrenäen versucht Maria Leitner unermüdlich weiterzuarbeiten. Ihr erster Brief an Hubertus Prinz zu Löwenstein, dem Vertreter der „American Guild", vom Juli 1938 enthält eine Bitte um finanzielle Unterstützung zur Fortsetzung ihrer Arbeit, zahlreiche weitere sollten folgen. Doch ihre Lage wird immer aussichtsloser und verzweifelter, sie lebt unter kaum vorstellbaren Bedingungen, schläft zuletzt auf Stroh in einem Lager in Toulouse, in dem die Ruhr ausgebrochen ist. Das letzte erhaltene schriftliche Zeugnis Maria Leitners, bevor sie – völlig am Ende ihrer physischen und psychischen Kräfte – ein letztes Mal in Marseille in der Hilfsorganisation des Amerikaners Varian Frey, dem „Emergency Rescue Committee", gesehen wurde, stammt vom 4. März 1941: „... I don't know how long I have to wait here starving and fearing the worst. My situation aggravates from every point of view. How endure this life? ..."*

Gabriele Habinger   Wien, im August 1999

---

* Deutsche Intellektuelle im Exil. Ihre Akademie und die „American Guild for German Cultural Freedom", Frankfurt am Main u. a. 1993, S. 510.

Literatur zu Maria Leitner

Deutsche Intellektuelle im Exil. Ihre Akademie und die „American Guild for German Cultural Freedom". Eine Ausstellung des Deutschen Exilarchivs 1933–1945 der Deutschen Bibliothek, Frankfurt am Main, München/London/New York/Paris 1993 (darin: Maria Leitner, S. 503–511).

Fell, Karolina Dorothea: Kalkuliertes Abenteuer. Reiseberichte deutschsprachiger Frauen (1920–1945), Stuttgart/Weimar 1998 (darin: Maria Leitner: Amerika, hast du es besser?, S. 114–130).

Münchow, Ursula: Neue Wirklichkeitssicht und politische Praxis. Sozialistische Literatur und Arbeiterinnenbewegung. In: Gisela Brinker-Gabler (Hg.): Deutsche Literatur von Frauen, Bd. 2: 19. und 20. Jahrhundert, S. 249–268 (darin: Berta Lask, Hermynia Zur Mühlen und Maria Leitner, S. 262–268).

Schwarz, Gislinde: Maria Leitner (1892–1942?). In: Susanne Härtel/Magdalena Köster (Hg.): Die Reisen der Frauen. Lebensgeschichten von Frauen aus drei Jahrhunderten, Weinheim/Basel 1994, S. 206–231.

Schwarz, Helga: Auf den Spuren einer antifaschistischen Schriftstellerin: Wer kannte Maria Leitner? In: stimme der frau, Heft 7/8, 1983, S. 46–47.

Schwarz, Helga (Hg.): Maria Leitner: Elisabeth, ein Hitlermädchen. Erzählende Prosa, Reportagen und Berichte, Berlin/Weimar 1985.

Schwarz, Helga: Maria Leitner – eine Verschollene des Exils? In: Exilforschung. Ein internationales Jahrbuch, Bd. 5: Fluchtpunkte des Exils und andere Themen, München 1987, S. 123–134.

Schwarz, Helga: Maria Leitner. In: Internationalistinnen: Sechs Lebensbilder, Berlin 1989, S. 77–110.

Schwarz, Helga: Maria Leitner (1882–1942?) – eine Verschollene des Exils. In: Ziehharmonika. Literatur, Widerstand, Exil, 15. Jg., 1998, Nr. 3, S. 27.

Siegel, Eva-Maria: Jugend, Frauen Drittes Reich. Autorinnen im Exil 1933–1945, darin: Maria Leitner: Elisabeth, ein Hitlermädchen. Roman der deutschen Jugend. Berlin: Aufbau 1985 (Vorabdruck: Pariser Tageszeitung 1937), Pfaffenweiler 1993, S. 81–108.

Wall, Renate: Verbannt, verboten, vergessen. Lexikon deutschsprachiger Schriftstellerinnen im Exil, Bd. 1, Freiburg i. Br. (darin: Maria Leitner, S. 237–240).

Weitere verwendete Literatur

Bogdal, Klaus-Michael: Arbeiterbewegung und Literatur. In: Hanser Sozialgeschichte der deutschen Literatur vom 16. Jahrhundert bis zur Gegenwart. Band 6: Bürgerlicher Realismus 1848–1890, hrsg. von Edward McInnes und Gerhard Plumpe, München/Wien 1996, S. 144–175.

Fuchs, Brigitte (Hg.): Reisen im fremden Alltag. Sozialreportagen aus Österreich. 1870 bis 1918, Wien 1997.

Gleber, Anke: Die Erfahrung der Moderne in der Stadt. Reiseliteratur der Weimarer Republik. In: Peter Brenner (Hg.): Der Reisebericht. Die Entwicklung einer Gattung in der deutschen Literatur, Frankfurt a. M. 1989, S. 463–489.

Kürbisch, Friedrich G.: Einleitung. In: Ders. (Hg.): Dieses Land schläft einen unruhigen Schlaf. Sozialreportagen 1918–45, Berlin/Bonn 1981.

Lexikon sozialistischer Literatur. Ihre Geschichte in Deutschland bis 1945, Stuttgart/Weimar 1994.

Schütz, Erhard: Autobiographien und Reiseliteratur. In: Hanser Sozialgeschichte der deutschen Literatur vom 16. Jahrhundert bis zur Gegenwart. Band 8: Literatur der Weimarer Republik 1918–1933, hrsg. von Bernhard Weyergraf, München, Wien 1995, S. 549–600.

Veth, Hilke: Literatur von Frauen. In: Hanser Sozialgeschichte der deutschen Literatur vom 16. Jahrhundert bis zur Gegenwart. Band 8: Literatur der Weimarer Republik 1918–1933, hrsg. von Bernhard Weyergraf, München/Wien 1995, S. 446–482.

Editorische Notiz

Das hier vorliegende Buch gibt den Text des 1932 im Agis-Verlag, Berlin/Wien erschienenen Reportagebandes von Maria Leitner *„Eine Frau reist durch die Welt"* ungekürzt wieder. Aufgenommen wurde darüber hinaus die Reportage „Als Stubenmädchen bei Mrs. Snob", die im Band 2 (Jg. 1925/26, Heft 5) des *Uhu, Das neue Ullstein-Magazin*, Berlin, erschienen ist, dies aus Gründen der Vollständigkeit und da diese während des Amerika-Aufenthaltes Leitners verfaßt und publiziert wurde. Orthographie und Zeichensetzung wurden, so weit dies notwendig erschien, dem heutigen Sprachgebrauch angepaßt. Veraltete oder unverständliche Begriffe wurden sparsam aktualisiert, oder sie wurden durch Fußnoten der Herausgeberin erläutert, falsch geschriebene Ortsbezeichnungen und Eigennamen wurden ebenfalls korrigiert.

Der Text wurde durch zeitgenössische Abbildungen ergänzt, die Leitners Reportagen im *Uhu, Das neue Ullstein-Magazin*, Berlin, illustrierten bzw. in den Bänden 1, 2, 4, 6 und 7 (Jg. 1924/25, 1925/26, 1927/28, 1929/30, 1930/31) erschienen sind.

Gesamtkatalog anfordern bei: Promedia, A-1080 Wien, Wickenburggasse 5/12; Fax: 0043/1/405 71 59 22

Irmgard Kirchner/Gerhard Pfeisinger (Hg.)
WELT-REISENDE
ÖsterreicherInnen in der Fremde

192 Seiten, br., zahlreiche Abbildungen, DM 34.-; öS 248.-; sFr. 31,50; ISBN 3-85371-116-2

Das Phänomen der „Fremde", exemplarisch erlebt von mehr als einem Dutzend österreichischer Künstler/innen, Forscher/innen und Reisenden, vorwiegen aus biographischer Perspektive bearbeitet. Das Spektrum der Reisen reicht vom unfreiwilligen Verschlagenwerden über das erzwungene Exil, vom freiwilligen Abenteurertum bis hin zur geplanten Forschungsreise. Als „Botschafter" eines Österreichertums fern der Heimat fungieren der Schriftsteller und Jäger Ernst Alexander Zwilling, die abenteuerlustige Biedermeierdame Ida Pfeiffer, der orientsüchtige Maler Leopold Carl Müller, der Bergsteiger Herbert Tichy, die vor dem Nazi-Regime geflohene Schauspielerin Erna Terrel, der leidenschaftliche Photograph Hugo Bernatzik, der erste Völkerkundler Martin Dobrizhoffer, der Sammler Andreas Reischek, die Künstlerin Ellen Umlauf und viele andere ... Der Band versammelt 300 Jahre auslandsösterreichische Geschichte.

AUFBRUCH IN FERNE WELTEN
Historische Reiseberichte in der „Edition Frauenfahrten"

„Bald hörte man vom Schiffskapitän, daß eine Frau auf dem Schiffe sei, die bis Konstantinopel zu reisen gedenke – und nun betrachtete man mich von allen Seiten." So schildert Ida Pfeiffer, die später zu einer gefeierten Weltreisenden werden sollte, ihre ersten Erfahrungen als Frau allein auf großer Fahrt. Ähnlich erging es auch anderen Frauen. In ihren Reiseberichten, Briefen und Tagebüchern, die oft zum Bestseller wurden, beschrieben Frauen ihre Erlebnisse und Eindrücke in einer vergangenen, fernen Welt. Diese Raritäten der historischen Reiseliteratur unterscheiden sich in vieler Hinsicht von der kämpferischen Abenteuerwelt oder den geographischen Beschreibungen männlicher Forscher und Entdeckungsreisender. Denn nicht nur Exotik und ein entdeckerischer Blickwinkel, sondern vor allem ein persönlicher Zugang zu fremden Kulturen, zu unbekannten Frauenwelten, die dem männlichen Blick vorenthalten blieben, prägen die Reiseberichte der **„Edition Frauenfahrten"**.

Die Reisetexte der ersten Weltreisenden Ida Pfeiffer, der missionarischen Britin Isabella Bird, der Schriftstellerin Ida von Hahn-Hahn, der Archäologin Gertrude Bell, der Abenteurerin Clärenore Stinnes, der Forschungsreisenden Caecilie Seler-Sachs, der geselligen Literatin Johanna Schopenhauer, der schreibenden Malerin Marie von Bunsen und der politischen Autorin Mary Edith Durham sind interessante Dokumente, wie Europäerinnen andere Kulturen wahrnahmen und welche Rückschlüsse sie auf ihr eigenes Leben zogen. Reisende Frauen mußten sich zunächst aus dem traditionellen Rollenbild ihrer Zeit befreien. Erziehung und so manche Ehe waren zu überwinden, bevor die Reise beginnen konnte. Von den ZeitgenossInnen mit Erstaunen, Bewunderung, aber auch mit Vorurteilen betrachtet, losgelöst von den Konventionen ihrer Zeit, sind die couragierten Frauenfahrten nicht zuletzt ein Stück Emanzipationsgeschichte.

In der „**Edition Frauenfahrten**" des Promedia Verlages
sind bisher folgende Titel erschienen:

Ida Pfeiffer: Reise in das Heilige Land
Konstantinopel, Palästina, Ägypten im Jahre 1842

Ida Pfeiffer: Nordlandfahrt
Die Reise nach Skandinavien und Island im Jahre 1845

Ida Pfeiffer: Eine Frau fährt um die Welt
Die Reise 1846 nach Südamerika, China, Ostindien, Persien und Kleinasien

Ida Pfeiffer: Abenteuer Inselwelt
Die Reise 1851 durch Borneo, Sumatra und Java

Ida Pfeiffer: Reise in die Neue Welt
Amerika im Jahre 1853

Gertrude Bell: Miniaturen aus dem Morgenland
Reiseerinnerungen aus Persien und dem Osmanischen Reich 1892

Gertrude Bell: Am Ende des Lavastromes
Durch die Wüsten und Kulturstätten Syriens

Marie von Bunsen: Im Ruderboot durch Deuschland
Auf Flüssen und Kanälen in den Jahren 1905 bis 1915

Johanna Schopenhauer: Promenaden unter südlicher Sonne
Die Reise durch Frankreich 1804

Isabella Bird: Unbetretene Pfade in Japan
Reise in das alte Japan 1878

Cäcilie Seler-Sachs: Auf alten Wegen in Mexico und Guatemala
Reiseerinnerungen aus den Jahren 1895 bis 1897

Ida von Hahn-Hahn: Orientalische Briefe
Eine Frauenfahrt 1843 in den Orient

Mary Edith Durham: Durch das Land der Helden und Hirten
Balkanreisen zwischen 1900 und 1908

Clärenore Stinnes: Im Auto durch zwei Welten
Die erste Autofahrt einer Frau um die Welt 1927 bis 1929

**Alle: gebunden, mit Lesebändchen, reich illustriert,
DM 39,80; öS 291.-; sFr. 37,-**

Fordern Sie den Prospekt der Edition Frauenfahrten an bei: Promedia Verlag, Wickenburgg. 5/12, A-1080 Wien; Fax 0043/1/4057 15922

Gabriele Habinger
EINE WIENER BIEDERMEIERDAME EROBERT DIE WELT
Die Lebensgeschichte der Ida Pfeiffer (1797–1858)

160 Seiten, br., zahlreiche Abbildungen,
DM 19,80; öS 145.-; sFr. 19.-; ISBN 3-85371-124-3

Ida Pfeiffer war 44 Jahre alt, als sie zu ihrer ersten großen Reise aufbrach, die restlichen 16 Jahre ihres Lebens verbrachte die abenteuerlustige Biedermeierdame in der Fremde und schrieb Bücher über Erlebtes, die zu Bestsellern wurden. Gabriele Habinger hat eine umfassende Biographie dieser faszinierenden altösterreichischen Reisenden geschrieben, die sich emanzipierte, als dies noch als Laster galt. Die zu ihrer Zeit gefeierte Reiseschriftstellerin erlebt heute, im Zeitalter des Tourismus, eine Renaissance nicht nur unter weiblichen Reisenden.

ANTIFASCHISMUS
im Promedia-Verlag

Margarete Schütte-Lihotzky:
„Erinnerungen aus dem Widerstand"
Das kämpferische Leben einer Architektin von 1938-1945
208 Seiten, DM 29,80; sFr. 27.-; öS 218.-
ISBN 3-900478-80-5

Ruth von Mayenburg:
„Blaues Blut und rote Fahnen"
Revolutionäres Frauenleben zwischen Wien, Berlin und Moskau
400 Seiten, DM 38.-; sFr. 35.-; öS 277.-
ISBN 3-900478-72-4

Karin Berger u. a. (Hg.):
„Ich geb Dir einen Mantel, ..."
Widerstehen im KZ. Österreichische Frauen erzählen
328 Seiten, DM 34.-; sFr. 31,50; öS 248.-
ISBN 3-900478-20-1

Karin Berger u. a. (Hg.):
„Der Himmel ist blau. Kann sein"
Frauen im Widerstand. Österreich 1938-1945
272 Seiten, DM 29,80; sFr. 27.-; öS 218.-
ISBN 3-900478-05-8

Hermynia Zur Mühlen:
„Als der Fremde kam"
Roman
304 Seiten, DM 34.-; sFr. 31,50; öS 248.-
ISBN 3-900478-87-2

Brigitte Fuchs/Gabriele Habinger (Hg.):
„Rassismen & Feminismen"
Differenzen, Machtverhältnisse und Solidarität zwischen Frauen
256 Seiten, DM 34.-; sFr. 31,50; öS 248.-
ISBN 3-85371-106-5